JN300683

シリーズ・21世紀型学力を育てる学びの創造 ①

子どもの総合学力を育てる

学力調査を活かした授業づくりと学校経営

田中博之 著

ミネルヴァ書房

はじめに
―― 豊かな学力の確かな育成に向けて ――

子どもたちに厳しくも楽しく，
21世紀社会に生きる総合学力を育てる学校の創造

　それが，筆者の願いである。

　それを実現するために本書は，「総合学力」というキーワードに基づいて，一人ひとりの子どもの学力向上をめざして，これからの学校が取り組む学力向上の方向性と具体的な手法を提案することをねらいとしている。

　確かに学力向上は，今日の学校教育の最重要課題である。それは，わが国だけでなく，アメリカ，カナダ，オーストラリア，ニュージーランド，イギリス，フィンランド，シンガポール，韓国という教育先進国に共通の意識である。

　しかしながら，日本の学校の学力向上の取り組みをみてみると，次のような3つの課題があるといえるだろう。

　一つ目は，これほどに活発な学力論争があっても，子どもにつけたい「学力の中身」について，建設的な提案がないことである。たとえば，ほとんどの学力低下論争の論者たちは，受験に耐えうる知識・理解の領域に限定した狭い学力論しか想定していない。そこで21世紀社会の特質をふまえて，実証的な学力診断や目標準拠評価にも耐えうるしっかりとした豊かな学力の定義が今こそ必要である。

　二つ目は，基礎学力の育成を重視すれば総合的な学習の時間はいらないといった主張にみられるように，「1つを取れば1つを捨てる」という偏った論理が横行していることである。そこで21世紀の学校は，総合的な学力を育てることをねらいとした多様な教育方法やカリキュラムを組み合わせて，バランスのとれた豊かな教育活動に取り組むことを使命としたい。

そして三つ目は，学力向上のために行われる教育活動が，大学に在籍する教育実習生にでもできる簡易なものにますます限定されていることである。たとえば，ドリルプリントの反復学習，深い教材研究に基づかない少人数指導，コース分属後は通常の一斉指導をしているだけの習熟度別指導，子どもの人数の「うすめ」に使われる加配教員による少人数指導，学級担任をもたせられない力量不足教員を専科教師や少人数指導教師にあてる学校，さらに授業改善に活かさずにただ実施しているだけの学力テストなど，課題は山積である。

そこで私たち総合学力研究会（事務局：ベネッセ教育研究開発センター）は，「豊かな学力の確かな育成」と題して，真に子どもたちにつけたい学力とは何か，そして，学力向上のために大切な教育はどうあるべきか，さらにそこから発展して，学力向上に取り組む新しい学校づくりをどうすればよいかという真摯な問いに答えるために，この6年間，総合学力モデルに基づく学力調査を実施して，そこからみえてくる授業改善と学校改革の方向性を提案してきた。

そこで，その成果を活かして本書では，次のような7点を主張したい。

第1点は，子どもにつけたい学力を総合的にバランスよくとらえることである。本書では，「教科学力」「社会的実践力」，そして「学びの基礎力」という3つの力を組み合わせた総合学力モデルという新しい学力像を提案している。これまでのように学力を，教科学力のなかのさらに知識・理解だけに限定してとらえるのではなく，21世紀型学力としての問題解決的な学力も，そしてしっかりとした生活習慣や学習習慣，そして豊かな体験などを含む学びの基礎になる力も，総合的かつ相互関連的に育てることがこれからの学校に求められる課題なのである。

第2点は，各学校での学力向上施策を総合的に明確化して実施することである。本書ではそのために，第5章において，「学力向上のための総合施策モデル」を提案している。

今日盛んになっている少人数指導や習熟度別学習，そしてドリルプリント学習は，教科学力の知識・理解を高めるというただ1つの目的をカバーしているにすぎない。そこで，教科学力，社会的実践力，そして学びの基礎力を育てる

施策をバランスよく考慮に入れて，各学校において総合学力モデルに基づいた学力向上計画を立てられるように，多様な施策の概念地図を提供できるようにした。

　第3点は，学力向上を学校，家庭・地域，そして行政の協力によって行うことである。とくに，このなかでも家庭の教育力の低下が，今日の学力低下を引き起こしている部分が小さくないことにもっと注目したい。なぜなら，総合学力モデルで提案する学びの基礎力の育成は，家庭教育にその責任が大きいからである。

　第4点は，各学校での学力向上の取り組みを，学力調査による実証データを参考にして作成した中期計画に基づいて行うことである。こうしたデータに基づく計画づくりが不十分であることは，より具体的には次の3点に表れている。

　一つ目は，年次計画がないことである。多くの学力フロンティアスクールでさえ，3年間の単純な実施計画はあっても，たとえば，子どもにつけたい学力の側面を年度ごとに増やしていこうといった視点もなく，また，学力向上に有効な教育方法を積みあげて多様化していこうという見通しもない。

　二つ目は，学力調査の実証データに基づくフィードバックがなされていないことである。つまり，学力向上のR-PDCA（Research-Plan-Do-Check-Action）サイクルがしっかりと動いていないのである。たとえ学力調査をしていたとしても，それが次年度の授業改善やカリキュラム改善の提案に活かされていない学校が多い。いいかえれば，それは，「学力向上アクションプラン」がしっかりと作成されていないことを意味している。

　三つ目は，学校に所属する全教職員が学力向上に果たす役割分担を明確にして取り組んでいないことである。いわゆる「教職員間の温度差」といった表現で示されるように，学力向上に熱心な教員とそうでない人との差をそのままにしている学校が多いのである。

　そして本書の主張点の第5点は，学力向上を，保護者と地域，そして子どもたちにとって「魅力と活力あふれる学校づくり」，そして「信頼される学校づくり」に発展させることである。それは，「成果を出す学校づくり」といいか

えてもいいだろう。なぜなら，保護者と地域が義務教育の義務を果たして税金を投入して子どもの教育を学校に委託した以上，子どもの学力向上という公教育の成果は保護者と地域が受け取る権利だからである。いいかえれば，学力向上は学校の結果責任の指標なのである。本書では，そのようなねらいを実現するために，総合教育力というモデルを提案して，学力向上に成果を上げている学校の教育力と経営力の特徴を明らかにしたので参考にして欲しい。

第6点は，学力向上を，授業公開を通した校内研修の活性化と教師の指導力量の向上につなげることである。そのためには本書で提案する多様な学力向上施策について，問題解決的な学習から家庭学習の支援，発展的な学習の指導，学力診断とその活かし方まで，授業公開を通した校内研修をより一層活性化することを通して，すべての教員が計画的に習得できるようにするしかない。

「授業改善なくして，学力向上なし」

これをキーフレーズとして，学力向上に取り組んで欲しい。

そこで本書では，学校の管理職，教師，そして保護者が連携して向上すべき総合教育力という考え方を提案し，具体的な全国調査のデータの裏づけのもとに，その実態を明らかにするとともに，その育成方法を提案している。

それは，「大人の教育力が向上しなければ子どもの学力は向上しない」からである。

そして最後に第7点目として，学力向上を人の自己成長史に位置づけて考えることである。確かに目先のことだけを考えれば，入試制度が現時点で，各教科の知識・理解と若干の思考力だけを対象にしている以上，目前の入試やペーパーテストの点数が学力向上の最重要指標になると考える保護者や教師が多くても仕方のないことかも知れない。

しかし，今や，入試方法も多様化して，大学入試の後期日程や推薦入試，そしてAO入試では，面接や実技が重視されるようになってきたという実態を直視すべきである。

そして大学に進学してからや，企業に入社してからの人生において必要となる学力は，高等学校までの各教科の知識・理解の学力が中心になっているだろうか。あるいは，グローバル社会や福祉共生社会で，ボランティア活動や福祉貢献活動において必要とされる学力も，高等学校までの各教科の知識・理解の学力が中心になっているだろうか。逆にそこで必要とされる学力は，まさに問題解決力であり，社会参画力であり，豊かな心や自己成長力なのである。

　こうした21世紀型学力を育てるためには，大学に入ってからでは遅すぎる。

　つまり，ここで提案したいのは，「大学に入ってから伸びるための学力」「就職してから仕事を通して自己実現するための学力」，そして「地域社会を豊かに創りあげるための学力」を，小学校段階から意図的・計画的に育成することが，学力向上の正道になるということである。それは，教科学力の向上だけでなく，社会的実践力と学びの基礎力を含めた，子どもの総合学力の向上に他ならない。

　もちろん退職してから後の人生を豊かにするためにも，生涯学習力としての総合学力が大切になることはいうまでもないだろう。

　このようにして，学校期，就職期，退職期という人生の大きなステップで長期的に人の成長と自己実現のあり方を考えたときに，生涯を通して生きて働く学力を育てたいのである。

　一言でいえば，総合学力こそ21世紀の生涯学習力である。

　そのために本書は，次のような構成を取っている。

　まず総論として，第1章では，総合学力モデルが提案する学力の豊かさと，それを必要とする社会の変化について考えてみる。それを受けてさらに，私たちが作った「学力向上のための提言10か条」と「学力向上の7つの基本原則」とを具体的に紹介したい。

　続いて各論に入り，第2章では，総合学力モデルの豊かさを実現する社会的実践力を高める指導のあり方について考える。また海外の社会的実践力に関わる学力向上の動向に学ぶために，イギリス，カナダ，オーストラリアの教育改革について紹介したい。海外の最先端の動向を知ることによって，総合学力を

育てる21世紀型バランス教育の大切さを理解していただければ幸いである。そして第3章では，もう1つの学力である学びの基礎力とその育て方について検討する。

第4章では，総合学力モデルに含まれる教科学力，社会的実践力，そして学びの基礎力の相互関係について，総合学力研究会が監修した全国学力調査の結果を用いて明らかにしていく。

さらに第5章では，学校と家庭の教育力の向上をめざして，総合教育力という考え方とそれを診断・評価するチェックリスト評価システムを紹介する。その全国調査の結果を引用しながら，大人の総合教育力が高い学校ほど，子どもの総合学力も高いことを明らかにしていく。

そして最後に，第6章として，OECD（経済協力開発機構）のPISA調査で一躍世界一に躍り出たフィンランドの学校教育のあり方を検討し，その読解力向上の手法が活用型学力の向上に不可欠な条件であることを調査結果から明らかにし，日本の学校教育と家庭教育の改善視点を明らかにする。

このような構成を取ることによって，本書は，次の5点について具体的な提案をしている。

(1) 子どもの総合学力を定義している。
(2) 大人の総合教育力を定義している。
(3) 総合学力と総合教育力を育てる原則と方法論を整理している。
(4) 海外の学力論を整理して紹介している。
(5) 全国学力調査の知見が凝集されている。

さて，本書は，筆者一人の力では生み出されなかった。いつも筆者の学力研究を，総合学力研究会（事務局：ベネッセ教育研究開発センター）のメンバーとして心強く支えてくださっている木原俊行先生（大阪教育大学教授）と大野裕己先生（兵庫教育大学准教授），さらに重松昭生先生（守口市立八雲小学校教諭）と井寄芳春先生（大阪教育大学附属平野中学校教諭）の知恵と博識があってこそ，本書に信頼性と先進性を付加することができたのである。先生方の貢献の大きさを記して感謝したい。

さらに，本書を生み出すもととなった総合学力調査を筆者と共同で実施していただいたベネッセ教育開発研究センターの田中勇作さんおよび小林洋さんに，心から感謝したい。お二人の卓越した学力調査の開発力なくして，本書の刊行はあり得なかったといってよい。

　また，筆者の学力研究に学生時代から的確な方向性を与えてくださった兵庫教育大学学長梶田叡一先生，また，学力モデルについていつも適切な先導的研究成果を示してくださっている東京大学教授市川伸一先生と日本女子大学教授吉崎静夫先生に深く感謝申しあげたい。本書のキーコンセプトである「総合学力」という用語は，恩師梶田叡一先生からいただいたアイデアである。

　最後に，学力向上の正道を行くための本書を世に問う機会を与えてくださったミネルヴァ書房社長杉田啓三さんと西吉誠さんに深く感謝したい。

　なお本書は，『シリーズ・21世紀型学力を育てる学びの創造』の第一巻として刊行されるものである。続刊をご期待くだされば幸いである。

　本書を通して，日本の子どもたちの総合学力を育成できる学校が増えていくことを心から願っている。

2009年3月吉日
　　　未来に生きる子どもたちからの信託に応えるために

　　　　　　　　　　　　　　　　　　　　　　　　　田 中 博 之

子どもの総合学力を育てる
―― 学力調査を活かした授業づくりと学校経営 ――

目　次

はじめに——豊かな学力の確かな育成に向けて

第1章　総合学力モデルに基づく学力向上 …… 1
1. 「豊かな学力の確かな育成」をスローガンに …… 1
2. 21世紀社会で求められる学力としての社会的実践力 …… 5
3. 学びの基礎力の衰えが学力低下を引き起こす …… 13
4. 「トライアングル型バランス」をもつ総合学力モデルの提案 …… 17
5. これまでの学力向上教育の問題点と提言10か条 …… 21
6. 学力向上の7つの基本原則 …… 27

第2章　社会的実践力を育てる …… 33
1. 経済産業省が提案する「社会人基礎力」 …… 33
2. 海外で定義された21世紀型学力 …… 38
3. 総合学力研究会が提案する社会的実践力 …… 50
4. 社会的実践力の4領域とその育成方法 …… 52

第3章　学びの基礎力を育てる …… 81
1. 学びの基礎力とは …… 81
2. 各領域の特徴と具体的な項目 …… 82
3. 学びの基礎力をどう育てるか …… 86
4. 学習習慣と生活習慣をつける …… 87
5. 「学習のしつけ」は学力向上の必要条件 …… 92
6. イギリスの保護者憲章に学ぶ学校と家庭の連携 …… 93

第4章　学力調査の結果からみる総合学力の大切さ …… 101
1. 教科学力と社会的実践力には強い相関関係がある …… 101
2. 教科学力と学びの基礎力には強い相関関係がある …… 110
3. 3つの学力を総合的に育てる …… 119

	4	活用型学習としての教科発展型総合学習 ……………………………………	134
	5	教師の研修と力量形成の視点として ………………………………………	135

第5章　教師・校長・保護者の連携による総合教育力の向上 …… 139

1	総合学力を高める総合教育力の構想と特色 ……………………………	139
2	教師の指導力を高める ………………………………………………………	157
3	学校の経営力を高める ………………………………………………………	161
4	家庭の教育力を高める ………………………………………………………	164
5	総合教育力を伸ばすためのポイントと提言10か条 ……………………	167

第6章　PISA型読解力を育てる指導と経営のあり方 …………… 181

1	教師の指導力が子どものPISA型読解力を育てる ………………………	182
2	校長の学校経営力が子どものPISA型読解力を育てる …………………	195
3	家庭の教育力が子どものPISA型読解力を育てる ………………………	201
4	PISA型読解力指導に関する自己診断チェックシート …………………	204
5	PISA型読解力向上のための提言10か条 …………………………………	206

巻末資料 ………………………………………………………………………………… 209
おわりに──学力向上のトータルデザイン ………………………………………… 229
索　　引 ………………………………………………………………………………… 231

第1章
総合学力モデルに基づく学力向上

　まず、これからの学校教育で育てるべき学力の姿として、総合学力という新しい考え方を紹介したい。つまり、学力を、教科学力だけに限定するのではなく、さらに、そのなかの知識の量と正確さだけに限定するのでもなく、子どもが生涯を生き抜くために必要な豊かな学力のあり方を構想してみたいのである。

　なぜなら、子どもの学力を総合的にとらえて、その豊かさを偏りなくバランスよく育てることが、これからの学校に求められる学力向上のキーポイントになるからである。そのために、本書を貫くコンセプトとして、「豊かな学力の確かな育成」を掲げて、教科学力も、21世紀を生きる力としての社会的実践力も、そして学習習慣や生活習慣を含む学びの基礎力も、すべてしっかりと伸ばすためのバランス教育を提案したい。

① 「豊かな学力の確かな育成」をスローガンに

　これまでに学力論は、さまざまな形をとって提案されてきた。時には、論争というほどの意見の衝突やすれ違いを生み出してきた。系統主義と経験主義の対立的な論争をもち出すまでもなく、それぞれの主張からなる学力のイメージは大きく異なったままで、一人ひとりの子どもたちが21世紀を生きていくうえで必要な学力を幅広く保障するための豊かな理論と実践が定着することはなかった。

　そうした問題をふまえたいくつかの総合的な学力モデルも、これまで何人か

の教育学者から提案されてきたが，どのモデルも理論としての提案の域を出ることはなかった。それぞれのモデルで提案している学力の項目を，しっかりとした調査や評価手法で測定して，その結果に基づいて学力向上のための指導と学びのモデルを提案し，それを実践に移していくといった実証的で実践的な学力研究に高まることはなかった。

　さらに学力研究の問題の根深さは，子どもの変化や社会の変化を視野に入れず，普遍的な価値観からみた固定的な学力観にとらわれていたことにある。いいかえれば，子どもたちが身につけた学力を発揮しなければならない21世紀の実社会において，どのような新しい学力が求められているのかを実証的に明らかにして，社会の変化に対応した新しい豊かな学力の提案とその育成方法の研究を行うことを怠ってきたのである。

　その一方で，子どもたちの基礎的な学習習慣や生活習慣の乱れが大きく顕在化しはじめている状況に対して，具体的な配慮事項を整理して提案したり，それを育てるための学校と家庭での指導や支援のあり方を計画的に提案したりする研究もなかった。

　つまり，学力といえば教科学力であり，人類の知的遺産を知識として静的に身につけた状態としてとらえることが多かったのである。そのような学力観の狭さと偏りの問題点に気づいて，受験学力や偏差値教育を批判してきたマスコミさえもが，昨今の「お受験ブーム」と公立学校批判に便乗する形で，再び狭い学力観に基づいた「学力低下キャンペーン」を巻き起こしているのは残念な限りである。

　しかし，最近になって，大学入学試験もペーパーテストによってそれまでの高等学校の教科学習で身につけた知識の量と正確さを測るものに加えて，面接，実技，ポートフォリオ，ボランティア活動歴の照会といった，高校生の人間的な経験の豊かさと生き方の積極性，そして自ら主体的に学ぶ態度をみる方向へと着実に変化してきている。このことは，AO入試，推薦入試，後期日程試験における面接の導入という具体的な入試改革のあり方としてますます大きな流れになっている。

高校入試においても，同様の傾向が全国的に広がりつつあることを考えると，学校教育で育てる学力を，従来の知識中心の受験学力に置くことは，実際の入試傾向からますます遠ざかることになり，必ずしも子どもたちの進路実績を保障することにはならないことに注意すべきである。

　さらに，OECDのPISA調査が提案するPISA型読解力が，これからの国際標準学力として提案されるようになり，その習得が21世紀社会において必要であることが世界的に認識されるようになった今日，テストのあり方だけでなく，PISA型読解力に代表される総合的な言語力を育てる教育が，次期学習指導要領に大きく取り込まれていることは周知の通りである。このPISA調査を発端とする学力の再定義と学校教育の改善の方向性は，まさに本書が提案する総合学力に基づく授業改善の方向性と一致している（詳細は，田中，2008aを参照）。

　そこで，これからの学校が掲げるべき学力向上のスローガンは，文部科学省が提唱する「確かな学力の育成」という方向性をさらに発展させて，「豊かな学力の確かな育成」にしたいものである。

　この「確かな学力」という用語は，文部科学省が提唱する新しい学力の考え方であり，2002年に提出された「確かな学力向上のための2002アピール『学びのすすめ』」において，初めて公式に用いられた。

　具体的な学力の内実としては，「知識や技能に加え，学ぶ意欲や，自分で課題を見付け，自ら学び，自ら考え，主体的に判断し，行動し，よりよく問題を解決する資質や能力など」と定義され，これまで文部科学省が「生きる力」として提唱してきた問題解決的な学力と教科の基礎・基本の学力を組み合わせたものとなっている。より具体的には，課題発見能力，思考力，判断力，表現力，問題解決能力，学ぶ意欲，知識・技能，そして学び方という8つの力をあげている。

　このことから，マスコミなどが誤って指摘するような「教科学力の知識・理解を重視した教育への政策転換」は，この「確かな学力」という学力観には含まれていないことに注意しておきたい。あくまでも，文部科学省は，この学力

観は，1996年度の第15期中央教育審議会答申における「基礎・基本の徹底と生きる力の育成」という考え方から一貫したものであるとしている。

この「確かな学力」を育てるための教育方法として，補充指導や習熟度別指導，少人数指導，そして教育政策として，学習指導要領のいわゆる「歯止め規定」を外すことによる「発展的な学習」の推進などをあげているために，「確かな学力」が教科学力の知識・理解を重視した従来の学力観に戻ったものであるという誤解を生じたものと推測される。

しかしながら，前出の「学びのすすめ」をよく読めば，総合的な学習の時間の創設，体験的・問題解決的な学習の展開，そして選択学習の幅の拡大というように，「確かな学力」に含まれる問題解決的な学力（初期の「生きる力」として定義されていた部分）を育てるための教育のあり方も豊富に提案されていることがわかる。

したがって，ある1つの狭い学力観や教育方法に偏ることなく，この「確かな学力」が示すように，学力の内実を豊かにとらえて，それを習熟度別指導から総合的な学習の時間に至る多様な教育方法によって確かに育成することが，これからの学校教育の課題である。

さらに，文部科学省が2007年度から実施した「全国学力・学習状況調査」においても，教科学力テストのB問題にはPISA型読解力につながる活用型問題が多く含まれているし，また，児童生徒質問紙調査では，学習習慣と生活習慣，そして授業規律や学習意欲，そして教科の学び方を問う設問が多く含まれていることから，まさに「全国学力・学習状況調査」は，本書が提案する総合学力モデルに基づいた豊かな学力の確かな育成という考え方に共通するところが大きいといえる。

そこで本書で提案したいのは，これから「総合学力」という新しいコンセプトで示すように，子どもにつけたい学力を豊かな内実をもつように定義して，その豊かさを着実に一人ひとりの子どもに身につけさせるための確かな教育を行うことを学力向上の本道にすることである。

本書のキーコンセプトである「豊かな学力の確かな育成」には，そのような

意味を込めている。
　では、学力という概念を豊かに拡張していくために、まず、21世紀社会の変化が求める新しい学力の姿についてみてみることにしよう。

❷　21世紀社会で求められる学力としての社会的実践力

　これからの学校教育で育てる学力のあり方を考えるときに、まずはじめに大切なことは、21世紀社会のあり方をしっかりととらえたうえで、新しい社会の要請との関わりで子どもの学力を考えることである。
　今世紀のように社会のあり方が大きく変化しているときにこそ、新しい社会のなかで自己実現を確かなものにするための豊かな学力が必要になってくる。教科学力だけでなく、さらにここで提案する総合学力モデルが必要になるのは、21世社会で求められる資質・能力が多元的であり総合的だからである。
　そこで、これからの21世紀社会の姿を、「環境循環型社会」「グローバル社会」「高度情報通信社会」「福祉共生社会」「プロジェクト社会」、そして「実力主義社会」という6つの表れとしてとらえてみた（図表1－1）。
　このような新しい社会のあり方に対応して、生き生きとした人生と地域社会を創造できるようになるために必要な豊かな学力についてみてみることにしよう（詳細は、田中、2000a；2002bを参照）。

（1）環境循環型社会に必要な公共心，倫理観，社会貢献力

　環境循環型社会とは、地球規模で、資源・エネルギーを節約し、リサイクルやリユースを徹底して、人間のみならず多くの生物の種を保存することができるように環境を保護する社会である。最近では、CO_2の削減による地球温暖化の防止や、酸性雨の減少、安全なエネルギーの開発、黄砂や排気ガスの発生防止などが、人類共通の大きな課題となっている。
　いいかえれば、持続可能な社会とは、このようにして生物の種の維持と環境保全とが両立するような社会のことであり、私たち人間は、自らの欲望をコン

図表 1-1　21世紀社会の姿と育てるべきスキル・態度

	1 環境循環型社会	2 グローバル社会	3 高度情報通信社会	4 福祉共生社会	5 プロジェクト社会	6 実力主義社会
問題・課題	環境問題の解決 リサイクルの徹底 節水，節電	国際紛争の解決 国際交流の推進 相互理解の促進	IT化の普及，推進 サイバーテロの回避 ネットモラルの定着	人権社会の推進 ボランティア活動の推進 バリアフリーの実現	知識創造社会の実現 異species集団での問題解決 創造的事業の展開	縁故社会の排除 社会的公正の実現 組織の活性化
必要なスキル	情報活用力 討論，提案力 行動力，実践力	異文化理解力 コミュニケーション力 自己表現力	メディアリテラシー 情報活用力 コミュニケーション力	介護，介助の技術 コミュニケーション力 手話，点字の技術	企画実践力 チームワーク力 コミュニケーション力	プレゼンテーション力 自己表現力 自己評価力
必要な資質	環境倫理 公共心 社会貢献	異質への寛容性 トラブル解決力 協調性	情報倫理 危機管理力 人権尊重	人権意識 思いやりの心 社会貢献	構想力 協調性 先進性	公平性 ルール遵守 有言実行性
特色ある教育	環境教育 エコ活動	国際理解教育 国際交流学習	情報教育 メディア学習	福祉教育 人権教育	起業家教育 プロジェクト学習	キッズマート 株式会社体験学習
社会理念	環境保全 自然との共生	異質共存 異文化理解	電子社会の構築 ITによる福祉の実現	福祉共生 人権尊重	夢の実現 問題解決	個性的な生き方の実現 活力ある社会づくり
職種・職業	環境エンジニア 環境NPO職員 行政担当者	外交官 商社社員 国際NPO職員	ITエンジニア ソフトウェア開発者 情報ボランティア	介護士，介助士 社会福祉士 行政担当者	プロジェクトマネージャー イベントプランナー 起業家	実業家 自己啓発セミナー講師 研究者

トロールしながら自然環境との共生を行っていかなければならないのである。

そのような社会で必要となる力は，教科学力のなかでは，生態系や環境保全に関する知識や思考力，判断力であるとともに，21世紀を生きる力としての公共心や倫理観，社会貢献力などの社会的実践力である。

（2）グローバル社会に必要なコミュニケーション力と協調性，思いやり

21世紀の社会は，グローバル社会であるといわれる。人・物・情報が，国境を越えて豊富に流通するようになる。そのような社会では，世界中に友だちをもって，異文化の違いを乗り越えながら共同作業を行う力が必要になってくる。いいかえれば，これからのグローバル社会では，ヒューマンネットワークの増殖による相互啓発と共存共栄のための交流能力が重要になる。

端的に述べるならば，これからの国際交流は，相互理解による国際紛争の防

止と，人類の共通課題の共同的な解決のために行われる必要があるといえる。なぜなら，経済のグローバル化の推進や，国際紛争の国際協調的な解決，科学技術の発展のための国際共同研究，新たな人類の文化を創造するためのメディアや芸術に関わる国際共同制作，そして地球環境問題の共同的な解決などのように，これまでの民族や国家，文化圏や経済圏という既存の枠組みを超えて，これまでに出会わなかった人たちが，協力したり共同プロジェクトを実施したりして解決すべき課題が増えているからである。

（3）高度情報通信社会に必要な情報活用能力

21世紀の高度情報通信社会では，コンピュータを普段の生活のなかで主体的に使いこなす力がますます必要になってくる。そのため学校における情報教育の重要性が一層強く認識されるようになってきた。

これからの情報教育では，「コンピュータから学ぶ」「コンピュータを学ぶ」「コンピュータに慣れ親しむ」を超えて，子どもたちが探究（Explore）したり，表現（Express）したり，そして交流（Exchange）するために，主体的にコンピュータやインターネットなどの情報機器を活用する力を育てることが課題になる。それぞれの活動の頭文字をとって，「3つのEを大切にする情報教育」といってもよい。コンピュータ教室だけでなく，子どもたちが実社会の多様な情報活動やボランティア活動に参加し豊かなヒューマンネットワークを作りあげるなかに，コンピュータを位置づけることが大切である（詳細は，田中，2000bを参照）。

このようなねらいを実現するためには，インターネットやテレビ会議システムで学校間交流を，環境・方言・お祭り・食べ物などをテーマとして行う共同交流型学習や，子どもたちが調べて収集した資料をもとにしてインターネットのホームページやビデオ作品を制作する総合表現型学習を実践するとよいだろう。

（4）福祉共生社会に必要な思いやりの心と人権意識，社会貢献力

　福祉共生社会とは，いうまでもなく，高齢者や障害者，そして社会的に手助けを必要としている人びとと健常者が助け合い，学び合って生きていくことができる社会である。そのためには，市民一人ひとりが，さまざまなボランティア活動に積極的に取り組むことが大切であるとともに，電車のなかや公共施設などの日常生活のなにげない場面においても，助け合いや譲り合い，そして気遣いや気働きをすることが求められる。

　そのためには，すべての子どもたちが，周りの人に対する思いやりの心をもって，さらに，高い人権意識に基づいて社会貢献を行う実践力を身につけておくことが大切である。

（5）プロジェクト社会に必要な企画実践力

　21世紀はプロジェクト社会といわれるように，建築，行政，製品開発，営業，情報サービス，教育，福祉などのほとんどの社会的な活動は，これからプロジェクトとして実行されるようになる。

　プロジェクトとは，一定期間に共通の目標の達成のために，多様な資質・能力を備えた人たちがチームを構成して，限られた条件のなかで主体的に企画・実行・評価という一連の活動を行うことである。プロジェクトは，定型的な事務を効率的にこなすことが目標になっている場合には必要ないが，より多くの人の多様なニーズに柔軟に応じながら，チームメンバーの個性を最大限に活かして，主体的に活動することが求められる状況においてはなくてはならないものである。日本社会も，多様なプロジェクトが必要な成熟社会に近づいているということができる。

　そこで，21世紀に生きる子どもたちにとって必要となるプロジェクト型学力を身につけることが大切である。子どもたちが，自ら設定した課題に基づいて，探究・表現・交流という多様な活動を主体的に展開していく過程で，そこに含まれる多様な実践力や積極的に学ぶ態度などを習得させるのである。課題解決的な学習では，〈対象にふれる〉→〈課題を設定する〉→〈多様な探究活動を

行う〉→〈中間発表で活動を見直す〉→〈多様な表現活動や交流活動を展開する〉→〈学んだことを社会還元する〉→〈ポートフォリオ評価によって活動のまとめと評価を行う〉という一連の活動が行われる。こうした一連の活動を実行する力を獲得することが，21世紀型の新しい学力としてすべての子どもたちに必要になるだろう。

(6) 実力主義社会に必要なプレゼンテーション力・自己表現力・自己評価力

　21世紀社会は，わが国においてはまた，実力主義社会である。肩書きや学歴，年齢という固定的なラベルではなく，変化に対応して必要とされる能力をその場で発揮できる即戦力が求められる社会である。

　もちろんそれは，短期的な流行に反応しただけの付け焼き刃では十分でない。時代が求める仕事を的確にこなせる実践力であり，小さな変化があっても通用する基本的な底力が必要となる。

　もうすでに多くの企業や行政機関で，学歴や学校歴を最優先にしない人事システムの実施や，年功序列制度の段階的廃止，業績と成果に応じた能力給の導入が行われている。それは，本当に優れた仕事を効率よく達成できるシステムの追究の結果である。学校歴が高いのに実力がない人や，学歴があっても仕事への熱意がない人，肩書きに安住して変化に対応できない人を温存しておくのは，社会的な無駄であり，また実力がある人への機会配分の平等性に反していると考えられるようになったのである。

　これまでの高度経済成長期においては，富のより多くの配分を求めた人びとの熱い上昇志向によって生じる競争意識に，一定のルールと公平感を提供していたのが，大学を頂点とするペーパーテストによる入試選抜であり，学歴や学校歴であった。それが，もう社会の最前線では崩壊しようとしている。

　このような社会状況の変化を考慮すれば，このまま子どもたちを肩書きや学校歴を手に入れるための受験シフト教育に適応させる方がよいのか，あるいは，伝統的な文化遺産の伝達を目的とする教科学習の時間を一部削っても，時代の変化に対応する力を育てる総合的な学習の時間を導入して，21世紀社会で求め

られる実力として機能する多様な実践スキルを身につけさせた方がよいのかは，自ずと明らかなことであろう。社会での自己実現を個人の幸福としてとらえるならば，その道具となる実践スキルの育成は，学校教育の目標として設定してよいものである。

　さらに日本の将来を見通して考えるならば，総合的な学習の時間はまた，日本人の弱点克服の場として活用することが必要である。

　しかしながらこれとは逆に，これまでの教科学習において中心的な指導法であった，ペーパーテストで測定できる能力を育成するための一斉画一授業は，日本人の伝統的な美徳を伸ばすためには有利に働いたといえるだろう。なぜなら，それは，日本人の勤勉さや，平等意識，規格遵守の精神，集団帰属意識，個の集団への従属，沈思黙考の態度，年長者への尊敬，そして，倹約の精神を高めるために作用してきたからである。

　もちろんこうした日本人の特性が，これからの21世紀社会でも必要であることは間違いないし，最近の青少年をみると，もっとこのような道徳性を養った方がいいのではないかと思えるようなことも多い。しかし，日本人がまだ十分な国際化を達成していないといえるならば，それは，日本人が平均して，創造性，好奇心，チャレンジ精神，独創性や個性，主体性，そして自己表現への積極性や異質なものへの寛容性について，十分であるとはいえないからである。「石橋を叩いても渡らない」とか「信号機みんなで渡れば怖くない」，あるいは「一人の意見よりみんなの意見を大切にしよう」というのは，もう21世紀では通用しないのである。その代わりに，「石橋を造って渡ろう！」とか「信号機の渡り方をまず自分から提案しよう！」，あるいは「一人ひとりの個性が輝き合うプロジェクトを実行しよう！」というような考え方を大切にしたい。

　このような反省のうえに立って，日本人が新しい精神性を獲得するには，まず学校教育が変わらなければならないのである。しかし，教科学習では伝統的な文化遺産の伝達という大きな重責があって，新しい学びを創造することは容易ではない。そこで，総合的な学習の時間において，ここにあげた新しい美徳を身につけられるような豊かな活動構成を工夫することが必要になってくる。

以上のような特徴をもつ社会では，すべての状況に求められるすべての資質・能力を身につけることよりも，常に自らの資質・能力を客観的にみつめ直し，そこから新たな自己チャレンジ課題を見出したり，それに基づいて継続的な努力を通して自己改善したり，あるいは自己の魅力を他者に豊かに表現する力を育てることが大切になる。

　ここで検討した多様な力は，まさに21世紀社会を「生きる力」である。これからは，ここにあげたような社会的ニーズを明らかにして，「どのような社会で，誰と共に生きるのか？」を考えることによってみえてくる力を「生きる力」として定義して，それを総合的な学習の時間で育てる21世紀型学力として意図的・計画的に育成していくことが必要不可欠である。ただし，この「生きる力」という用語の定義を，文部科学省が「教科の基礎・基本を含む」と変更したために，本書ではより用語の意味を明確にするために，ここではこのような特色をもつ21世紀型学力を，「社会的実践力」と呼ぶことにする。

　そのなかには，21世紀社会で求められる力の分析を行った結果，「問題解決力」「社会参画力」「豊かな心」，そして「自己成長力」という４つのカテゴリーを置くことにした。

　確かにここで検討した多様な力は，学力と呼ぶにはあまりにも従来の定義を拡張しすぎていると感じられるかもしれない。学力といえば，あくまでも，教科の時間に教科書を使って学校の先生から教えてもらった知識や技能というイメージが強いのである。したがって，21世紀社会で必要な多様な能力や態度は，学力と呼ぶよりも「実力」とか「実行力」，あるいは「実践力」と呼ぶ方がいいかもしれない。

　そのような考え方にも一理はあるが，ここでしっかりと確認しておきたいことは，次の５点である。

(1)　わが国のこれまでの学力論争や学力モデルを歴史的にみたときに，その豊かさよりも狭さの方が，現実の学校教育を歪め，知識注入とペーパーテスト重視に偏った教育を認めることになった誤りを繰り返さないようにしたい。

⑵　21世紀社会で求められるようになった実践的な諸能力は，世界の教育改革の動向をみるときに，これまでの伝統的な教科学力には収まりきらない多様性と新規性を備えている。その意味で，21世紀型学力を明確にして，それを育成する学校教育のあり方を考えることが，今こそ重要な教育課題である。そこで，21世紀に生きる子どもにつけたい力という視点から，必要な力の包括的・総合的なモデルを創ることによって，バランスのよい豊かな教育を創造したい。

⑶　21世紀型の諸能力は，たとえば，思考力，表現力，評価力，コミュニケーション力などの多くの点において，教科学力との関連が深い。したがって，総括的・全体的な学力モデルのなかに両者を関連させて位置づけることで，両者を育成するうえでの相乗効果をねらいたい。

⑷　このように多様な21世紀型学力は，実際には，教科や道徳，特別活動の学力を実際の日常生活や地域社会での活動場面で活用することによって発揮されるものである。わが国においては，このような学力の実践場面での応用や活用を軽視した教育を行ってきたきらいがある。そこで，この21世紀型学力を学力モデルのなかに大きく１つの領域を取って位置づけることで，教育課程のなかに，問題解決的な体験学習（具体的には，総合的な学習の時間）をしっかりと実践する契機が生まれることを大切にしたい。

⑸　最後に，教科学力を伸ばすために大切な力として，この21世紀型学力をとらえたい。そのなかでもとくに，問題解決力や自己成長力（自己評価力を含む）といった高次の能力が主体的・自律的な学びを生み出すことによって，最終的には教科学力を伸ばすことを重視したい。つまり，自ら学び，自ら考え，主体的に行動し，自らの学習成果や成長過程を振り返って反省することができる子どもは，教科学習の場面においてもそのようにして自ら学ぶことができるようになるのである。21世紀型学力は，教科学力の育成に反しないばかりか，それを一層伸ばすための必要条件になりうるものである。したがって，これまで教科学力として認められてこなかった問題解決力と自己成長力をどの教科，領域，時間にも当てはまるメタレベ

ルでの共通能力として，しっかりと学力モデルの一角に位置づけることが大切である。

第15期中央教育審議会が，すでに10年以上も前に先駆的に提言した「生きる力」とは，まさにこのような緊急の重要性を備えた21世紀型学力だったのである。ただし，現在では，文部科学省がそこに教科学力の基礎・基本までを含みもつものとして途中で定義を変更したために，そのオリジナルな21世紀的な意義が低減していることは誠に残念なことである。

❸ 学びの基礎力の衰えが学力低下を引き起こす

では次に，総合学力モデルに入れるべきもう1つの要素として，学びの基礎力という考え方を提案したい。

私たち総合学力研究会の議論の過程では，子どもたちの学力向上にとって必要なことは，計算反復ドリルの重視でも，総合的な学習の時間の廃止でもなく，子どもたちの学習習慣や生活習慣の乱れ，そして，学習意欲の低下や自律的な学習スキルの未発達という課題を解決することであるという強い認識があった。

つまり，そのようなまさに「学びの基礎力」と包括的に呼ぶべき力，いいかえれば，教科学力と21世紀型学力としての社会的実践力を支える最も基礎的なレベルで基盤となる力を明確にして，それをしっかりと育てるための教育を，学校と家庭が協力して行うことなくして子どもの学力向上はあり得ないという結論に達したのである。

そこで，最近の子どもたちの基礎力の課題は何か，そして，それに対応してどのような学びの基礎力の下位領域を設定すればよいのかについて，次のように考えてみた。図表1-2をみていただきたい。

これは，子どもたちの成長課題を，学びの基礎力の未発達という視点から4つの項目としてとらえて，その具体的な姿と指導・支援のポイントを整理したものである。

最近の子どもたちには，次のような4つの基礎的な成長課題がある。

図表1-2　最近の子どもの変化と成長課題

成長課題	具体的な子どもの変化	指導・支援のポイント
1 豊かな体験と生活習慣	・自然体験や社会体験の不足 ・人と支え合う関係の希薄化 ・読書や文通量の不足 ・基本的生活習慣の乱れ	・総合的な学習の時間や土日の家庭での体験活動を豊かにする。 ・学級での話し合い活動や家庭でのコミュニケーションを活性化する。 ・学校での読書活動や家庭での親子読書を積極的に行う。 ・生活習慣の見直しによって早寝早起き、朝食摂取の習慣をつける。
2 学習意欲の向上	・知的好奇心や感性の減少 ・学習の役立ち感の低下 ・自己肯定感や自己有能感の欠如 ・学習に対する自己責任感の低下	・授業での教材の工夫や実験、観察、調査、発表などを積極的に行う。 ・教科ポートフォリオの工夫や学習内容を生活に結びつける工夫をする。 ・授業でチャレンジ課題を設定したり、教科ポートフォリオを取り入れる。 ・教科ポートフォリオの活用や復習の習慣を身につけさせる。
3 自己学習力の育成	・学習スキルの未習熟 ・学習内容のまとめが苦手 ・学習計画の立案が苦手 ・自主的な家庭学習習慣のなさ	・ノートの取り方や効果的な勉強方法を授業中に紹介し合う時間を設定する。 ・学習内容を自分なりに整理して、わかりやすくまとめる習慣をつけさせる。 ・学習計画を立てたり、自分の学習達成度を自己評価する習慣をつけさせる。 ・家庭との協力の下に、家庭学習の習慣をつけさせる。
4 自律的学習態度の育成	・頑張って努力する態度の低下 ・学習のけじめや注意力のなさ ・未整理の学習環境やながら勉強 ・授業への積極的な姿勢の低下	・教科ポートフォリオで学習成果の状況を継続的にとらえさせる。 ・興味を引く教材や参加型活動の工夫をしたり、家庭での学習環境を整備する。 ・学習環境を整備したり、ながら勉強の効率の悪さについて話し合う。 ・参加型活動を取り入れたり、人の話を聞く姿勢について注意を促す。

　一つ目は、日常生活での体験が量質ともに低下し、睡眠・排便・食事に関わる生活習慣が乱れていることである。ここでいう体験に関わる課題には、子どもたちの自然体験や文化体験の減少傾向だけでなく、お家の人や学校の先生とのコミュニケーション不足や、悩みを相談することができる友だちとの信頼関係の希薄化も含まれている。

この問題を解決するために，学びの基礎力の第1領域として，「豊かな体験」というカテゴリーを置くことにする。

　二つ目は，広い意味での学習意欲の低下である。しかしこれは，たんに勉強がしたくない，やる気が出ないといった表面的な問題ではなく，知的好奇心の減退（何にもおもしろいことがない）や，自己肯定感・自己有能感の減少（どうせやってもできるはずがない），学習の役立ち感の希薄化（何のために勉強しているのかわからない）や，学力向上への責任感の欠如（勉強ができなくても自分には関係ない）といった複雑で広範囲に及ぶ問題として顕在化してきていることが特徴である。

　この問題を解決するために，学びの基礎力の第2領域として，「学びに向かう力」というカテゴリーを置くことにする。

　三つ目に取りあげたいのは，自ら学ぼうとする計画性と主体性のなさや規則的・定期的に学ぼうとする学習習慣の乱れという問題である。最近のいくつかの国際調査でも，日本の子どもたちの家庭学習の時間の少なさは教育先進国のなかで際だっている。また，塾や家庭教師そして家庭学習教材を用意できる家庭とそうでない家庭とで家庭学習の時間に格差が生じはじめている。さらに，先生からいわれないとノートを取らない子どもや，テスト前に知識の再整理のためにノートをまとめる習慣のない子も少しずつではあるが増える傾向にある。

　そして最も大きな問題点は，最近の子どもたちは，ますます学習事項の原理・原則にまでさかのぼって論理的に理解しようという努力をしなくなり，解法パターンを暗記したり，要素的な知識を丸覚えしたりする傾向も強くなっている。このような安直な勉強法では，総合学力どころか教科学力の向上さえもおぼつかない。

　この問題を解決するために，学びの基礎力の第3領域として，「自ら学ぶ力」というカテゴリーを置くことにする。

　そして四つ目に，家庭と学校で学習環境を整理整頓したり，先生や友だちの話を最後までしっかりと聞き取ったり，さらに，遅刻や忘れ物をしないといった自律的に学ぶ態度がなかなか身につかないことが，今多くの学校で問題と

なっている。このような自らの学びをしっかりと制御して学びに集中する力がなくては、いかに反復プリント練習を増やして、総合的な学習の時間を削減しても、子どもの教科学力の向上が望めないことは明らかである。

そこで、この問題を解決するために、学びの基礎力の第4領域として、「学びを律する力」というカテゴリーを置くことにする。

繰り返すことになるが、このような子どもたちの学びの基盤づくりに関わる4つの問題を解決しなければ、子どもの教科学力はすぐにも伸び悩んでしまうだろう。そのことを、第4章にて私たち総合学力研究会が行った全国学力調査の結果によって得られた科学的なデータに基づいて証明することにしたい。

もちろんここにあげた4つの領域、つまり、子どもたちの4つの成長課題にそれぞれ対応させた「豊かな体験」「学びに向かう力」「自ら学ぶ力」、そして「学びを律する力」からなる学びの基礎力は、21世紀型学力がそうであったように、学力と呼ぶにはやや広義にすぎるきらいがあるのは確かである。

しかしながら、この学びの基礎力を子どもに身につけさせたい学力として、総合学力モデルに位置づけるメリットには、次の5点が考えられる。

(1) 学びの基礎力と教科学力の間には、強い正の相関があるために、常に両方の力を関連づけながら育成することが望ましい。
(2) 教科学力の向上のためには、今日の子どもたちの学習・生活実態を考慮したときに、学びの基礎力の育成が不可欠である。
(3) 常に家庭と学校が、すべての子どもたちの学びの基礎力の育成を念頭に置いた教育活動に取り組むことができるようになる。
(4) 学びの基礎力に含まれる知的好奇心や自己効力感、そして学習の計画力や自律的に学ぶ態度、学習スキルなどは、1つの教科の枠を超えてどの教科の学習をするときにも必要な基盤となる力である。
(5) 学びの基礎力に含まれる学習習慣や生活習慣も、自らの生活や学習のあり方をモニターして制御する力としてとらえるならば、自律的な学びを作りあげる基礎的な学力である。その育成をしっかりと考えたい。

このようにして、ここで提案する総合学力モデルには、学びの基礎力として、

子どもたちの体験の豊かな基盤と，心理的な強さの基盤，そして自らの学びを制御していく自律性の基盤という3つの基盤を内包するものであり，その育成こそがすべての学力向上の下支えになることは間違いない。

④ 「トライアングル型バランス」をもつ総合学力モデルの提案

それでは，以上の考え方を具体化するために，私たち総合学力研究会（事務局：ベネッセ教育研究開発センター）が，近畿圏の小・中学校の先生方のご協力を得て作成した「総合学力モデル」をみて欲しい（図表1-3）。

（1）子どもの学力を総合的にとらえる

これまでの教育理論や教育に関わる議論においては，ある1つの主義・主張から子どもたちが身につけるべき学力のある一面のみを切り取って，その他を排除しようとする傾向があった。また，学力を「教科で身につける力」というように狭く定義しすぎたり，知識・技能・態度というような一般的な階層やカテゴリーを全面に出しすぎたりして，具体的な学力の中身がみえにくいという問題もあった。

そこで，図表1-3に示した総合学力モデルでは，子どもたちに学校教育を通して身につけさせたい学力を「教科学力」「社会的実践力」，そして「学びの基礎力」という3つの領域で総合的かつ相互関連的に定義することにした。

このようにしてこれからの学校教育では，子どもたちの学力を総合的に，そして相互関連的にとらえていくことが大切である。

私たち総合学力研究会では，「教科学力」「社会的実践力」，そして「学びの基礎力」という3つの力を，子どもたちにつけたい「豊かで確かな総合学力」としてとらえている。

このようにして学力を広くとらえていくことには，次のような5つのメリットがある。

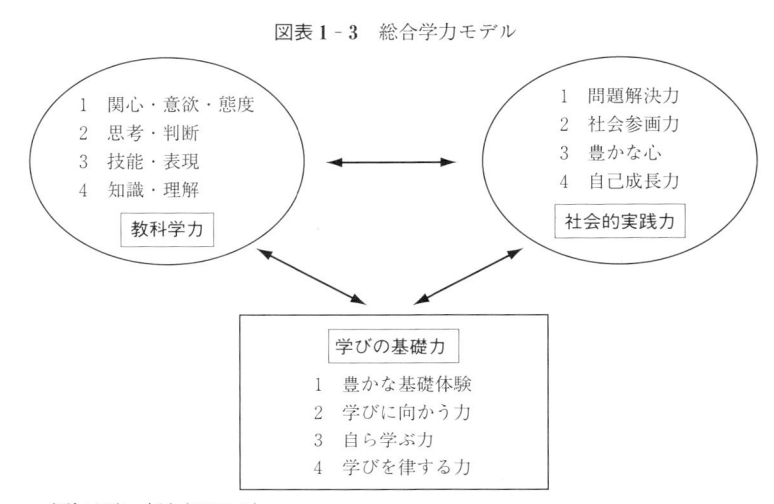

図表 1-3　総合学力モデル

教科学力
1　関心・意欲・態度
2　思考・判断
3　技能・表現
4　知識・理解

社会的実践力
1　問題解決力
2　社会参画力
3　豊かな心
4　自己成長力

学びの基礎力
1　豊かな基礎体験
2　学びに向かう力
3　自ら学ぶ力
4　学びを律する力

出所：田中・木原（2003：9）。

(1)　21世紀社会で求められる幅広い資質・能力に対応することができる。
(2)　生涯学習社会で求められる基礎的な生活習慣や学習習慣を重視できる。
(3)　各学校でバランスのとれた学力向上教育が実施できる。
(4)　実証的な学力調査を作成するときの学力モデルになる。
(5)　学校・家庭・地域・行政が連携した総合的な学力向上施策を立案・実践できる。

　これからは、この図に示したように「学力のトライアングル型バランス」を考えていくことが大切なのである。

（2）バランスのとれた教科学力

　まず教科学力については、観点別評価の評価観点に沿って学力を整理している。あまり新鮮味のない定義であるが、これについてもまだ多くの学校では定着していないのが実態であろう。とくに、国語科や理科、社会科では観点の2「思考・判断」と3「技能・表現」がおろそかにされる傾向があるし、中学校では、多くの教科で観点の1「関心・意欲・態度」と3「技能・表現」が軽視

される傾向にある。これからも教科学力の向上は必須の課題であるし，この４つの観点からなる総合的な教科学力を，プリント教材の反復訓練だけでなく，総合的な学習の時間と連携した問題解決的な教科学習や，少人数学習，習熟度別学習などを通して総合的にバランスよく育てていくことが大切である。

（３）21世紀型学力としての社会的実践力

二つ目の社会的実践力は，文部科学省の生きる力という用語が提案した「21世紀社会に対応する問題解決的な資質・能力」と重なる部分が多い。この総合学力モデルで提案する社会的実践力も同じく「21世紀型学力」を提案していることに違いはない。これからの21世紀社会を生きていくためには，仕事であれボランティア活動であれ，図表１－３に規定した４つの領域，「問題解決力」「社会参画力」「豊かな心」，そして「自己成長力」に整理された多くの力をバランスよく身につけていくことが必要になってくる。たとえば，自己評価力，成長動機，自尊感情，コミュニケーション力，情報活用力，協調性，チャレンジ精神，社会貢献力などである。

（４）学びの基礎力はすべての学力の基礎になる力

そして三つ目の学びの基礎力は，このモデルで新たに提案する学力領域である。その中身は，「豊かな基礎体験」「学びに向かう力」「自ら学ぶ力」，そして「学びを律する力」である。たとえば，自然体験，生活体験，学習習慣，生活習慣，学習動機，学習スキル，集中力，注意力，学習評価力などである。

なぜこのような学びの基礎力が重要であると考えたかというと，最近の子どもたちをみていると，教科学力の習得を問題にする以前に，学習を成立させる基盤となる力が不足していることに気づきはじめたからである。授業中の立ち歩き，奇声，忘れ物の多さ，計算間違いや読み間違いの多さ，学びへの消極性，ノートの乱雑さなど，数えあげたらきりがないほどである。

また，理科の観察や社会科の見学，そして話し合い活動や作文においても，明らかに子どもたちの学校外での自然体験や社会体験，そして読書量が不足し

て，イメージや思考の材料が減少していることに気づかされる。その逆に，参考書をそのまま写してきたような知識が豊富な子どもは多い。

このような学びの基礎的な諸問題は，ここで「学びの基礎力」という新たな用語をもち出すまでもなく，これまで教育心理学の研究やさまざまな教育調査によって，断片的に明らかにされてきたことである。そこで，この総合学力モデルは，そうした断片的な研究成果を総合的に再整理して，学校教育において計画的・系統的に学びの基礎力を育てられるような指導と評価の手法を提案していくことを意図している。

（5）3つの学力の関連的な育成が大切

そして最後に考えたいのは，この3つの力，すなわち教科学力・社会的実践力・学びの基礎力の相互関係である。筆者は，この3つの力はどれ1つを欠いても十分に成長させることはできないと考えている。この3つの力をバランスよく，相互に関係づけながら総合的に身につけて初めて，「21世紀に必要な豊かで確かな学力」になるのである。

このように子どもたちに身につけさせたい力を総合的に定義することによって，最近の「学力低下キャンペーン」が，教科学力の知識・理解の量と正確さのみを対象にした議論にすぎないことがみえてくる。

現在の子どもと学校を取り巻く問題は，決して知識量の低下だけではない。それよりも，OECDのPISA調査の指摘をふまえると，「社会的実践力の低下問題」や「学びの基礎力の低下問題」の方が大きな教育課題である。

これからの教育改革は，学力モデルが規定する時代である。未来に生きる子どもたちに総合学力を育てるためにこそ，教室の教育方法の改善はもちろんのこと，学校の新しい運営体制も，教員評価のあり方も，大学の入試制度も高等学校の進路指導のあり方もすべて改善されるべきである。

⟨5⟩ これまでの学力向上教育の問題点と提言10か条

では次に，これまでの学力向上教育の問題点についてみてみよう。

（1）なぜこれまでの学力向上教育は成果を出せなかったのか

これまで数多く実施されてきた学力向上のための教育は，必ずしも着実な成果をあげているとはいえない残念な状況にある。また，わずかな成果があがっていたとしても，その方法は，習熟プリントの反復による基礎的な計算スキルや漢字の知識の定着，そして少人数指導や授業時間数の増加という外的な条件要因の変更に伴う，基礎学力の部分的・短期的な向上に留まっていたといえる。

ではなぜ，これほど学力向上の重要性が唱えられて，しかも多くの学校で総合的な学習の時間の実質的な削減によって，21世紀型の教育課題の実現を犠牲にしてまで学力向上教育が行われたのにもかかわらず，わが国の学力向上は大きな成果をあげることができなかったのだろうか。

それは，これまでの学力低下論争や学力向上の主張には，本書で提案するような豊かな学力モデルの提案も，体系的な学力向上の方法論の明確化もなかったからである。

また，部分的な理論を紹介したり，限られた事例を掲載したりした雑誌や単行本はあったが，それらはあくまでも狭い経験則を扱っただけのものであった。

そして，いくつかの全国レベルでの学力調査は行われてきたが，それらはたくさんのデータを出すだけで，学力診断の結果から授業改善や学校改革につなげていく明確な手順の提案がなかったのである。

さらにいうならば，一部の熱心な力量のある教師だけが授業研究に取り組む場合が多かったことや，教科の基礎学力を育てるための限られたメソッドを取り入れた反動で，教科の応用的な学力を育てる問題解決的な学習や，生きる力を育てる総合的な学習の時間を軽視したことも原因にあげられる。

それを整理すると以下の8点になるだろう。

> ■ 学力向上の8つの問題点
> (1) 学力を総合的にとらえられない。(**教育観の狭さ**)
> (2) 学力向上の方法を体系的に描ききれない。(**指導レパートリーの少なさ**)
> (3) 1つの方法を重視すれば，異なる方法は軽視する。(**バランス感覚のなさ**)
> (4) 調査データから実証的に考えることができない。(**科学性のなさ**)
> (5) 評価から改善のステップを踏むことができない。(**問題解決思考の軽視**)
> (6) 2年ほどで学力向上の研究をやめてしまう。(**継続性のなさ**)
> (7) 学校，家庭，行政が連携して取り組めない。(**パートナーシップのなさ**)
> (8) 教師の力量形成や研修の改善と関連づけない。(**上達論の不足**)

　このような問題点の解決策は，教育行政のみならず学力向上をテーマとした各地の研究指定校からも提供されなかったため，しっかりとした学力向上教育の方法が，全国の小・中学校に普及しなかったのは無理もない。

　しかしこれからは，一部の熱心な教師の経験則に基づく場当たり的な実践研究や，1つのメソッドだけを強調するような実践を廃して，学力調査による自校の学力の診断結果に基づく体系的・組織的・継続的な学力向上教育の立案・実践・評価・改善を行うことが求められている。

(2) 各校での学力向上の悩みベスト10

　とはいっても，すべての学校で学力向上の成果をあげることは容易なことではない。なぜなら，学力向上教育に取り組むときには，次のような多くの悩みに直面することになるからである。

> ■ 学力向上の悩みベスト10
> (1) 膨大な学力調査の結果を自校の実態と研究主題にそってどう読めばよいかわからない。
> (2) 学力診断がやりっぱなしのままで，その成果が授業改善に活かされていない。
> (3) 本校の学力向上は，教科の基礎・基本の学力に偏っているがどうすればよ

いのか。
(4)　一部の熱心な教師だけでなく校内の全教員を参加させるにはどうすればよいのか。
(5)　地域や保護者と連携しながら幅広い学力向上運動を展開できていない。
(6)　校内研究会での話し合いや議論も方向性が定まらず場当たり的である。
(7)　管理職や教員の異動によって，自校の学力向上のあり方が引き継がれていかない。
(8)　校内の一人ひとりの教員によって，学力向上のイメージも方法論も異なっている。
(9)　より学力向上の成果をあげるには，何からはじめてどうすればよいのか具体論がない。
(10)　どの理論書や事例集を読んでも本当に効果があがるかどうか根拠が感じられない。

　このような多くの深刻な悩みを解決するためには，もはや思いつきの域を出ない理論書や実践事例集では足りない。しっかりとした学力調査によって得られたデータと，研究先進校での成功事例と失敗事例の分析を行いながら，学力向上の理論と方法論を深く理解することが必要になっているといえる。

(3) 学力向上教育における「品質保証」の重要性

　別の視点から，わが国の学力向上教育の問題点を指摘するとすれば，これまで各学校での学力向上教育に決定的に欠けていたのは，「品質保証（Quality Assurance）」の考え方である。

　学校教育にこの考え方を導入するのは，やや堅苦しい感じがするが，子どもたちの学力向上という大きな課題を解決するためには，レベルの高い効果的な教育が本当にすべての学級で実施されるように，普段の授業と子どもの学力実態を定期的・継続的に診断・評価・改善することが必要不可欠なのである。それが，品質保証の考えに基づく学力向上教育の基本である。

　そこで，私たち総合学力研究会は，ベネッセ教育研究開発センターの協力の

下，総合学力モデルに基づく総合学力調査を全国規模で実施するとともに，それに対応した学力向上教育の実践論を提供することで，この「品質保証」の考え方と方法を普及させ，各校での学力向上教育に決定的な質的変化をもたらそうとしているのである。

私たち総合学力研究会が開発した総合学力調査は，「豊かな学力の確かな育成」をスローガンにして，教科学力だけでなく，21世紀型学力としての社会的実践力，そして生活習慣や学習習慣の充実をねらいとした学びの基礎力という3つの要素からなる総合学力の実態をしっかりととらえることができる優れた学力調査になっている。

この総合学力調査を実施することによって，教科学力を中心としたこれまでの標準学力テストとは異なり，より総合的で多面的な学力診断と，その結果に基づく多様でバランスのとれた学力向上プランの創出が可能になったのである。

さらに，本書の第5章では，「総合教育力の向上が，子どもの学力を伸ばす」をメッセージとして2004年に実施した総合教育力調査をふまえて，学校と家庭が連携して学力向上に取り組むことの大切さをデータに基づきながら提案するとともに，教師の指導力や家庭の教育力を高める具体的な方法論を豊富に提供している。

（4）学力向上格言ベスト10と学力向上のための提言10か条

さて，次に紹介したいのは，学力向上の格言ベスト10である。これは，日本の伝統的な諺や格言をもじって，学力向上の原則をわかりやすく伝えるために，私たち総合学力研究会が，この5年間の研究期間に誰からともなくいい伝えてきたものである。

できれば，それぞれの格言を大きな紙に書いて，家訓や標語のようにして，教室や職員室の壁に掲示してみてはどうだろうか。

気恥ずかしいかもしれないし，堅苦しく感じるかもしれないが，学力向上教育が誤った方向に進んだり，途中で足を引っ張られて減速したりすることを防ぐために試してみてはどうだろうか。

■学力向上格言ベスト10
(1)「学力向上に王道なし」
(2)「学力向上のトータルデザイン」
(3)「バランス教育を実現しよう」
(4)「豊かな学力の確かな育成」
(5)「R-PDCAモデルで校内研究を変える」
(6)「授業改善なくして学力向上なし」
(7)「総合教育力の向上が子どもの学力を伸ばす」
(8)「学力向上に継続は力なり」
(9)「学びの遠回りこそ真の近道となる」
(10)「学力向上はまず大人から始めよ」

　さらに，私たちは，本書でこれから紹介する総合学力調査のデータに基づいて明らかにした学力向上のための提言を，10個に整理してわかりやすく表す工夫をしてみた。それが，次の「学力向上のための提言10か条」である。

　科学的な根拠については，参考文献をそれぞれ参照して欲しいのだが，このなかにはこれまでにない新しい提言も数多く入れてある。各学校における総合的な学力向上プランを策定するときの参考資料にしていただければ幸いである。

■ 学力向上のための提言10か条

(1) 学びの基礎力と教科学力には相関関係がある。学びの基礎力をバランスよく育てることが，教科学力の向上につながる。
(2) 教科指導では，「授業で習ったことはそのまま覚えるのではなく，その理由や考え方もいっしょに理解したり，失敗を次の学習に活かすようにすること」が学力向上に最も効果的である。
(3) 教科学力，社会的実践力，そして学びの基礎力が高い学校では，学校での指導，家庭での支援，そして地域の教育活動が広範囲にわたってバランスよく行われている。学力向上のためには，学校・家庭・地域の連携による総合的な施策が大切である。
(4) 子どもを励まし共に成長を考える家庭での支援的な対話が，学校での子どもの教科学力と学びの基礎力の向上につながる。
(5) 家庭での学習時間を確保して宿題をやってくる子どもの教科学力は高い。家庭での学習習慣の確立が教科学力の向上にとって不可欠である。
(6) 社会的実践力と教科学力には相関関係がある。社会的実践力をバランスよく育てることが，教科学力の向上につながる。
(7) 教科学習でも総合的な学習の時間においても共通して，問題解決的な学力を育てることが，子どもの自ら学ぶ態度や意欲を育て，それが教科学力の向上につながる。
(8) 教科学力のなかでも応用的な学力の向上については，社会的実践力と学びの基礎力の高まりが必要条件となる。学力向上のためには，社会的実践力と学びの基礎力に支えられて，基礎的な学力と応用的な学力をともに伸ばすことが大切である。
(9) 子ども一人ひとりによって，学力プロフィールは異なっている。そこで，子どもの学力プロフィールに沿って個人差に応じたきめ細かい指導を行うことが大切である。
(10) 自校の学力プロフィールを，教科学力，社会的実践力，そして学びの基礎力という3つの力のバランスから深く理解し，それに対応した多様な学力向上施策を立案して計画的に実行することが，子どもの総合学力の向上につながる。

⟨6⟩ 学力向上の7つの基本原則

　では最後に，学力向上のあり方をめぐって，総合学力研究会が考える7つの原則についてまとめてみたい。なぜなら，今日の学力をめぐる議論が，あまりにバランスを欠いて表面的であり，短期的な視野にのみ基づいていることにある種の危機感さえ感じるからである。

　21世紀の公教育を，責任をもって創造していくためには，次に整理したような子どもの学力向上をめぐる7つの論点がとても大切である。これは，これからの学校教育のあり方にバランスと情報公開，そして中期計画を求めるものである。

原則①「総合的な学力モデルの明確化」：トライアングル型バランスの重要性
　今，教育界において，「学力」は再び深い反省もなく狭くとらえられすぎている。算数（数学），国語，そして英語の反復練習で育てられて，しかもペーパーテストで測定可能な教科の「知識・理解」に関わる基礎学力が，バランスを欠くほどクローズアップされている。しかも，それは，いわゆる受験学力への保護者の不安感をあおり立てるほどになっている。

　そこで，子どもが身につけるべき本来の総合的な学力は何なのか，基礎から応用までを含めたバランスのよい学力モデルはどうあるべきか，そしてペーパーテストで測定することが困難な学力のなかで21世紀社会において有用な学力は何か，といった「真の学力像」を明らかにしたい。

　本研究会が提案する学力は，「教科学力」「社会的実践力」「学びの基礎力」という3つの力のトライアングル型バランスによって成立している。この3つの力が相互関連的，そして相乗的に育ってこそ，子どもたちは21世紀社会を豊かに生き抜く力と，自ら創り出す人生で豊かに自己実現を果たす力を身につけたことになるものと確信している。

　私たちはこの学力モデルによって，21世紀に必要な「学力論の正道」を作り

出し，多くの学校とともに歩みたいと考えている。

原則②「総合的な学力向上施策の実施」：トータルデザインの重要性

今，教育界においては，反復練習を重視しすぎて，総合的な学習の時間をおろそかにする風潮がある。また，教科学習における問題解決的な学習の重要性も，ほとんど顧みられなくなっている。確かに反復練習は，教科の「知識・理解」に関わる基礎学力を育てるためには，一定量必要かつ効果的なものである。しかし，学力向上のための方法を反復学習に限定するのは，逆に効果的ではない。教員養成課程の教育実習生にも実践できる１つの手法だけに授業改善の方法を限定することなく，総合的で系統的な学力向上のための手法を各学校において計画的に実施するためにはどうすればよいかについて考えたい。

さらに，各学校だけでなく，学力向上のために教育行政と地域・家庭が協力してできることをトータルに考える学力向上施策体系モデルを提案したい（第５章を参照のこと）。

原則③「目標準拠評価から進める学力向上」：授業改善なくして絶対評価なし

学力向上のためには，評価のあり方についても検討が必要になっている。新しい教育課程の実施に伴って，周知の通り「目標準拠評価」，いわゆる絶対評価が導入されたが，判断基準の設定や保護者への説明のあり方，そしてＣ判定を受けた子どもへの補充指導などについてまだ不明確な部分が少なくない。

ただしここで注意しておきたいのは，絶対評価を形式として導入するだけでは，学力向上にはつながらないということである。絶対評価を評定のための資料集めの道具に留まらせるのではなく，「豊かな学力」の育成を構想した授業改善のあり方と連携させながら行うことが重要である。「授業改善なくして絶対評価なし」，そして「授業改善なくして学力向上なし」ということをしっかりと銘記して各学校での学力向上に取り組んで欲しい。

原則④「教育行政と家庭教育の役割」：豊かなパートナーシップの形成

　学力向上は，文部科学省のみならず各地方教育委員会のリーダーシップと条件整備が必要である。そこで，いくつかの教育委員会が実施している学力向上施策を検討することによって，行政の学力向上への取り組みの方向性と具体案を理解したい。これはまた，行政と学校の学力向上に関わる役割分担の明確化と両者のパートナーシップのあり方を明らかにするためにも重要である。

　一方で，家庭教育の役割についても，3つの力で構成される豊かな総合学力を育てるために家庭でできることは何かという観点からの学力向上のあり方を考えたい。

　本書では，とくにこの点に関して，家庭教育のあり方が子どもの「学びの基礎力」の育ちに大きく影響するという調査結果が明らかになったので，それについて詳しく検討している（第5章を参照のこと）。

　残念ながら最近の学力論争は，家庭の受験競争をあおるばかりで，子どもの「社会的実践力」と「学びの基礎力」の育成という大きな家庭教育の課題への焦点化を妨げている。

　授業参観で私語をやめない保護者，子どものトラブルで学校の責任ばかり追及して自己責任を認めない保護者，総合的な学習の時間を学校とともに作り出そうとしない保護者，子どもに「つけたい力」をペーパーテストの結果としかとらえられない保護者，そして教師の授業改善を保護者自身による学校評価から生み出そうとしない保護者に対して，これからの学力向上の正道をしっかりと歩んでもらうための視点と方法を提示したい。

　子どもたちの未来を考えて「学校改善からの逃走」を防げるのは，最終的に地域住民と保護者しかいないことを，具体的な解決策とともに提案していきたい。

原則⑤「学力診断から学力向上へ」：学校を基盤とした学力向上のR-PDCA　　　　サイクル

　さらに，学力向上のプランを実行するためには，何よりも各学校における子どもたちの学力診断が必要不可欠である。しっかりとした学力テストと学習ア

ンケート調査によって，教科学力のみならず社会的実践力や学びの基礎力の習得状況を各学校によって明らかにして，そこで得られた各学校の「学力プロフィール」に基づいて，各学校のニーズに合わせた学力向上プランを策定し実施することが大切である。

　さらに，各学校での学力向上を実効あるものにするためには，経営理論から援用された R-PDCA（Research-Plan-Do-Check-Action）モデルが役に立つ。

　これに関して，イギリスの学校では，学力の全国診断テストの結果に基づき，自校の学力向上プランを策定して実施することが義務づけられている。そのプランは，「学校改善アクションプラン」と呼ばれていて，イギリスでは，校長がアクションプランを策定・実施するが，その評価については学校理事会と学校評価の外部機関である Ofsted（Office for standards in education）が行い，その達成が不十分な場合には学校に対して是正のための指導と勧告が出される。

　アメリカの学校経営学においては，これを「学校を基盤とした経営（SBM：School Based Management）」と呼び，多くの理論研究と実践研究を積みあげてきている。

　わが国でも，今後このような学校経営の新しい手法が義務づけられる可能性もある。すべての子どもたちの学力向上のための改善手法を，計画的・実証的・明示的に実施するために，この R-PDCA モデルは効果的である（田中他，2007を参照のこと）。

　原則⑥「信頼される学校づくり」：学力プロフィールの分析に基づく学校改善
　今，求められている「信頼される学校づくり」を推進するためには，従来のようにカリキュラムに各学校の実態とニーズを反映させるだけでなく，学力診断から導き出された各学校の「学力プロフィール」を描き出して，その特徴に沿った「特色ある学力向上プランの策定と実行」を行うことが求められている。「学力プロフィール」とは，学力診断の結果を，観点別にレーダーチャートに示したもので，それぞれの観点の結果のばらつきをみやすくする機能がある。すべての学校の「学力プロフィール」が同一になることはあり得ない。逆に，

地域や子どもの実態と教師の指導のあり方によって，多面性をもつ学力のどの部分が弱く，どの部分が十分に習得されたかが決まるのである。すべての観点で満点を取ることは不可能であるし，逆にそのことを学校改善の目的とすることは望ましくない（田中，2008b；2009を参照）。

ただし，低い達成度の観点が示す弱い学力実態をデータから明らかにして，それをしっかりと補強したり，自校の特色あるカリキュラムから生まれた強い学力実態をさらに伸ばしたりするようにして，各校独自の学力向上プランを策定・実施することが求められている。

いいかえれば，このような取り組みは，学力向上の実証性を高めることになる。そして，学力向上の実証性は，次にあげる学校の情報公開と学校の説明責任を推進するための基盤となるものである。

もう1つ，信頼される学校づくりを推進するために必要な観点は，学力向上に関わる教師の力量形成である。

最近の指導力不足教員に対する教育行政の対応を例にあげるまでもなく，ますます高度化する専門的力量を備えた教員の育成と養成は，21世紀型学校教育を推進するために不可欠な要素である。そのために必要なことは，各学級そして各学年の子どもたちの学力実態を，総合的かつ実証的に明らかにしたうえで，効果的な学力向上プランを策定・実行することなのである。

いいかえれば，学校を基盤とした学力向上は，実際には，一人ひとりの教師の授業改善が活性化されない限り効果をあげないのである。そして，一人ひとりの教師が授業改善への重い腰をあげたときに，学校は，地域と保護者に信頼され行政からも支援を受けられる「魅力と活力ある学校」に生まれ変わることができるのである。

本調査研究においても，教師の指導力と「学びの基礎力」の関係性を調査結果から明らかにすることができたので参考にして欲しい（第5章を参照のこと）。

原則⑦「情報公開と学校の説明責任」：学校改善の進捗状況の明示

そして，最後に大切なことは，各学校における学力向上の取り組みの進捗状

況と成果について，学校通信や学校ホームページなどで情報公開をすることである。もちろん，子どもの個人情報は十分に保護される必要があるので，子どもの個別的な学力診断の結果を公開することはできない。

しかし，学校全体の平均的なプロフィールや，学年レベルでの学力プロフィールは，学校の説明責任を果たし，地域と保護者に信頼される学校づくりをめざすためにも基本的に公開することが望ましい。

ただし，学力診断の結果は，地域と子どもの実態，家庭の教育力，そして学校の指導力の総合的な関数として生み出されるものであることを考慮するならば，学力診断結果が一人歩きして地域の誤解を生んだり，地域の実態を無視することになったり，あるいは，教師と子どもに過度の責任を負わせることにならないように，情報公開にあたっては慎重な配慮が求められることはいうまでもない。

このような7つの課題を総合的に検討することこそが，これからの子どもたちの学力向上を誠実にそして中長期計画的に実践する先生たちへの応援歌になると信じている。

引用・参考文献

田中博之『総合的な学習で育てる実践スキル30』明治図書，2000年a。
田中博之編著『ヒューマンネットワークをひらく情報教育』高陵社書店，2000年b。
田中博之監修『21世紀型学力を育む総合的な学習を創る』ベネッセ文教総研，2002年a。
田中博之編著『講座・総合的学習のカリキュラムデザイン（全6巻）』明治図書，2002年b。
田中博之・木原俊行監修『豊かな学力の確かな育成に向けて』ベネッセ教育総研，2003年。
田中博之・木原俊行・大野裕己監修『学力向上ハンドブック』ベネッセ教育研究開発センター，2007年。
田中博之『フィンランド・メソッドの学力革命』明治図書，2008年a。
田中博之「学力調査結果のレーダーチャート化と自己診断・改善のスキル」『学校マネジメント』9月号，明治図書，2008年b，10-13ページ。
田中博之「全国学力・学習状況調査結果チャートを用いた学校改善」文部科学省編集『文部科学時報』1月号，2009年，20-23ページ。

第2章

社会的実践力を育てる

　私たち総合学力研究会は，21世紀社会においてはまず社会的実践力をすべての子どもたちに育てることが学校教育の課題であると考えている。これまでの教科学力とともに，社会的実践力という新しい21世紀型学力をバランスよく育てることが大切なのである。そこで，まずこの社会的実践力とはどんな力なのかをみてみることにしよう。

① 経済産業省が提案する「社会人基礎力」

　まずはじめに，本書で提案する社会的実践力という21世紀型学力の内実を考えるときに参考になるのが，経済産業省が提案する「社会人基礎力」という能力モデルである。

　経済産業省は，2005年7月に，「社会人基礎力に関する研究会」を設置し，「職場や地域社会の中で多様な人々とともに仕事をしていくために必要な基礎的な力」を「社会人基礎力」と名づけ，その定義や育成・評価，活用などのあり方について研究を行ってきた。

　その問題意識を，次のように規定している。

　近年，我が国産業社会を取り巻く環境は大きく変化している。国内市場の成熟化やグローバル競争の激化により商品サイクルの短期化がもたらされ，企業は「新しい価値のある商品やサービスをいかに早く創り出すか」が強く

問われるようになった。また，IT化の進展に伴い，資料配付やデータ集計といった職場における単純な作業は，機械化や自動化が進み，企業の若手に対しても，当初から難易度の高い仕事が期待されるようになった。その結果，新しい価値創出に向けた課題の発見，解決に向けた実行力，異分野と融合するチームワークなど，彼らが持てる知識を社会で十分に発揮するために求められる基礎的な能力の必要性が顕在化した（経済産業省発行『平成19年度版レファレンスブック　今日から始める社会人基礎力の育成と評価（暫定版）』2008年5月より）。

　このような問題意識を受けて，経済産業省では，全国7つの大学に研究委託をして，講義や文献講読を中心とした大学教育の改善をねらいとして，いわゆるプロジェクト型学習を理論的ベースにおいた「実践型学習」による産学共同学習の研究を推進している。
　現時点では，委託対象は大学に限定されているが，社会人基礎力という新しい能力観が提案している力は，多くの社会人に等しく必要とされるものであり，わが国の産業界や政府がその重要性に気づいて，その育成に動きはじめたことは大変価値あることである。
　したがって学校教育のねらいも，子どもたちが21世紀社会で社会人として働くことを見通すならば，この社会人基礎力という提言は避けては通れないばかりかそれを積極的に取り入れて，これからの学校教育の改善に役立てる必要があるといえる。
　この社会人基礎力という能力は，今から13年前に当時の第15期中央教育審議会が，はじめて「生きる力」という用語で，子どもたちが21世紀社会を生きる力を提案したことと大いに共通性があるが，社会人基礎力の定義の方が，その能力観をより詳細に明示している。
　では具体的にみてみよう。先の「社会人基礎力に関する研究会」は，図表2-1にみられるようなモデルを提案し，社会人基礎力を3つの能力と12の要素からなる総合力として定義している。

第 **2** 章　社会的実践力を育てる

図表 2-1　経済産業省が提案する社会人基礎力のモデル図
◆社会人基礎力の内容（3つの能力／12の要素）

前に踏み出す力（アクション） ～一歩前に踏み出し、失敗しても粘り強く取り組む力～
- 主体性：物事に進んで取り組む力
- 働きかけ力：他人に働きかけ巻き込む力
- 実行力：目的を設定し確実に行動する力

考え抜く力（シンキング） ～疑問を持ち、考え抜く力～
- 課題発見力：現状を分析し目的や課題を明らかにする力
- 計画力：課題の解決に向けたプロセスを明らかにし準備する力
- 創造力：新しい価値を生み出す力

チームで働く力（チームワーク） ～多様な人々とともに、目標に向けて協力する力～
- 発信力：自分の意見をわかりやすく伝える力
- 傾聴力：相手の意見を丁寧に聴く力
- 柔軟性：意見の違いや立場の違いを理解する力
- 情況把握力：自分と周囲の人々や物事との関係性を理解する力
- 規律性：社会のルールや人との約束を守る力
- ストレスコントロール力：ストレスの発生源に対応する力

出所：経済産業政策局「社会人基礎力」ホームページ（http://www.meti.go.jp/policy/kisoryoku/）より。

　その3つの能力と12の要素とは，次のようなものである。
(1)　前に踏み出す力（アクション）
「主体性」「働きかけ力」「実行力」
(2)　考え抜く力（シンキング）
「課題発見力」「計画力」「創造力」
(3)　チームで働く力（チームワーク）
「発信力」「傾聴力」「柔軟性」「情況把握力」「規律性」
「ストレスコントロール力」
　つまり一言で表現するならば，この社会人基礎力は，まさに21世紀社会を多様な人びとと協力して問題解決を通して生きる総力になっているのである。より詳細な能力項目の例については，図表2-2が参考になる。
　ただし，この理論と本書で提案する社会的実践力との相違点は，社会人基礎力のなかの「規律性」と「ストレスコントロール力」が，総合学力モデルにお

図表 2 - 2　社会人基礎力の能力要素

分類	能力要素	内容
前に踏み出す力（アクション）	主体性	物事に進んで取り組む力 例）指示を待つのではなく、自らやるべきことを見つけて積極的に取り組む。
	働きかけ力	他人に働きかけ巻き込む力 例）「やろうじゃないか」と呼びかけ、目的に向かって周囲の人々を動かしていく。
	実行力	目的を設定し確実に行動する力 例）言われたことをやるだけでなく自ら目標を設定し、失敗を恐れず行動に移し、粘り強く取り組む。
考え抜く力（シンキング）	課題発見力	現状を分析し目的や課題を明らかにする力 例）目標に向かって、自ら「ここに問題があり、解決が必要だ」と提案する。
	計画力	課題の解決に向けたプロセスを明らかにし準備する力 例）課題の解決に向けた複数のプロセスを明確にし、「その中で最善のものは何か」を検討し、それに向けた準備をする。
	創造力	新しい価値を生み出す力 例）既存の発想にとらわれず、課題に対して新しい解決方法を考える。
チームで働く力（チームワーク）	発信力	自分の意見をわかりやすく伝える力 例）自分の意見をわかりやすく整理した上で、相手に理解してもらうように的確に伝える。
	傾聴力	相手の意見を丁寧に聴く力 例）相手の話しやすい環境をつくり、適切なタイミングで質問するなど相手の意見を引き出す。
	柔軟性	意見の違いや立場の違いを理解する力 例）自分のルールややり方に固執するのではなく、相手の意見や立場を尊重し理解する。
	情況把握力	自分と周囲の人々や物事との関係性を理解する力 例）チームで仕事をするとき、自分がどのような役割を果たすべきかを理解する。
	規律性	社会のルールや人との約束を守る力 例）状況に応じて、社会のルールに則って自らの発言や行動を適切に律する。
	ストレスコントロール力	ストレスの発生源に対応する力 例）ストレスを感じることがあっても、成長の機会だとポジティブに捉えて肩の力を抜いて対応する。

出所：図表 2 - 1 と同じ。

第 2 章　社会的実践力を育てる

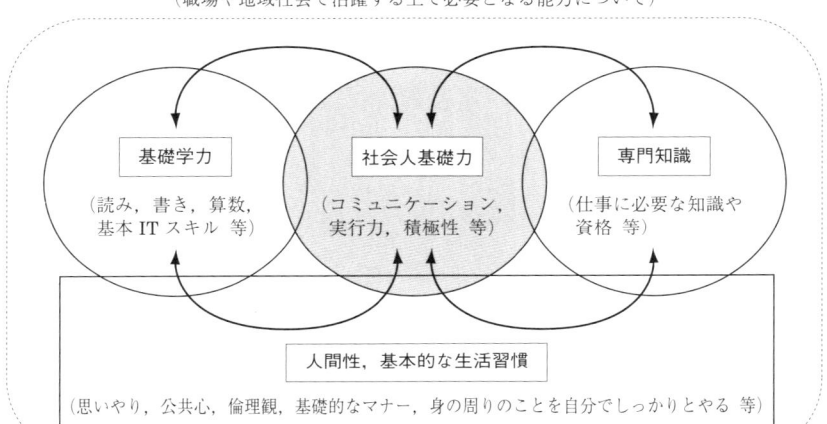

図表 2 - 3　社会人基礎力と基礎学力・専門知識・人間性，生活習慣との関係
（職場や地域社会で活躍する上で必要となる能力について）

```
┌─────────────────────────────────────────────────────────┐
│                                                         │
│   ┌─────────┐    ┌─────────┐    ┌─────────┐             │
│   │ 基礎学力 │    │社会人基礎力│    │ 専門知識 │          │
│   │(読み,書き,│   │(コミュニケー │   │(仕事に必要な│       │
│   │算数,基本IT│   │ション,実行力,│   │知識や資格 等)│      │
│   │スキル 等) │   │積極性 等)  │   │          │          │
│   └─────────┘    └─────────┘    └─────────┘             │
│                                                         │
│   ┌─────────────────────────────────────────────┐      │
│   │          人間性，基本的な生活習慣              │      │
│   └─────────────────────────────────────────────┘      │
│   (思いやり，公共心，倫理観，基礎的なマナー，              │
│    身の周りのことを自分でしっかりとやる 等)               │
└─────────────────────────────────────────────────────────┘
```

注：それぞれの能力の育成については，小・中学校段階では基礎学力が重視され，高等教育段階では専門知識が重視されるなど，成長段階に応じた対応が必要となる。
出所：図表 2 - 1 と同じ。

いては，学びの基礎力に位置づけられていることである。

　またこの逆に，私たちが提案する総合学力モデルにおいては，社会的実践力に位置づけられている「思いやり」「公共心」「倫理観」「マナー」などは社会人基礎力には入っておらず，それらは，図表 2 - 3 にみられるように，社会人基礎力の土台となる「人間性，基本的な生活習慣」に位置づけられている。

　どちらに位置づけられているにせよ，大切なことは，こうした多様な教科の基礎学力ではカバーしきれない多様な能力がこの21世紀社会を生き抜くために必要であるという共通認識があること，そしてこの図表 2 - 3 にみられるように，「社会人基礎力」だけでなく，「基礎学力」と「専門知識」，そして「人間性，基本的な生活習慣」という 4 つの力がこれからの学校教育と職場，そして地域社会で必要になるといった総合的な能力観を同様に提案していることである。

　したがって，このようなこれからの社会で求められる力を，とくに教科学習での問題解決的な学習や総合的な学習の時間に育てる学力として組み入れることが必要であるとともに，総合学力モデルに代表される豊かな学力観をもって

学校教育を再編成していくことが，社会的要請として求められているといえるだろう。

❬2❭ 海外で定義された21世紀型学力

　海外では，21世紀型学力をどのように定義して，国の教育政策に反映させているのだろうか。このように，子どもに身につけさせたい力をこれまでの教科学力だけに限定せずに，21世紀社会に対応できる新しい力として幅広くとらえていこうとする動きは，世界中の多くの国々に広がってきた。

　もちろん，「総合的な学習の時間」という名称を使っているのは日本だけであるが，未来に生きる子どもたちにつけておきたい新しい学力という意味では，イギリスやカナダの方が進んだ考え方をしている。

　たとえば，イギリスでは，2001年9月から試行された新しいナショナルカリキュラム（日本の学習指導要領にあたる）において，「キースキル」と呼ばれる問題解決的な学力の育成を明記している[1]。具体的には，次のような6つの力が提案されている。

(1) 数の応用力
(2) コミュニケーション能力
(3) 情報活用能力
(4) ティームワーク力
(5) 自己改善力
(6) 問題解決力

　イギリスでは，こうした力を各教科の学習および教科横断的な学習のなかで積極的に育成しようとしている。さらに，注目すべきことは，このような実践スキルを中等学校の中間・期末考査において実技テストを通して評価し，その得点を大学入試の得点に加算する方式を採用したことである。つまり，学校での定期考査と大学入試のシステムを21世紀型学力に対応させて改革したのである。

一方，カナダでも同様の提案がなされている。カナダでは，行政と大学，企業が共同研究をして，「就職保障スキル（employability skills）」と呼ばれる21世紀型の新しい学力の育成に積極的に取り組んでいる[2]。

　この研究組織（The Conference Board of Canada）は，次のような11の力をこれからの社会を生き抜いていくうえで重要な力として提案した。そして，このような力を育てるためのカリキュラムや教材の開発が積極的に行われているのである。

［基本的スキル］
 (1)　コミュニケーション能力
 (2)　情報活用能力
 (3)　数の活用能力
 (4)　問題思考・解決力

［自己マネジメントスキル］
 (5)　肯定的な態度と行動力
 (6)　責任感
 (7)　適応力
 (8)　継続して学習する力
 (9)　安全に働く力

［ティームワークスキル］
 (10)　他者と働く力
 (11)　プロジェクトや課題に参加する力

　さらに，オーストラリアのクイーンズランド州教育省では，クイーンズランド大学のアラン・ルーク教授を理論的なリーダーとして迎えて，より体系的に21世紀型学力を定義している。変革のポイントとして注目すべきことは，(1)2010年までに大学進学率と中等教育における基礎学力を先進国並みに引きあげること，そして，(2)教科横断的なプロジェクト学習を2003年度から州内のすべての初等・中等学校で実施して，21世紀に対応する「新しい基礎学力」を育てるということである[3]。

「新しい基礎学力」とは，21世紀の予測不可能な時代を生き抜くために必要な資質・能力のことで，'The New Basics' と呼ばれている。この「新しい基礎学力」には，次のような4領域16項目が含まれている。

領域①——人生の経路と社会の未来
「私は誰なのか，そしてどこへ行こうとしているのか？」
- 多様な家族関係に生き，そしてそれに備えること
- 友だちや他者と共同すること
- 健康を保ち，自己を大切にすること
- 新しい職業や職種について学び，それに備えること
- 主体性と企画力を身につけること

領域②——総合的リテラシーとコミュニケーションメディア
「世界をどのように理解し，それとどのようにコミュニケーションを図るか？」
- 伝統的なメディアと新しいメディアを組み合わせて用いること
- 創造的な判断を行い，自己表現に取り組むこと
- 複数の言語と異文化に関する理解を用いてコミュニケーションを図ること
- 言語能力と数的能力をマスターすること

領域③——積極的な市民性
「地域社会，文化圏，そして経済圏のなかでの自己の権利と責任は何か？」
- 地域社会や国際社会において相互作用を図ること
- 変容する文化的自己意識においてうまく生きること
- 地域的かつ国際的な経済力について理解すること
- 社会運動や市民団体の歴史的基盤を理解すること

領域④——環境とテクノロジー
「身の回りの世界をどう記述し，分析し，そして形成するか？」
- 世界についての科学的な理解を身につけること
- デザインと工学のテクノロジーを用いて仕事をすること
- 環境を作りそれを維持すること

もちろんクイーンズランド州教育省は，いわゆる「伝統的な基礎学力（The Traditional Basics あるいは，The Old Basics と呼ばれている）」を軽視しているのではない。これまでの既存教科を組み合わせてクロスカリキュラムを構成したり，あるいは，関連する教科の内容を部分的に変更したりして，このような新しい基礎学力を身につけるための総合的な学習（Transdisciplinary Learning）を行おうとしているのである。

以上のように新しい基礎学力が想定されれば，次にカリキュラム開発や単元開発に必要となる授業モデルが必要になる。わが国の学習指導要領では，次に紹介するような授業づくりの単元レベルでのモデルがほとんど存在しないので，参考になるところが多い。

ここでは，オーストラリアのクイーンズランド州教育省が提案する総合的な学習である「新しい基礎学力プロジェクト（The New Basics Project）」における単元構成のあり方を紹介したい。

そこではまず，「豊かな課題（Rich Tasks）」という合計24個の単元モデルが，義務教育段階の3つのレベルごとに提案されている。このような単元モデルは，各学校でのカリキュラム開発の創意工夫を促進しない逆効果も予想されるが，質の高いねらいのはっきりとした総合的な学習をすべての学校で本格的に実施するためには必要なものである。

紙面の制約もあり，この「豊かな課題」と呼ばれる総合的な学習の単元モデルの名称だけを紹介しておこう。

［第1学年～第3学年］──小学校
- マルチメディア自己紹介
- ホームページ
- 物体のデザイン
- 危機にある動物と植物
- 旅行日程
- 健康の個人計画
- お話を読んで語ろう

[第4学年～第6学年]──小学校
- 語りによるテキスト
- 製品デザインと展示
- 口承の歴史とライフスタイルの変化
- 法律や政治の問題
- 環境問題
- 健康の個人プログラム
- お祝い行事

[第7学年～第9学年]──中等学校
- 健康問題──探究して行動しよう
- 構造──デザイン，計画，展示
- ビジネスの専門性と将来設計
- 予算計画と表計算
- 生命工学──今日的問題と将来の動向
- 国家像と戦争，そして移民
- 地域社会の構成──参加と行動化
- 人間の成長と身体運動
- 貿易とコミュニケーション
- 芸術的行事──貢献と共同

　このような単元のアイデアをみてみると，たとえば環境や健康，情報といったテーマの取り扱いについては，わが国の総合的な学習の時間との共通点も多いが，テーマ的には教科的であっても子どもの問題解決的な学習を推進するために設定している単元も多いことが特徴である。

　そして，すべての課題には，(1)典型的な活動系列，(2)新しい基礎学力との関連，(3)実施上のアイデアやヒント，そして，(4)実施上の条件が具体的に規定されている。さらに現在でも部分改訂が継続している。

　最後に，最近とくに注目されるようになってきたOECDのDeSeCoのキー・コンピテンシーという能力観についてみてみよう。このDeSeCoが提

案するキー・コンピテンシーという21世紀型学力は，実際に国際学力調査であるPISA調査として具体化されて，世界中の国・地域の子どもたちの学力評価指標として活用されるようになっている。

21世紀型学力としてPISA型読解力が提起されるようになった背景には，OECDのプロジェクト，DeSeCo（コンピテンシーの定義と選択：Definition and Selection of Competencies）の理論的な基盤があったのである。このDeSeCoプロジェクトは，OECDが1997年に開始し主体となりながらもスイス連邦統計局が実質的な理論化の作業をリードし，12カ国の参加国からの提案や調査結果をまとめあげ，2003年に刊行した最終報告書によって，その理論構築を完成したものである。

DeSeCoプロジェクトのねらいは，この21世紀社会における継続的な経済成長と自然・社会環境と人類の共生を調和させるために，教育の経済的・社会的効果をあげることが必要であるとの認識に基づいて，これからのグローバル社会で必要となる人的資本を客観的に評価する指標（国際比較指標）を開発することであった。

そのような認識の背景には，従来の教科学習でもたらされる伝統的な学力は，近代社会における経済的・社会的成功に役立つとしても，これからの21世紀社会においては必ずしも人間の発達や社会・経済の調和的な発展にとって十分な教育的成果をあげていかないのではないかという疑いがあったのである。

そこで，OECDは1999年にスイスで第1回のDeSeCoシンポジウムを立ちあげ，次のような問題意識のもとに，教育学者だけでなく，人類学者，経済学者，心理学者，そして社会学者などが集まって，これからの21世紀社会にもとめられる新しい学力と人間の諸能力についての枠組みを構築したのである（以上の考察については，ライチェン他，2006を参考にした）。

「読み，書き，計算することとは別に，どのような他の能力が個人を人生の成功や責任ある人生へと導き，社会を現在と未来の挑戦に対応できるように関連づけられるのか？」

このような問題意識には，次のような6つの特徴が想定されている。
[DeSeCo枠組みの特徴]
(1) 全人的な幅の広い観点から必要な能力（態度，動機づけ，価値といった非認知的要素を含む）を整理する。
(2) コンピテンシーの評価が可能となる概念枠組みを構築する。
(3) コンピテンシーは，知識，スキル，態度，感情，価値観と倫理，動機づけを含む総合的な能力と定義する。
(4) 学校や職場に限らずに人生の成功や社会の良好な動き（生産的な経済，民主的なプロセス，社会団結，平和などを含む）に貢献する。
(5) OECD加盟国の教育政策や社会政策の立案に貢献する。
(6) 3つのコンピテンシーのカテゴリーに共通する能力として思慮深さや反省的思考力を位置づける。

これをみて気づくことは，まずDeSeCoでは総合的な学力観が示されているということである。21世紀社会で個人の人生の成功と社会の持続可能な発展を可能にする力を幅広く豊かに定義したことは，これからの21世紀社会での学校学力を再編成するために大変大きな指針となるものである。

次に，OECDが提案しているとはいえ，経済的な効果を過度に強調することなく，一人ひとりの人間の幸福と人権と平和が守られる社会の実現という社会正義に基づく倫理観を主張している点も高く評価できるだろう。

そして表面には現れていないが，DeSeCoプロジェクトでは，これから紹介する3つのカテゴリーに属する多様な力を十分に発揮するためには，一人ひとりの人間の思慮深さや反省的思考力が不可欠であると指摘している。つまり，最近の子どもたちが自分で考えることなく，また突発的な衝動をコントロールすることができずに，主体的で自律的な人生を送ることが難しくなっている時代においては，また，多様な背景をもつ人びとが交流し合い共生し合うことが求められる社会で想定されるトラブルや誤解を冷静かつ創造的に解決していくには，まさに思慮深い判断と行動が求められているといえる。

以上の問題意識に基づいて，DeSeCoは，図表2-4のような能力モデルを

第 **2** 章　社会的実践力を育てる

図表 2 - 4　DeSeCo の全体枠組み

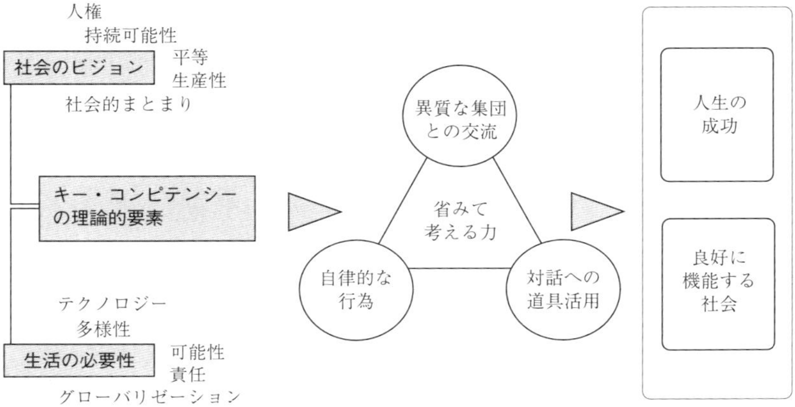

社会のビジョン
- 人権
- 持続可能性
- 平等
- 生産性
- 社会的まとまり

キー・コンピテンシーの理論的要素

生活の必要性
- テクノロジー
- 多様性
- 可能性
- 責任
- グローバリゼーション

- 異質な集団との交流
- 省みて考える力
- 自律的な行為
- 対話への道具活用

- 人生の成功
- 良好に機能する社会

出所：ライチェン他（2006：196）。

提案している。このように，OECD が提案した DeSeCo という概念枠組みは，社会の変化とそこに求められる力を十分に考察したうえで，継続的で総合的な活用を可能にする優れた能力項目を提案した21世紀型学力モデルなのである。

　では，この DeSeCo のコンピテンシーモデルの具体的な領域と能力項目を紹介したい。それは，次のような3領域から構成されている（ライチェン他，2006：210-218）。

[DeSeCo のコンピテンシーモデル]

カテゴリー1：相互作用的に道具を用いる

　コンピテンシー1A──言語，シンボル，テキストを相互作用的に用いる能力
- PISA型読解力，数学的リテラシー，計算リテラシー。

　コンピテンシー1B──知識や情報を相互作用的に用いる能力
- 何がわかっていないかを知り，決定する。
- 適切な情報源を特定し，位置づけ，アクセスする。
- 情報源に加えてその情報の質，適切さ，価値を評価する。
- 知識と情報を整理する。

　コンピテンシー1C──技術を相互作用的に用いる能力
- 対話などの相互作用に技術を用いる。
- 技術の性質を理解してその潜在的な可能性について考える。
- 技術的な道具の可能性を状況や目標に関連づける。
- 共通の実践のなかに技術を組み込んでいく。

カテゴリー2：異質な集団で交流する

　コンピテンシー2A──他人といい関係を作る能力
- 共感性──他人の立場に立ち，その人の観点から状況を想像する。これは内省を促し，広い範囲の意見や信念を考えるとき，自分にとって当然だと思うような状況が他の人に必ずしも共有されるわけではないことに気づく。
- 情動と意欲の状態と他の人の状態を効果的に読み取る。

　コンピテンシー2B──協力する。ティームで働く能力
- 自分のアイデアを出し，他の人のアイデアを傾聴する力。
- 討議の力関係を理解し，基本方針に従うこと。
- 戦略的もしくは持続可能な協力関係を作る力。
- 交渉する力。
- 異なる反対意見を考慮して決定できる包容力。

　コンピテンシー2C──争いを処理し，解決する能力

- できるだけ異なる立場があることを知り，現状の課題と危機にさらされている利害，すべての面から争いの原因と理由を分析する。
- 合意できる領域とできない領域を確認する。
- 問題を再構成する。
- 進んで妥協できる部分とその条件を決めながら，要求と目標の優先順位をつける。

カテゴリー3：自律的に活動する

コンピテンシー3A――大きな展望のなかで活動する能力
- パターンの認識。
- 自分たちが存在しているシステムについての理想をもつ。こうした行為を制約する知識をもつことで権利についての理解を補う。
- 自分の行為の直接的・間接的な結果を知る。
- 個人および共通の規範や目標に照らして起こりうる結果を考えながら，違う道に至る行為からの選択を行う。

コンピテンシー3B――人生計画や個人的プロジェクトを設計し実行する能力
- 計画を決め，目標を定める。
- 自分が利用できる資源と必要な資源を知り，現状評価する（時間，お金など）。
- 目標の優先順位を決め，整理する。
- 多様な目標に照らして必要な資源のバランスをとる。
- 過去の行いから学び，将来の成果を計画する。
- 進歩をチェックし，計画の進展に応じて必要な調整を行う。

コンピテンシー3C――自らの権利，利害，限界やニーズを表明する能力
- 選挙などのように自分の利害関心を理解する。
- 個々のケースの基礎となる文書化された規則や原則を知る。
- 承認された権利や要求を自分のものとするための根拠をもつ。
- 処理法や代替的な解決策を指示する。

このような3つのカテゴリーからなる諸能力（コンピテンシー）が必要になってきた理由を，OECDは次のように説明している（ライチェン他，2006：202）。

〈なぜ今日コンピテンシーが重要なのか？〉
　グローバリゼーションと近代化は，次第に多様化し相互につながった世界を生みだしている。この世界を理解して正常に働くようにするために，個人は例えば変化するテクノロジーをマスターしたり，大量の利用可能な情報を理解する必要がある。また個々人は，環境の持続性と経済成長とのバランスや，繁栄と社会的公正のバランスをとるといったように，社会としても集団的な挑戦に直面している。こうした背景の中で，個人がその目標を実現するために必要なコンピテンシーはいっそう複雑化し，ある狭く定義された技能をマスターする以上のものを要求するようになってきた。

このような21世紀社会の変化とそれが要求する人間の諸能力を明確に認識したことが，DeSeCoという総合的な能力モデルを開発した基盤になっているのである。
　ただし次のようないくつかの問題点も含みもつものとしてとらえる必要があるだろう。
　一つ目は，21世紀社会は，その負の側面として，人間の基本的な生活習慣や集中力，注意力などが崩れていく社会であることと関連している。また，自分の欲望を抑えて学習や仕事に打ち込むといった克己心が衰えている社会でもある。その原因は，現代社会が人間の欲望をより高度に追求しようとして，どこにでも欲望をかなえられる手段が置かれるようになったことや，生存に関わる緊張感が薄れていること，そして，それとの関わりで発生してきた家庭の教育力と社会規範が低下していることがあげられるだろう。したがって，DeSeCoでは，カテゴリー3において，もう少しこうした学びの基礎力を重視した方がよいのではないだろうか（田中他，2000）。
　二つ目に，このモデルでリストアップされた項目があまりに理想的な全能の

第 **2** 章 社会的実践力を育てる

自己像や人間像を描きすぎていることである。つまり，悩みながら成長する自分や，自信がもてなくて学習や仕事に取り組めない自分，さらに，自分のいいところがみつけられなくて落ち込んでいる自分こそが，私たち多くの個々人の本当の姿である。そうであればこそ，この DeSeCo のコンピテンシーモデルにも，態度や感情の一側面として，自信や自尊感情といった自分に元気を出させ，積極的に生きようとする前向きさをとくにカテゴリー3においてもっと強調してもよいのではないだろうか。

さらに，21世紀はこれまでの慣習やシステムを大きく作り替えて，それぞれの組織や地域社会で，制度と技術，そしてマネジメントシステムなどのイノベーションを多く必要としている時代であるともいえる。しかし，そうした新しいイノベーションは，作る人にとっては興味深い，わくわくする作業であったとしても，それを受け容れる側や実施する側の人間にとっては，不安感や反発，自信のなさ，負担感などを感じることが少なくない。

したがって，21世紀のイノベーション社会をうまく動かしていくためには，できる限り多くの人が，進取の精神といってもよいし，イノベーションへの勇気といってもよいが，新しくことを起こしていくときの積極性を身につけることが大切であるといえる。そこにもう少し付け加えるならば，たとえば，新しいものから受けるストレスへの耐性を身につけることや，新しいものが引き起こす不安定感を楽しむ心理的な余裕さえ必要になってくる。

こうした不安や未決定な状態を乗り越えようとする精神的な強さを，これからの21世紀に必要なコンピテンシーとして含める必要はないだろうか。具体的な提案としては，たとえばカテゴリー3において，「イノベーションへの勇気」や「不安や心配を乗り越える精神力」といったコンピテンシーを入れるとよいだろう。

そして最後に提案したいことは，このモデルに含まれるすべてのコンピテンシーを次の若い世代へ受け継いでいく個人と組織の教育力である。しかし現在の DeSeCo モデルのままでは，こうした人間が知識や技術を教育的な活動によって，意図的であれ経験的であれ，引き継いでいくことができずに，多くの

コンピテンシーは共有されることなくそれぞれの個人や組織の力となり得なくなってしまう。そうした人間のコンピテンシー獲得のプロセスを生み出す力，つまり自己教育力であり，相互教育力，あるいは組織教育力といった新しいコンピテンシーを組み入れることが大切である。

　以上のような課題があるにせよ，この OECD が提案した21世紀型能力モデルとしての DeSeCo のキー・コンピテンシーは，これからのわが国の学力モデルや人的資本モデルに大きな影響を与えるであろうし，それを参考にしてそれらの変革を積極的に進めることが大切である。とくに，総合的な学習の時間で育てたい資質・能力・態度の評価規準を作成するときには，大いに参考にしたいものである。

　このようにして，21世紀社会の変化に対応できる問題解決的な資質・能力を学校教育において計画的に育てるための教育改革が，世界の多くの国々で本格的に進行している。

　子どもたちの未来をきりひらく教育が，これまでの教科学力への回帰だけで達成できるはずはない。今こそ，ここに紹介した教育先進国の動向をしっかりととらえて，わが国の教育改革に活かすべきときが来ているのである。

◇3◇　総合学力研究会が提案する社会的実践力

　では，私たちが考える21世紀型学力をここで提案しておきたい。私たちは，社会的実践力の具体的な項目を4領域30項目にして整理することにした。

　[社会的実践力の4つの領域]

領域①——問題解決力
　(1)　課題設定力
　(2)　企画実践力
　(3)　調査研究力
　(4)　作品制作力
　(5)　思考力

(6)　判断力

　(7)　自己表現力

　(8)　コミュニケーション力

　(9)　メディアリテラシー

　(10)　情報活用力

領域②——社会参画力

　(1)　協調性

　(2)　トラブル解決力

　(3)　社会対応力

　(4)　共生力

　(5)　社会貢献

　(6)　公共性

　(7)　社会参加

領域③——豊かな心

　(1)　責任感

　(2)　勇気・熱意

　(3)　思いやり

　(4)　創造的態度

　(5)　楽しむ力

　(6)　バランス感覚

　(7)　礼儀・マナー

領域④——自己成長力

　(1)　成長動機

　(2)　自己コントロール力

　(3)　自己評価力

　(4)　自信・自尊感情

　(5)　自己実現力

　(6)　進路決定力

詳細は，第4章で調査データとともに紹介するが，私たちは，ここに提案したような4つの領域での資質・能力を社会的実践力の内実ととらえて，その育成状況の全国調査の結果と，社会的実践力を育てるうえで効果的な指導や支援の方法を実証的に明らかにしてきた。各学校で総合的な学習の時間におけるつけたい力の明確化やカリキュラム開発，評価規準の作成，保護者への説明責任を果たすための学力調査の実施などの多くの点で，この30項目をご活用下されば幸いである。なお，具体的なアンケート項目とその調査結果については，巻末資料1を参照していただきたい。

　いいかえれば，こうした「21世紀に生きてはたらく力」を育てるために，総合的な学習の時間を実施したいのである。それは，一言でいえば，学習指導要領に定められている「問題解決的な資質・能力」「学び方やものの考え方」，そして「生き方を考えること」ということになるが，もう少し詳しくみてみると，ここで提案した4領域30項目からなる社会的実践力なのである。

　このような力をつけておけば，子どもたちが学校を卒業してから実社会で得るさまざまな仕事をより効果的に達成すること，そしてそれを通して社会や人類の福祉に貢献したり，最終的には自己実現を果たしたりすることができるようになるのである。したがって小学校や中学校，さらに高等学校において，21世紀における子どもの職業適性の可能性を広げるために，総合的な学習の時間においてここに示した多様なスキルや態度を身につけておくことが望ましい。

❹　社会的実践力の4領域とその育成方法

　ではもう少し具体的に，それぞれの領域の力の特徴についてみてみよう。

（1）問題解決力

　第1領域の問題解決力に含まれる下位項目には多くの能力が含まれているので，ここでは，課題設定力と企画実践力，そして思考力に限定して取りあげたい。

①課題設定力

　まず社会的実践力として育てたいのは，子どもの課題設定力である。ここでは，いくつかの基本原則に沿って課題づくりの奥深さをときほぐしていきたい。

　これまで全国の総合的な学習の時間の実践を数多くみせていただいて，まだまだ課題づくりに不十分な実践が多いと思う。「子どもの興味・関心に寄り添って」いるだけで子どもの課題設定力を鍛えていなかったり，「知りたいこと・調べたいこと」だけを課題ととらえていたり，あるいは，子どもの興味・関心の数だけ課題を出させてバラバラな追究活動をさせているだけの学校がある。その逆に，教師がいつも課題を設定しているだけの実践や，子どもたち全員にたった1つの課題だけを与えて共通学習ばかりさせている実践も少なくない。

　そこで，子どもの課題設定力を育てる3つの方法を提案しよう。

（方法1）子どもに自己成長課題を設定させる

　総合的な学習では，自らの活動を改善する力，つまり自己改善力をもつ子どもを育てたい。なぜなら，総合的な学習で期待されている多様な実践スキルや資質・能力を，学年が上がるにつれて少しずつ自己設定して，自分で習得しようと主体的に活動に取り組む子どもに育って欲しいからである。つまり，自己成長課題とは，子どもが設定する自己評価規準である。

　そのために，総合的な学習を通して自分にとって身につけたい力を宣言する「自己成長課題設定シート」や，ついた力をふり返るための「自己成長ふり返りシート」「私の通知票」などが最近いろいろと工夫されている。そうした取り組みを継続することで，教師の「子どもにつけたい力」に関わる願いが，実際に子どもたちの「自ら身につける力」になっていくのである。

（方法2）子どもに課題を評価する力を育てる

　二つ目の方法は，子どもに自分が設定した学習課題のよさを自己評価する力，つまり課題評価力を育てることである。それは，課題が子どものものになるために必要だからであり，そして課題づくりを工夫することによって自分が行っている活動のレベルアップを常に図ろうとする主体的な態度を育てたいからで

ある。いいかえれば，課題づくりの自己評価を通して自己改善する子どもの育成を行うことが大切なのである。

たとえば，次のような評価観点が考えられるだろう。
- この課題は時間内に解決できるかどうか。
- この課題は自分たちの力で達成可能かどうか。
- 課題を達成するための役割分担を考えているか。
- 学年の中心課題との関連性はついているか。
- 自分らしさや自分の思いが込められているか。
- 調べてすぐにわかってしまう課題になっていないか。
- 人との関わりが大切にされているか。
- 課題を達成する具体的な方法まで決めているか。
- 発表や交流を見通した課題になっているか。
- 地域の人や自然のよさを活かしているか。

こうした観点を，学習計画シートに記載してやることによって，自分たちで決めた課題をふり返ったり改善したりする習慣をつけることができる。また，グループでの話し合い活動を通して，子どもたち同士で観点に沿って課題のよさを検討する時間を十分に設定することも大切である。さらに，前年度の子どもたちの課題づくりのよい例と悪い例を示しながら，その理由を学級や学年で話し合わせるような支援の方法も工夫してみるとよいだろう。

（方法3）課題を改善する力を育てる

安易な課題の変更は望ましくないが，子どもたちの学習に深まりが得られるときや，子どもたちの追究意欲が高まるときには，教師の的確な判断によって，子どもたちとの対話を通して課題の修正を助けてやることが必要である。

大切なことは，課題を修正するときに「なぜ修正するのか」「修正すればどのようなメリットがあるのか」「安易な修正ではないか」「どのように修正すればより学習が深まるのか」といった観点で，意識的に課題の適切な変更を考える力を育てて欲しい。

一方，修正ではなくて調べ学習が進んでいくと，より発展的な深まりのある

課題にレベルアップする必要が生じる場合がある。「一度調べたら終わり」になるような課題は，よい課題ではないという課題評価力をもっていれば，さらにもっと価値ある，そして深まりのある課題を設定することが大切であると気づくだろう。

このような課題の練りあげを続けることで，子どもたちは発展性のある課題づくりのポイントを考えたり，課題をより高度にしていくことで学習をより深めていくことの大切さや，ものの見方や考え方の重要性を吟味することができるようになるのである。つまり自分たちで課題を改善する力を身につけるのである。

さらに，課題設定にかける教師の願いと子どもの思いのバランスをとることを提案したい。では，具体的にどうすればよいのだろうか。ここでは，5つのポイントを提案したい。

一つ目は，はじめは子どもたちの初発の興味・関心を生かしながらも徐々に教師の願いを明示していくという段階的な方法である。

二つ目の方法は，このことに関連して，教師の期待通りの課題が子どもから出てこない場合には，教師の課題をためらわずに提案することである。子どもたちが設定してグループ化した課題のなかには，教師が重視する課題が抜け落ちていることがよくある。もう1つ追加の課題として新たな課題を教師から提案して子どもたちのグループの再編成を促してもよいし，時系列的につないでいって，たとえば「他地域と比較する課題」や「歴史の変化を追う課題」といった子どもたちが気づきにくい課題については，子どもたちの個別の追究が一段落したときに共通課題として子どもたちに提案してもよいだろう。

三つ目に大切なポイントは，教師にとって予想外の課題を出してきた子どもたちには，まずその課題を追究するチャンスを与えてみることである。価値ある活動ではなく遊びになりそうな，あるいは枝葉末節的な調べ活動になりそうな課題を出してくる場合であっても，まず子どもたちにチャンスを与えて欲しい。はじめは脱線しているようにみえても，子どもたちの活動意欲が満たされた段階で，「これから中心課題に関係させるにはどうすればよいのかな？」と

いった切り返しをしながら，そうした子どもたちの活動を学習へと高めていくことが大切である。

　四つ目に，教師と子どもの課題づくりに際して対話を十分にもつことである。総合的な学習では，教師からの願いの明示は，「提案」という形をとる方がよい。また，対話を通して子どもたちに課題評価力や課題発見力，あるいは課題設定力をつけてやることができるからである。

　そして，五つ目に，資料や専門家の話を通して間接的に教師の課題を伝えるという方法が効果的である。子どもたちの問題意識の方向性を変えたり，課題設定の不十分さに気づかせるときにはとくに，教師が直接介入するよりも，ビデオ教材をみせて新たな視点に気づかせたり，障害者や高齢者の心の内面に気づかせる読み物教材を与えたり，あるいは，専門家を学校に招いて子どもたちの研究の様子にアドバイスや評価をもらう場を設定するとよいだろう。あくまで，課題設定に関わる子どもの興味，関心は，魅力的な教材研究や活動構成を通して教師が生み出すものであるという原則を忘れないようにしたい。

②企画実践力

　次に，子どもの企画実践力を育てるには，なんといっても総合的な学習の時間で，子どもたちにプロジェクト学習に取り組ませることが効果的である。

　プロジェクト学習とは，子どものチャレンジ精神を育てる企画実践型学習である。さまざまな資質と能力をもつティームを構成してイベントやパーティー，実行作戦などのプロジェクトを起こして，その実践と評価までを主体的に進めていく過程で，チャレンジ精神と企画実践力を身につける学習である。

　このようなねらいをもつプロジェクト学習が，学校教育において必要とされるようになったのは，21世紀社会がまさにプロジェクト型社会だからである。

　プロジェクトとは，決められた期間内に限られた予算を用いて，ある共通の目標の達成のために，異なる多様な能力をもつ人びとがティームを構成して取り組む共同作業のことである。このような特徴をもつことから，プロジェクトは，柔軟な集団編成によって，多様な能力を総合的に発揮しながら現代社会の問題を短期的に解決することを得意としている。問題が複雑であるからこそ，

いわゆる異能集団がその総合力を発揮して問題解決に取り組むことが必要とされているのである。

　そこで，21世紀型の新しい基礎学力として，あるいは国際標準学力の1つとして，21世紀を生き抜くすべての子どもたちにこのプロジェクト学習によって，チャレンジ精神と企画実践力を身につけさせることが緊急の課題になっているのである。

　もちろん大切なことは，企画を立てるだけではない。企画を意思決定者に採用してもらうための説得術や説明能力が必要になるし，企画を実際に実践に移す力や，企画を実践した状況を客観的に自己評価する力も含まれる。さらに，実践化の段階では，多様な実践スキルとしてすでに定義した項目のなかでも，とくにコミュニケーション能力や人間関係力，そしてそれ以外にも，トラブル解決能力や対外的交渉能力なども必要になる。

　また，新しい企画は，多くの人びとをそして人類をより幸福にするために立案されるものである。21世紀社会をよりよくしていくために，そして常に社会を活力あふれる創造と改革の場にし続けるために，このプロジェクト学習によって豊かで先進的な企画実践力をそなえた市民を育成することが必要なのである。

　では，総合的な学習の時間において実践するプロジェクト学習にはどのようなタイプがあるかについてみてみたい。

　まず，一つ目のタイプは，「フェスティバル系」の企画実践活動である。たとえば，環境フェスティバルや国際交流フェア，郷土物産フェスタなどのように，地域の人びとを学校に招いて，環境や国際交流に関わるさまざまな啓発イベントを開催するのである。オープンスペースや体育館のコーナーに，各グループの子どもたちが出店をして，ビデオ視聴コーナー，試食コーナー，実験体験コーナー，リサイクルショップなどで参観者とコミュニケーションをとりながら実践的な知識を提供することをねらいとしている。

　最近のアイデアとしては，子どもたちの本離れを防ぐために，「〇〇小ブックフェアをひらこう！」というような総合的な学習があればと考えているとこ

ろである。

　二つ目は,「シンポジウム系」の企画実践活動である。これは,フェスティバル系が参加型イベントを中心にして企画実践を行うのに対して,参加者間の討論や質疑応答を通したコミュニケーションを活性化するために行われるものである。たとえば,シンポジウムという形式以外にも,パネルディスカッション,フォーラム,ディベート大会,サミット,スピーチ大会などを開催することもある。

　その過程においては,しっかりとした調べ学習や現地調査,キーパーソンとの交流,学年内での事前討論会の主催,討論テーマに関するアンケート調査などの総合的な活動を展開することが必要である。そうでなければ,安易に本番を迎えて思いつきで発言するだけの会に終わってしまうからである。

　三つ目に,「起業系」の活動をあげておきたい。たとえば,「キッズマートをひらこう」という総合的な学習のように,地域の商店街と協力して,子どもたちに商品の仕入れ,価格設定,宣伝,のぼりづくり,商品の陳列,販売,売り上げの計算という一連の商業行為を体験させる学習が代表的なものである。その他にも中学校や高等学校で,企業の経営シミュレーションを行うために,「バーチャル株式投資をしよう」や「コマーシャルをつくろう」といったカリキュラムも開発されている。

　子どもたちの起業家精神を育てたり,経営感覚を養ったり,さらに資本主義のしくみを体験的に学ばせたりというねらいをもつ新しいタイプの総合的な学習である。

　四つ目には,「作戦実行系」というタイプの企画実践もある。これは,学校や地域,そして自分の生活をよりよくしていくために何か自分たちにできることを実行してみようという活動である。

　たとえば,「学校クリーン作戦に取り組もう！」といった学校の美化作戦や「黒メダカを絶滅の危機から救え！」といった環境ボランティア活動を実践したり,「地域のゴミゼロ作戦に挑戦！」というような地域の環境をきれいにする取り組みを行ったりすることが代表的なものである。

最後に五つ目として,「ふれあい系」の企画実践を紹介しておきたい。これは,保護者にこれまで育ててくれたお返しをしたり,地域のお年寄りや障害者に喜んでもらえるパーティーや交流会を開催するものである。

　さまざまなトラブルを乗り越えながらも,子どもたちは,他者への思いやりや他者の心への想像力,おもてなしの心と技術,丁寧な言葉づかいや対人関係上のマナーなどの多くの力を身につけていくことができるようになる。

　以上のアイデアを参考にして,地域のイベントプランナーやミニ起業家,商工会議所,商店街などとティームを組んで,総合的な学習の時間にプロジェクト学習を実践していただきたい。

③思考力

　三つ目の下位項目として取りあげたいのは,思考力である。これまでにも思考力を育てる方法に関する研究のなかで,思考力はさまざまに特徴づけられてきた。たとえば,拡散的思考・収束的思考,分析的思考,論理的思考,批判的思考,仮説検証的思考,比較思考,そして逆思考などである。

　このなかでとくに教科における問題解決的な学習や総合的な学習において重要になるのは,課題の広がりをイメージ化するときに必要な拡散的思考力であったり,最終的な発表活動や地域の人との交流活動を見通して,調べ活動をあらかじめ構想することができる逆思考力,さらに,他地域の環境問題や福祉問題を自分の地域と比べて視野を広げるための比較思考力などである。

　また,思考力という名称以外にも,洞察力,想像力,構想力といった力も,広義の思考力としてとらえることが望ましい。

　では,なぜこれからの学校教育において,こうした思考力を育てることが必要になっているのだろうか。それには,次のような7つのポイントが考えられる。

(1) 学びの主体的な改善と自己成長

　最も大切なのは,子どもたちが「どうしたら,よりよい活動ができるだろう」と考えるようになることである。つまり活動に創意工夫を加えたり主体的な自己改善に取り組む子どもを育てたいのである。そのためには,よりよい研

究課題や方法を探したり，自分の個性や長所をみつめてそれを伸ばそうとする態度を育てることが大切である。

(2) 見通しのある活動の実践

二つ目に大切なのは，子どもたちに活動の見通しをもたせることである。そのためには，自ら取り組んでいる活動の先を予想させて，活動の成功可能性を考えさせたり，最終的な表現活動や交流活動を見通しながらどのような調査活動を行わなければならないのかを逆算して考えさせることが必要になる。

(3) 視野の広がり

さらに，考えることによって，自分の視野を広げることにつなげていくことが大切である。たとえば，自分のグループと他のグループの研究内容を比較したり，他地域の環境問題と比較したり，あるいは同じ福祉問題でも，高齢者と障害者ではどのような共通点があるのだろうと考えることによって，よりグローバルなものの見方や考え方ができるようになる。

(4) 豊かなアイデアの広がり

これは，先にあげた拡散的思考につながるものである。総合的な学習では，テーマや方法のユニークさや個性が問われることになるので，ワンパターン思考ではなく豊かなアイデアを出して主体的に調べ活動や表現活動を進めていくことが大切になる。つまり，他の人には考えつかない発想をする力が求められるのである。

(5) 多様な人との関わりの深まり

また，人との豊かな関わり，つまりヒューマンネットワークを構成して自らの活動を深化・発展していけるように，自分の心を豊かに伝える力や，人の心を豊かに読みとる力が必要になる。そのためには，より効果的な表現のあり方を工夫したり，高齢者や障害者の心を深く洞察する力が求められるようになる。

(6) 主体的な問題解決の推進

このようにして自分で考えながら活動を高めていくことこそが，主体的な問題解決なのである。中央教育審議会が「生きる力」として定義した「自ら考え，主体的に判断し，よりよく問題を解決する」とは，まさに自ら考える力を育て

(7) 自分らしさの生み出し

　最終的には，いつも自分の感性で対象をとらえ，自分の創意工夫で実践し，そして自分の言葉で自分の考えを表現することを通して，自分らしさを自分で作り出していくことができるようになるのである。つまり自分で考える活動は，自分らしさを生み，自分らしさは自信へとつながり，そして人との関わりのなかで自分の存在価値への気づきとなっていくだろう。

　このような 7 つの意義は，テレビ番組やテレビゲーム，マンガといった考える力の成長を妨げる多くの要因にさらされている現代の子どもたちにとって，総合的な学習のみならずすべての教育活動において重要なものである。

　では，このような意義をもつ思考力をどのようにして育てることが大切なのだろうか。

　筆者の提案は，「問題解決のプロセスを貫いて考える力」を育てようということである。

　21世紀の教育課程において重要な位置を占める各教科での問題解決的な学習や総合的な学習では，〈対象にふれる〉→〈課題を設定する〉→〈多様な探究活動を行う〉→〈中間発表で活動を見直す〉→〈多様な表現活動や交流活動を展開する〉→〈学んだことを社会還元する〉→〈ポートフォリオ評価によって活動のまとめと評価を行う〉という一連の活動が行われる。

　筆者が大切にしたいと考えるのは，このような問題解決のプロセスを通して，各段階において特徴的な「考える活動」を子どもたちに行わせることによって，主体的な問題解決を遂行するために必要な「生きてはたらく思考力」を身につけさせることである。

　各教科での問題解決的な学習や総合的な学習においては，子どもたちの考える活動を意図的に活性化することができなければ，子どもたちの活動は学びにまで高まっていかない。「活動あって学習なし」という状況を克服するためにも，子どもたちの考える力を育てたいものである。

　そのことをもう少し具体的に考えてみよう。筆者がここに示した問題解決の

7段階のそれぞれにおいて，子どもたちに考えさせたいことを次のように整理してみた。こうした項目を参考にして，単元の適切な箇所で子どもたちの思考活動を積極的に支援することが大切である。

(1) 対象にふれる段階
- 既有体験との共通点や相違点を考える。
- 何が重要な課題になりそうかを考える。
- 既有知識で解決できないことを考える。

(2) 課題を設定する段階
- 設定課題の実行可能な計画を考える。
- 個性を生かした役割分担を考える。
- 表現や交流の形態から逆算して必要な活動を考える。

(3) 多様な探究活動を行う段階
- 課題達成の状況から次に必要な活動を考える。
- 活動過程で起きた問題の解決策を考える。
- 対象の特徴を他と比較しながら考える。

(4) 中間発表で活動を見直す段階
- 他の班の活動内容との関連性を考える。
- 自分の班の課題達成の状況を考える。
- 次に設定する表現や交流の課題を考える。

(5) 多様な表現活動や交流活動を展開する段階
- 効果的な表現の内容構成や方法を考える。
- 効果的な交流の形態を考える。
- 交流した自分と相手の気持ちを考える。

(6) 学んだことを社会還元する段階
- 自分の学習成果がどう役立つかを考える。
- 社会参加活動の成果を考える。
- これからの社会改善のアイデアを考える。

(7) ポートフォリオ評価によって活動のまとめと評価を行う段階

・学習成果から自分の生き方を考える。
・身につけた力の積みあげを考える。
・学習成果を次に受け継ぐ方法を考える。

では，このような7つのステップを通して思考力を育てる具体的な方法についてみてみよう。

まず，ここにあげた多様な考える方法を1つの単元のなかに系統的に組み込んで，それぞれの力を，たとえば学習計画カードや自己評価カード，調査シート，発表設計シートなどを活用して育てていくことが大切である。

そしてそのときにただ書かせるだけではなく，他の班と比較したり，教師の支援を受けたり，あるいはボランティアとして来てくれた専門家のアドバイスをもらいながら，子どもたちが自分で考えている内容を修正・改善していけるような配慮も必要になる。

このような考える活動にじっくりと取り組ませるためには，「考える時間」や「検討の時間」といった時間設定が効果的である。

（2）社会参画力

社会参画力とは，一言でいえば「人と共に協力しながら，社会のルールを守り，よりよい社会を築きあげる力」のことである。

具体的には，協調性，トラブル解決力，社会対応力，共生力，社会貢献，公共性，そして社会参加という7つの力を含んでいる。このような力は，今日の子どもたちが最も苦手とする領域である。

たとえば，人間関係をうまく保つことができずすぐにキレてしまう子ども。社会事情や時事問題に関心を示さない子ども。地域社会の活動よりも塾通いを優先する子ども。そして，日本や地域社会がこれからどのようになっていけばよいかについて理想を描けない子ども。このような子どもたちを放っておいてよいはずはない。総合的な学習の時間をやめてしまえば，このような「非社会的な子どもたち」を再生産してしまうことになりかねない。それは，教科学力の低下問題よりも重要な問題である。

そこで，子どもたちが21世紀社会に対応して，多くの人と共により豊かな社会を築きあげる力を育てる教育について検討してみよう。

今，子どもたちは，社会のなかで孤立しはじめている。多様で豊かな人間関係を作りあげることが面倒になって「ひきこもり」をはじめている。また，将来の展望を描けずに定職をもたず，フリーターと称して職を転々としている。さらに，社会的に弱者の立場におかれている人びとに対する思いやりや社会貢献の精神を失いはじめている。

もちろん，介護や介助に関わるボランティア活動に取り組む学生や若者が増えていることは確かである。しかしそうしたポジティブな成長がある反面，まだそうした動きが若い世代の主流にはなっていないし，それとは逆行する現象も残念ながら強くなっているというのが現状であろう。

人間は，社会的存在である以上，社会的な関係を豊かにして，多くの人とコミュニケーションをする過程で，人間としてのさまざまな資質・能力を身につけていくのである。そして自らが暮らしている地域社会と国のあり方を，自らの理想と行動力で，より豊かに築きあげていく主体性をもつ唯一の動物なのである。つまり，究極的な目標として，人間は，社会参画力を発揮して自らの社会を改善していくことを自らに課していくことが不可欠な存在であるといえるだろう。

そうであるからこそ，総合的な学習の時間において，子どもたちの社会参画力を育てることがますます大切になっているのである。それは，算数と国語のドリル学習に代替できるものではない。

先に述べたように，社会参画力とは，「人と共に協力しながら，社会のルールを守り，よりよい社会を築きあげる力」である。またそれは，「自らが暮らしている地域社会と国のあり方を，自らの理想と行動力でより豊かに築きあげていく力」といってもよい。21世紀という多くの社会問題が発生し，グローバル化の流れのなかで人びとの利害が複雑に衝突し合う社会でこそ，子どもたちにこの社会参画力を育てておくことが緊急の課題になっている。

この点について，教育社会学者の門脇厚司氏が，「子どもの社会力」という

重要な概念を提起している（門脇，1999を参照のこと）。筆者の理論でも多くの点を参考にさせていただいたことを記して深く感謝したい。門脇氏の教育改革への志を支持したい。

では次に，子どもの社会参画力を育てる学習を「社会参加型の総合的な学習」と総称してその特徴をみてみよう。

社会参加型の総合的な学習には，次のような3つの必要性がある。
(1) コミュニケーション能力と人間関係力の育成
(2) ボランティアの精神と技術の育成
(3) 自己の生き方の明確化

まず，一つ目に，子どものコミュニケーション能力と人間関係力の育成をあげたい。子どもたちは，核家族，塾通い，閉ざされた教室，テレビゲームなどの閉鎖的な等質集団のなかで生活することがますます多くなっている。そこで，子どもたちに，多様な背景や考えをもつ人びとと豊かな人間関係を築き，地域社会のなかで共に共同作業や共同生活を営める力を育てたいのである。

二つ目に，子どもたちのボランティア精神やボランティア技術の育成をあげたい。何か困ったことがあれば，必ず助けてくれる人がいる。そうした相互扶助的なヒューマンネットワークを構築することが，これからの21世紀社会とそこに生きる人びとの課題になるのである。その意味で，すべての市民がボランティアの精神と技術を身につけておくことが必要になってくる。

ただし，ここでいうボランティアとは，高齢者や障害者と共に取り組む福祉ボランティアだけを意味していない。海外の恵まれない子どもたちへの募金活動や国内で困難を抱える外国人への生活サービスを行う国際ボランティア，リサイクルや清掃活動などを通して地域の環境問題を改善する環境ボランティア，そして，情報化の恩恵を受けにくい人びとにIT講習やHP制作代行サービスを実施する情報ボランティアなども広義のボランティア活動である。

最近では，福祉ボランティアのなかに，楽器の演奏や合奏を通したミュージックボランティアや，子育て支援を行う育児ボランティア，インターネットで悩みの相談を行うネットワークボランティアなどが生まれている。

三つ目に，子どもたちが自分の人生を展望して，自分の夢や希望をはっきりともち，その実現に向けて自己成長を絶えず図っていくような力，つまり自己の生き方を考える力をもつ子どもたちになってくれることを期待したい。これは，自己成長力の育成と関わりをもつ領域である。

　そのためには，地域社会で活躍する人びとや専門家を学校に招いて人生談を聞いたり，自分が希望する職場で体験学習をしたり，あるいはインターネットやビデオ教材，そして図書資料などを用いて，自分が進みたい分野で活躍している人の生き方を探ってみるなど，総合的な学習の時間において工夫することができる活動はたくさんあるだろう。また，こうした職場体験学習では，働く喜びや人間関係上のマナー，社会的ルールを学ぶことができる。

　では，子どもの社会参加活動には，どのような種類があるのだろうか。これまでの子どもたちによる社会参加活動を分類してみると，次のような7つのタイプに分かれることがわかった。

(1)　文化創造（文化イベント，啓発セミナー，地域音楽会，スポーツ大会）
(2)　行政立案（子ども議会，子ども公聴会，模擬裁判，市長と語る会）
(3)　教育自治（児童会，生徒総会，学校委員会活動，子ども学校評議員）
(4)　社会貢献（ボランティア，奉仕活動，福祉施設訪問）
(5)　伝統保存（お祭り，郷土フェスティバル，子ども歌舞伎）
(6)　職場体験（産業イベント，職場実習，社会参加実習，キッズマート）
(7)　情報発信（コミュニティ放送局，市政だより，学校新聞）

　これをみると，実に多様な活動が行われていて，社会参加学習の広がりを実感することができるだろう。つまり，子どもを「未熟な未成年」としてとらえるのではなく，「社会を運営し創造する小さな市民」として認めることによって，成人となり幅広い公民権をもつことができるようになったときに，主体的に社会の改善・改革に参画できる力，つまり社会参画力を，社会参加型の総合的な学習において身につけさせることが大切である。

　ここで，社会参加活動は，子どもたちの社会への「参加」を体験させるだけではなく，より発展的には，子どもたちの社会への「参画」と「創造」を促す

ことが大切であることを確認しておきたい。つまり，子どもたちが社会参加活動を通して，地域社会をよりよく作りかえていくという社会改善活動につなげてくれることを期待したいのである。

　子どもたちが直接できることは少ないが，たとえば行政に働きかけることによって，安全教育の取り組みのなかで危ない交差点にカーブミラーをつけてもらったり，福祉教育のなかで交差点に点字ブロックを設置してもらったり，あるいは，環境教育の成果として「市政だより」に子どもたちから市民への「環境アピール」を掲載してもらったりというような活動が考えられる。

　行政以外にも，子どもたちが車椅子用スロープのついていない地域のレストランの店長を説得してスロープをつけてもらった事例や，校区の公園にもっとたくさんの遊具を設置してくれるように自治会長さんにお願いにいった事例，そして逆に，ごみ収集車のことを調べている過程で担当者から子どもたちにごみの分別収集をもっと徹底するように強く要望されるなど，よりよい社会の創造に向けて努力することの大切さを学べる事例が最近多くなってきた。

　その結果として，社会参加活動は，社会参加を通した自己実現と自己形成を促すものであることにも注目したい。生き方を考えるという側面だけでなく，とくにボランティア活動を通して自己成長に気づく場合が多いことを重視したいのである。よく「ボランティア活動は自分のために行うものである」といういい方がされることがある。これは，ボランティア活動によって，人との温かいふれ合いや，自分こそ生かされているという実感，自他をみる目の成長，社会問題への気づき，精神力の向上など，多くの自己成長が得られるからである。

（3）豊かな心

「豊かな心」とは，第15期中央教育審議会が，その答申のなかで「生きる力」を提唱したときに用いた「豊かな人間性」という用語の意味とほぼ同義である。

　豊かな心とは，一言でいえば，「自己の生き方と人との関わりを積極的・創造的・道徳的・人間的にする心」のことである。そのなかには，責任感，勇気・熱意，思いやり，創造的態度，楽しむ力，バランス感覚，礼儀・マナーと

いう7つの要素がある。

　もちろんこのような心のあり方は，21世紀になってはじめて大切にされるようになったわけではない。逆に，ここにあげた豊かな心のすべての要素は，人間の普遍的な価値を示しているといえる。

　しかしながら，今ここでわざわざこれを21世紀型学力として再度提唱しなければならないところに，これまでの学校教育の限界と今日の子どもたちがもつ大きな課題が横たわっているのである。

　第15期中央教育審議会は，答申のなかで，「自らを律しつつ，他人とともに協調し，他人を思いやる心や感動する心など」を「豊かな人間性」と呼んで，それが「生きる力」を形づくる大切な柱であるとしている。

　もう少し具体的に答申の内容から，この「豊かな人間性」に関わる項目を選んで整理してみると次のようになる。

- 美しいものや自然に感動する心といった柔らかな感性
- よい行いに感銘し，間違った行いを憎むといった正義感や公正さを重んじる心
- 生命を大切にし，人権を尊重する心などの基本的な倫理観
- 他人を思いやる心や優しさ
- 相手の立場になって考えたり，共感することのできる温かい心
- ボランティアなど社会貢献の精神

このような6つの項目のなかから，感性は第3章で紹介する「学びの基礎力」のなかに入れ，正義感と人権尊重の心は普遍的な力として「社会的実践力」の項目すべてで表しているものと考えた。

　さらに，協調性と社会貢献については，「社会参画力」のなかに含めている。

　このような定義のとらえ直しをしたうえで，「豊かな心」を「自己の生き方と人との関わりを積極的・創造的・道徳的・人間的にする心」と考えて，次のような7つの観点を設定してみた。

　ここで提案している豊かな心に関する7つの項目は，今日の学校教育の場においてこれからますます大切な力になってくる。

①責任感

　今，子どもたちに最も欠けているのは，この責任感ではないだろうか。何でも中途半端で投げ出してしまう子，ちょっと難しくなると投げやりになる子，友だちやグループの迷惑を想像できない子などが増えている。そこで，他人への責任とともに自己成長への責任をもつことの大切さを学ばせたい。

　この資質に欠けていると，21世紀社会でティームワークができないばかりでなく，実力主義社会，他者評価社会で生き抜く力を身につけることができなくなる。

②勇気・熱意

　この力は，逆説的であるが，今，学校の教師自身が失いかけている資質ではないだろうか。

　小学校英語や情報教育に消極的で新しい教育のあり方を実践する力量形成に熱心でない教師。総合的な学習の時間で子どもの生きる力を伸ばすことなく，準備の大変さから体験活動をやりこなしているだけの教師。保護者に対して子どもの教科学力や社会的実践力の学校診断結果に基づく授業改善の説明を怠っている教師。

　もちろんこのような状況は教師だけの責任ではないし，全体の少数であることを期待しているが，それでも，現在の小・中学校では，21世紀型教育を行うために必要な専門的力量形成という視点でみたとき，明らかに多くの教師が「自己成長への勇気と熱意」を失っているようにみえる。

　しかし子どもたちは，21世紀社会でさまざまな困難と出会い，そこで後退するのではなくそれに立ち向かって，困難を乗り越えていく力が求められているのである。しかし逆に，今日の学校教育は子どもたちに，「失敗と困難を避けて通る態度」を教えてはいないだろうか。

③思いやり

　思いやりの心は，普遍的に必要な力である。たとえば，家族の問題だけでなく，友だち，高齢者，障害者，困っている人などを大切にすることは，もちろん21世紀が福祉共生社会であるとともに人権擁護社会であることからも重要に

なっている。

④創造的態度

これは，日本人にとって，21世紀社会において求められる最も重要な力であるといってよい。なぜなら，「いつも新しいアイデアを考えたり，工夫したりしている」態度が，これからの住みよい社会の創造と自己実現のためになくてはならないものだからである。

とくにそれは，学問的大発見である必要はない。社会システムの大改革でなくてもよい。市民一人ひとりが，生活のあらゆる場面で，自分の頭で考え，自分の言葉で表現し，これまでにないやり方を提案して自分の生き方と仕事を作り出していく「生き生きとした発想力」をもって行動と実践を続けていくことが，自己の人生を豊かにするとともに21世紀社会に自己成長的な活力を生み出していくのである。

もうそろそろ，「現状維持」や「前例踏襲主義」は学校教育の場では乗り越えて欲しいものである。

⑤楽しむ力

これは，第一義的には，余暇社会としての21世紀社会で充実した人生を送るために必要な力である。

しかし，より重要なことは，「自分で楽しいと思えることを発見して，楽しいことにはとことん取り組む」というこだわりと個性あふれる人間になって欲しいという願いがある。

もちろん，勉強やクラブ活動で実力をつけるためには楽しくないこともやらなければならないことが多い。しかも，大人社会では仕事そのものが楽しくないことの連続であることも事実である。

しかし，ここで問題提起したいのは，次の5点である。

- 楽しくないことを我慢してやり続けていると，自分から人を楽しませるための発想が出なくなり創意工夫ができなくなる。
- 楽しくないことを我慢してやり続けていると，相互評価から新しいものを生み出していこうとする進取の精神が育たない。

- 楽しくないことを我慢してやり続けていると，コミュニケーションに暗さが漂ってきて創造的なコミュニティを作り出せなくなる。
- 楽しくないことを我慢してやり続けていると，成功よりも失敗を回避することを大切にするようになる。
- 楽しくないことを我慢してやり続けていると，自分を見失ってしまい自己の生き方がみつけられなくなってしまう。

これは，まさに最近の自信を喪失した日本の大人の姿ではないだろうか。

ここで述べている「楽しさ」とは，余暇や趣味，そして娯楽的なことだけではなく，学習や体験活動において自分がこだわれる高いレベルでの知的関心や自己の生き方のことである。

楽しくないことを楽しくする工夫と，楽しいことを発見し作り出す努力，そして共同で楽しいことを作りあげていく態度を育てていきたい。

⑥バランス感覚

これも今日の学校教育において不足している力であると思う。

もちろん，ファッションや音楽，そしてインテリアなどでは和洋の融合において高度なバランス感覚を示してきた日本人であるが，こと教育問題になるととたんにバランス感覚を失うのはどうしてなのだろうか。

総合的な学習が出てくれば，一斉指導の反省から「はじめに子どもありき」で子どもの初発の興味におもねりすぎ，逆に学力低下だと騒がれれば反復学習だけを推進して総合的な学習の研究をやめてしまう。

これからの21世紀社会では，このように振り子の左右で右往左往するようでは子どもたちが困るのである。異なる意見を大切にしながら，その協調と建設的な妥協点の創造が必要なのである。

また，異なる目的や機能をもつ活動を時間的にも労力的にもバランスよく実施することで，これからの複雑系社会を生き抜く「総合力」を身につけて欲しい。それこそが，本書で提案している「総合学力」である。

⑦礼儀・マナー

これについては，もはや多くを語る必要はないだろう。最近の子どもたちは，

ますます公共の場での礼儀とマナーに欠けている。また，高度情報通信社会におけるネットモラルやネチケットを身につけて欲しい。

　以上の意味において，今，豊かな心が普遍的な価値をもちつつも，この21世紀社会でますます重要になっていることがわかるだろう。

　基本的には，ここにあげた態度・価値観は，まず，伝記やエッセイなどから豊かな生き方をしている人についてモデルとして学ぶことや，実際に体験を通してこれらの行動規範を実践してみることでその意義や楽しさを味わうことが大切である。また，道徳教育と総合的な学習の時間の活動を関連づけることで，真の道徳的実践力と礼儀・マナーを養うことが学校教育のこれからの課題である。

　さらに，総合的な学習の時間や課題研究において，新しいプロジェクトに積極的に取り組ませることで，勇気をもつことや創造的であることの喜びを感じさせる場面を多く設定するようにしたい。また，学習成果を評価するときに，勇気や創造性という観点を入れておくと子どもたちを励ますことになるだろう。

（4）自己成長力

　自己成長力は，いいかえれば「社会的実践力の向上心」といってもよい。子どもたちが自分自身で，「社会的実践力を伸ばそう，身につけよう！」と計画的に努力する力のことである。

　しかしながら，子どもたちはおろか学校の先生たちも，そして世の中の大人たちも自己成長力を失いはじめたことが，日本の社会とそのなかの学校の活力を減退させている。

　さらに，学校教育の場では，教科学力も社会的実践力もすべて教師や大人が育てるものであるというイメージが強すぎる。そのために，子どもの自己成長力を育てることが学力向上の一環であることに気づきにくい。

　また，子どもの社会的実践力の育成は確かに大切であるが，限られた時間のなかで多くの項目をカバーするとなるとなかなか難しいと感じられるものである。その育成は教師の責任であって，子どもが主体的に生きる力を自覚的に習

得するとは考えにくいのも無理はない。

　そこで発想を転換して、子どもたちに自己成長力を総合的な学習の時間を通して身につけさせてみてはどうだろうかというのが筆者の提案である。

　子どもの自己成長力とは、「なりたい自分や自分の生き方をイメージして自己成長課題を設定し、その解決に向けて学びと自己評価を繰り返しながら自己成長し続けようとする力」と定義してみたい。

　このようにして自己成長力をとらえてみると、まさに変化に対応し、主体的に新しい資質・能力を身につけ続けることが求められる21世紀の子どもたちに必要な学力であることがわかるだろう。総合的な学習の時間でこそ、このような21世紀型学力としての自己成長力を育てたいのである。

　①自己成長力に含まれる力

　もう少し具体的にみてみると、自己成長力には次のような力が含まれている。

　まず大切なのは、成長動機である。子どもたちがよりよい自分を求めて、「もっとこんな自分になろう」「こんなこともできるようになろう」といった強い意識をもってはじめて、自分を改善して成長していこうという意識が生まれてくる。すでに教科学習の成績から自分をあきらめてしまっている多くの子どもたちに、もっと元気になって欲しいのである。

　もちろんそのためには、自分の現状に照らして適切な自己成長課題を設定する力が必要になる。そして、自己評価を通して、予定した力を身につけられた場合には大きな達成感を味わうことや、身につけられなかった場合には、冷静にその原因を探って次の学びに活かしていくための判断力が求められる。

　さらに、自己成長をより継続的に、そして迷いのないものにするためには、将来の自分の夢や希望をもとうとする生き方の構想力や、周りの誘惑や自分の短所に引きずられないような強い自己コントロール力も必要になる。

　そして、その夢に向かって努力をし続けようとする意志も大切になる。それを、自己実現力と名づけてみた。

　最後に、学習過程での努力と自己評価、そして友だちからの相互評価を通して、どの子も自信と自尊感情をもつことができるようにしたい。

このようにして，21世紀に生きる子どもたちの自己成長力までも総合的な学習の時間の守備範囲にもつことができるように実践を高めていきたいと願うのである。

②効果的な指導のあり方と自己形成型学習

　では，具体的にどのような指導や支援によって，子どもの自己成長力を育てることが可能になるのだろうか。

　そこでここでは，その重要な方法の1つである自己形成型学習という新しい学びの形態の特徴に沿って考えてみることにしたい。

　自己形成型の総合的な学習は，子どもたちの自己成長力を育てるために，自己形成史のふり返りと未来の夢さがしを行う時間である。

　子どもたちは，普段は勉強やスポーツに忙しくて，自分の生き方を考えてみる時間的余裕はない。そこで，総合的な学習の時間において，1つの単元としてたっぷりと時間をとって，自分の過去・現在・未来を考えるための学習を展開しようというのが，自己形成型学習の提案である。

　学習指導要領で，総合的な学習の時間のねらいとしてあげられている「自己の生き方を考えることができるようにする」という目標は，まさにこの自己形成型の総合的な学習のねらいと一致している。

　単元名としては，たとえば「2分の1成人式をしよう」や「卒業記念CDアルバムを作ろう」「自分史を作ろう」「バーチャル同窓会をひらこう」，そして中学校では「自分探しの心理学」などの実践が行われている。

　どのテーマにおいても，自己形成型学習は子どもたちが，自分について次のような発見と決意をすることが特徴である。

- これまでの自分史をふり返る。
- 自己と友だちの成長を発見する。
- 自分の夢や希望をはっきりともつ。
- 自分の適性や個性を発見する。
- 自分の長所と短所に気づく。
- 人に支えられて生きていることに気づく。

- これからの生き方を考える。
- 人生設計プランを立てる。
- 親や先生，友だちに成長の感謝を表す。
- 自立への自覚と責任をもつ。

　すべての項目を1つの単元で網羅する必要はないが，多様な体験を通して少しでも友だちとの支え合いのなかから自分の生き方を考えるきっかけをもつことができるようにしたい。子どもたちの自己形成を促す総合的な学習の取り組みは，21世紀社会においてますます重要になっているといえるだろう。

　③自己評価力の大切さ

　次に，子どもの自己評価力について考えてみたい。総合的な学習において，子どもの自己評価力を，21世紀の基礎学力として積極的に育てていこうというのが一つ目の提案である。子どもの自己評価は，「学びの後の反省活動」ではなく，「学びそのもの」なのである。自己評価力なくして，21世紀社会で豊かに自己実現することはできない。

　では，すべての子どもに21世紀を生き抜く力として，どのような自己評価力を育てればよいのかについて考えてみよう。

　子どもの自己評価力には次のような8つの下位能力が含まれていなければならない。これは，課題設定から友だちとの相互評価や自己改善まで含めた広義の定義づけになっている。

- 問題解決課題を適切に設定することができる。
- 自己成長課題を適切に設定することができる。
- 既成の観点にしたがって，自分の学習成果を評価することができる。
- 自己設定した観点にしたがって，自己の成長を評価することができる。
- 自分の長所や学習成果をより伸ばすための方法を考えることができる。
- 自分の短所や学習の不十分な点を改善する方法を考えることができる。
- 他者からの評価を参考にして，客観的な自己評価をすることができる。
- 自分の得意なことや自信がもてることについて自覚することができる。

　ここでいう「自己成長課題」とは，子どもが自己設定した自己評価規準のこ

とである。もちろん自己設定は，すぐにはできない。小学校3年生では，教師があらかじめ評価の観点を評価カードに書いておいて，自己評価活動に慣れさせることからはじめるとよいだろう。しかし，5，6年生にもなると，「この単元で，私は表現力をもっと身につけたい」とか，「僕は，コンピュータでホームページを作って他の学校の友だちと交流する力をつけたい」というように，自己成長課題を自己設定することができるようになる。

このような定義のなかに，2つの課題設定を入れたのは，自分の問題解決や自己成長にとって何が適切な課題であるのかを判断する力も自己評価力であると考えたからである。また，学習成果という用語は，必ずしも学年や単元の終了時というように考えずに，単元途中での中間評価も設定可能であるから，常に過程にあるものというようにみなすことが大切である。

このような下位能力が明らかになることによって，それぞれの力を総合的な学習の各単元において，さまざまなシートやカード，そしてビデオカメラやコンピュータなどのメディアを用いたふり返り活動によって意図的・計画的に育成することができるようになるのである。

④「学びと評価の一体化」で子どもの自己成長力を育てる

子どもの自己成長力を育てる効果的な方法は，「学びと評価の一体化」である。これまでの「指導と評価の一体化」という考え方だけでは，子どもを学びの主人公にする総合的な学習では十分でないことに，多くの実践を通して気づきはじめたからである。「学びと評価の一体化」とは，「学びの成果を自己評価することを通して，よりよい学びのあり方を生み出していく自律的な自己改善過程」と定義することにしたい。これはいいかえれば，子どもたちに自己成長力を育てることにつながってくる。

まず子どもたちは，自らの学びに対して自己成長課題を設定して，「この総合的な学習を通して自分のこの力を育てていこう」と宣言することから，自己改善のプロセスがはじまっていく。そして，その成長目標が達成されつつあるかどうかを，中間段階での評価セッションで十分に時間をかけてふり返るのである。友だちや教師のアドバイスも取り入れながら，単元内で残された時間を

使って、初期の自己成長課題が解決できるように学びを改善してみる。そして、最終的に単元終了時の総括段階で、自分が身につけた力を自己成長課題の達成度と関わらせながら自己評価していくのである。

⑤評価セッションで育てる子どもの自己評価力

では、具体的に、どのようにして子どもたちの自己評価力を育てればよいのだろうか。ここでは、評価セッションという自己評価のための授業のあり方を提案したい。

評価セッションとは、「子どもたちが学びの計画・実施・評価の成果を、自己評価と相互評価、そして外部評価を通してふり返ることによって、よりよい学びへと改善していくために響き合う活動」である。

この定義のなかで大切な第一のポイントは、学びの計画・実施・評価というように、学びの全過程に沿って子どもたちが評価活動を行うということである。これまでの自己評価の考え方では、評価活動は学習の終了時点で行うものというイメージが強かったが、ここでは、学びの計画段階から、自ら宣言した自己成長課題を評価したり、学びの実施計画を評価したりすることが大切であることを示している。さらに、学びの実施段階では、いわゆる中間評価として、学習の進捗状況をチェックしたり学習のクライマックスを見通したりする活動が含まれる。そして、単元の最終評価段階では、子どもたちが自己の学びの評価結果に基づいて、さらなる自己成長課題を見出すことが含まれている。

二つ目に重要なポイントは、子どもたちの評価セッションでは、自己評価活動と相互評価活動が同時に行われることである。もちろんここでは、ポートフォリオをみながら教師と子どもの評価的な対話活動も行われる。相互評価や教師との対話を自己評価に関連づけて行うのは、子どもたち一人ひとりにとって次のようなメリットがあるからである。

- より適切な自己成長課題を設定することができるようになる。
- 過大評価や過小評価をより適切な評価レベルに修正することができるようになる。
- 幅広い評価観点や評価規準を設定することができるようになる。

やはり子どもたちの自己評価だけでは，過大評価や過小評価が生まれやすいし，自分の自己成長課題を適切に見出すことができなかったり，評価観点や評価規準の設定が不十分なものになりやすいからである。

　さらに，評価セッションに「外部評価」を取り入れていることも，この定義の特徴になっている。専門家や地域の人，保護者，交流校の子どもたちから外部評価を受けることによって自己成長を加速させることが大切であるという考え方を子どもたちにもたせることが重要である。外部評価を避けようとするところに，自己成長はないといってよい。

　そして最後に大切にしたいのは，評価セッションとは，「響き合う活動」であるということである。まさに，ジャズの即興演奏をセッションと呼ぶように，それぞれの個性あるモチーフと音色をもった演奏者が，よりよい音楽を求めて響き合うことをイメージして，子どもたちの評価活動においても，多様な評価意見を関わらせることによって，より確かな自己評価と自己成長を保障しようというのがこの言葉に込めた願いである。

　ここで大切なことは，それぞれの評価セッションに１単位時間をあてることによって，自己評価に十分な時間的保障をすることである。逆にいえば，総合的な学習の各単元にあてた時間数の１割をこの評価セッションにあてて，合計４時間程度の評価セッションを各単元で行うようにしたい。

　こうした一連の自己評価過程は，すでに実社会では，企業の人事評価システムや一部の都市の教員人事考課制度において実現されている。年度当初に，自分の仕事に関わる達成目標を宣言してから１年間の仕事に取り組み，そして数回の期末評価を経ながら，年度末に上司や管理職との面接において，自己達成目標の達成状況を自己申告して，来年度の給与の希望額を提示した後で査定を受けるというシステムである。プロ野球でも年俸制によって，同様のシステムをとっているとみることができる。

　しかしながら，学校教育においては，教師自身が外部評価はおろか，自己成長課題の設定や勤務状況の自己評価さえ長年行わないことに慣れてしまっているので，子どもたちに自己評価をさせる必要性に気づかないのも無理はないか

もしれない。

　そのために，自己評価を十分に導入しないままに，まだ総合的な学習が定着していない学校の先生たちは，「子どもたちがやる気を出してくれない」とか，「子どもたちが目的もなくぶらぶらしている」といって嘆く声がよく聞かれるが，その原因の1つは，「学びと評価の一体化」が行われていないからである。

　とくに中学生ともなると，川をきれいにしようとか，職場体験をしよう，バリアフリーの町を作ろうという「問題解決課題」を設定させるだけでは，意欲的に活動に取り組むことは難しくなる。つまり，その活動が自分にとってどういう意味をもつのか，そして，自分の将来の夢や希望とどのようにつながってくるのかという「自分自身への問い」に答えられないような総合的な学習には，真剣に取り組めないのも無理はない。

　そこで，「学びと評価の一体化」を子どもたちの自己評価活動を通して習慣化することによって，子どもたちの自己評価力をつけることが実践の十分条件になってくる（以上の評価セッションについての実践事例は，田中，2008に詳しい）。

注
(1) http://www.edexcel.com/ を参照のこと。
(2) http://www.conferenceboard.ca/ を参照のこと。
(3) http://education.qld.gov.au/corporate/newbasics/ を参照のこと。

引用・参考文献
門脇厚司『子どもの社会力』岩波新書，1999年。
田中博之『総合的な学習で育てる実践スキル30』明治図書，2000年。
田中博之編著『講座・総合的学習のカリキュラムデザイン（全6巻）』明治図書，2002年。
田中博之『フィンランド・メソッドの学力革命』明治図書，2008年。
村川雅弘編著『子どもたちのプロジェクトS』日本放送出版協会，2002年。
ドミニク・S・ライチェン，ローラ・H・サルガニク編著，立田慶裕監訳『キー・コンピテンシー　国際標準の学力をめざして』明石書店，2006年。

第3章

学びの基礎力を育てる

　この章では，総合学力モデルのトライアングル型バランスを構成する三つ目の学力として，「学びの基礎力」について考えてみたい。その中身は，「豊かな基礎体験」「学びに向かう力」「自ら学ぶ力」，そして「学びを律する力」という4つの学力領域である。

　21世紀の子どもたちにとって学びの基礎力を育てることが，今なぜ大切になっているのだろうか。その背景と教育的意義について検討したい。

1　学びの基礎力とは

　学びの基礎力とは，子どもの学校・家庭・地域での学びを支える基礎的な体験や意欲，技能，習慣などの総体で，教科学力と社会的実践力を向上させるために必要な力である。

　具体的には，「豊かな基礎体験」「学びに向かう力」「自ら学ぶ力」，そして「学びを律する力」の4領域からなり，たとえば，「自然体験」「他者との支え合い」「生活習慣」「学習習慣」「学習動機」「学習スキル」「知的好奇心」「失敗を活かす力」「学習計画力」「授業を受ける姿勢」などの項目が含まれている。

　いいかえれば，教科学習や総合的な学習を成立させるために必要となる基礎的な力を集めて整理したものである。逆にいえば，このような基礎的な力が不足していると，総合的な学習はおろか教科学習が成立しないことになる。

　なぜこのような学びの基礎力が重要であると考えたかというと，最近の子ど

もたちをみていると，教科学力の習得を問題にする以前に，基礎体験，学習規律，集中力など，学習を成立させる基盤となる力が不足していることに気づきはじめたからである。

さらに，家庭においては，食事や睡眠などの生活習慣の乱れ，家族との支え合いの希薄化，そして宿題や自学自習などの家庭学習にあてられる時間の減少という課題が大きくなっている。

そしてこのような基礎力は，実は教科学力とも強い相関関係があることがわかっている。たとえば，朝食をしっかりと食べてくる子どもや，忘れ物をしないようにチェックする子ども，妹や弟の世話をよくしている子どもは，教科学力が高い傾向にある。

では次に，それぞれの領域の特徴と具体的な項目についてみてみよう。

❷ 各領域の特徴と具体的な項目

すでに定義したように，「学びの基礎力」には，次に解説するような特徴をもつ4つの学力領域，「豊かな基礎体験」「学びに向かう力」「自ら学ぶ力」，そして「学びを律する力」からなっている。

ただし，このような基礎力を「学力」と呼ぶことに抵抗があるかもしれないが，筆者は，これからの学校教育において必要となる総合学力というモデルを構想したときに，「学びの基礎力」を教科学力と社会的実践力を支える基礎学力であるととらえることによって，それを各学校での学力向上施策による計画的な育成の対象にする方が得策であると考えるのである。

61個すべての評価規準については巻末資料2を参照していただくことにして，ここではいくつかの例を示しながら，小領域レベルで学びの基礎力を定義してみよう。

（1）豊かな基礎体験

豊かな基礎体験とは，学校や家庭，地域で，自然・人間・文化との関わりに

おいて主体的に行った体験を総合的に整理したものである。
　そこには，小領域として，次のような4つの力が含まれている。
　(1)　直接体験
　(2)　メディア体験
　(3)　他者との支え合い
　(4)　基本的生活習慣
　たとえば，一つ目に直接体験として，「自然の中で遊んだり，活動したりする（自然体験）」「家で決まった自分の仕事（そうじ，犬の散歩など）をする（生活体験）」などがある。
　二つ目のメディア体験は，さらに，新聞との接触，インターネットへの接触，手紙，読書という4つの小領域からなっている。
　三つ目に，他者との支え合いとは，「自分の考えや気持ちを理解してくれる友だちがいる（友だちとの支え合い）」「学校でのできごとなどを自分から家族に話す（家族との支え合い）」「学校の先生は，自分のことをみとめてくれていると思う（教師への信頼）」などの項目からなっている。
　最後に，基本的生活習慣では，「朝食は毎日食べるようにしている（食習慣）」「朝，自分で起きることができる（自律的行動）」「夜おそくまで，だらだらと起きていることがある（生活リズム）」という3項目を含んでいる。
　このような体験そのものは学力ではないように思われるかもしれないが，実は体験の豊かさは子どもたちの潜在能力になって，すべての学習の基盤になっているのである。

(2) 学びに向かう力
　次に，学びに向かう力とは，学校と家庭での学びを主体的に進めようとする原動力となる学びへの意志や意欲である。
　教科学力の意欲が，自然現象や社会事象，あるいは数学的な処理といった外部の対象や自己の思考と操作に向けられているのに対して，学びの基礎力では，教科学習や総合的な学習，あるいは家庭学習そのものへの意欲を扱っている。

具体的な小領域は，次のような4つで構成されている。
(1) 感じ取る力
(2) 学習動機
(3) 自己効力感
(4) 自己責任

たとえば，感じ取る力とは，「ふだんから『ふしぎだな』『なぜだろう』と感じることが多い（知的好奇心）」「勉強していて，おもしろい，楽しいと思うことがよくある（学ぶ楽しさ）」というように，学びのおもしろさを感じ取る傾向の強さのことである。

次に，学習動機とは，もっと自らの学びを主体的に進めたいという向学心である。たとえば，「勉強して身につけた知識は，いずれ仕事や生活のなかで役に立つと思う（学習の役立ち感）」「勉強をして，もっと力や自信をつけたいと思う（学力向上心）」などを含んでいる。

また，自己効力感では，「自分は，やればできると思う（自己肯定感）」「ものごとをやりとげたときのよろこびを味わったことがある（達成経験）」などを含んでいる。

そして四つ目の自己責任に位置づけられた項目は，「努力をして，苦手な教科も得意になるようにしたい（自助努力）」「勉強で同じまちがいをくり返さないように気をつけている（失敗を活かす力）」などである。

（3）自ら学ぶ力

第3領域の自ら学ぶ力は，これまで自己学習力といわれてきたものとほぼ重なっている。自ら主体的に学習を進めるためのさまざまな技術と習慣を含んでいる。

具体的には，次のような4つの小領域からなっている。
(1) 学習スキル
(2) 学習定着の方略
(3) 学習計画力

(4)　自宅学習習慣

　たとえば，学習スキルでは，「絵や図などを使って，わかりやすくノートをまとめている（ノートの取り方）」「テストでまちがえた問題は，やり直している（テストへの対応）」などの項目を設定した。

　学習定着の方略では，「新しく習ったことは，何度もくり返し練習している（反復方略）」「授業で習ったことはそのまま覚えるのではなく，その理由や考え方もいっしょに理解している（体制化方略）」などを含んでいる。

　学習計画力では，「ふだんから計画を立てて勉強している（学習計画の立案）」「それぞれの教科の内容を自分がどれくらい理解できているかわかっている（学習状況の評価）」などの項目をあげている。

　そして，自宅学習習慣では，「宿題はきちんとやっている（宿題の習慣）」「学校の授業以外に１日にどれくらい勉強するか（学習時間）」などがある。

（4）学びを律する力

　最後に，第４領域の学びを律する力は，自己の学びが不十分なものとならないように，しっかりと自己をコントロールしていく集中力や継続力である。

　具体的には，次のような４つの小領域で構成されている。

　(1)　学習継続力
　(2)　学習のけじめ
　(3)　学習環境の整備
　(4)　授業への構え

　たとえば，学習継続力は，「何ごとに対しても，こつこつ努力している（積みあげる力）」「わからないことはそのままにせず，わかるまでがんばっている（遂行力）」などを含んでいる。

　学習のけじめでは，「勉強するときには，他のことに気を取られないで集中している（集中力）」「見直しをしないで，うっかりまちがえてしまうことがある（注意力）」などの項目を設定した。なお，後者は逆転項目である。

　また，学習環境の整備では，「正しい姿勢で机に向かって勉強している（学

習時の姿勢)」「必要なものをきちんとそろえてから勉強を始めている (学習への準備)」などの項目がある。

そして最後に, 授業への構えでは,「授業を熱心に受けている (積極的な参画)」「人の話は, 最後まできちんと聞いている (聞き話す構え)」などを含めている。

⟨3⟩ 学びの基礎力をどう育てるか

このように多くの項目を列挙すると, 多すぎて指導できないという感想が聞かれそうである。もちろん61個もの学びの基礎力の項目を, 全員に毎日確実に育てることは不可能である。

しかし大切なことは, これまで経験的に大切だと思っていながらも,「思いついたときに」や「問題が大きくなったときだけ」という考え方でしっかりとした指導をしてこなかった分野の基礎力を, これから学力実態調査の結果に基づいて重点的に育てていくために, まず一度, どのような力の広がりがあるのかを確認することなのである。9年間の義務教育期間でねばり強く継続的に育てることを考えれば, ある1つの教科の学力を示す項目よりも項目数は少ないだろう。

次に, 学びの基礎力を育てる方法は多岐にわたるので, ここではその原則を確認しておくことにとどめたい。

まず,「豊かな基礎体験」では, 家庭の協力も得ながら, 教科だけでなく総合的な学習の時間や行事における体験の質と量を見直して欲しい。さらに,「学びに向かう力」では, 教科の教材研究を通した授業改善が不可欠である。おもしろくてわかりやすく楽しい授業をしなければ, 学習意欲は高まらない。「自ら学ぶ力」については, ノート指導や家庭学習の習慣について学校でしっかりと指導する時間を保障して欲しい。家庭の協力を得ながら,「家庭学習ノート」をつけてもらい, 自学自習の習慣を育てたい。また, 授業中には反復学習と思考学習のバランスをとることや, テスト結果の見直しの時間を保障す

ることが効果的である。

最後に,「学びを律する力」では,いわゆる「教科ポートフォリオ」の活用によって教科学習のあり方を自己評価させる工夫や,学習規律や授業秩序に関わる評価規準を子どもたちに作らせて,よりよいクラスづくりの取り組みとして実行させることなどが効果をあげるだろう。

◇4◇ 学習習慣と生活習慣をつける

児童生徒の学力向上のためには,多くの学びの基礎力の項目のなかでも,とくに学校と家庭での学習習慣と生活習慣の形成が大切である。具体的には,朝学習,宿題,予習・復習,定期考査や単元テストの準備などの学習習慣,そして睡眠,食事,テレビやゲームの時間管理などの生活習慣に関わる多くの場面で継続的な働きかけを行うことが必要になる。そこで次に,家庭との連携において実施する望ましい学習習慣・生活習慣形成の取り組みについて考えてみたい。自ら継続的で計画的に学習を行い,自らの生活を律する力は,教科学力の向上に欠かせないものだからである。

しかしながら残念なことに,ここ数年の「学力低下キャンペーン」が各学校にもたらしたものは,朝読書と,ドリルプリントによる算数と国語の反復練習の強化,そして総合的な学習の時間の形骸化だけであった。

このような状況では児童生徒の学力が向上するはずはない。筆者が監修をした全国規模での総合学力調査(総合学力研究会,事務局:ベネッセ教育研究開発センター)によれば,学力向上には学校と家庭との連携による学習習慣と生活習慣の育成が不可欠であることが明らかになっている(詳しくは,第4章を参照)。

そこで,まず各学校においては,児童生徒の学習習慣・生活習慣の実態把握と,その改善に向けての対応策の明確化,そして,その実現へ向けた学校ぐるみの取り組みという一連の作業をしっかりと進めることが大切である。

でははじめに,各学校で取り組みたい学習習慣育成のポイントを考えてみよう。

（1）学習習慣とは何か

　学習習慣とは，学校および家庭での子どもの自立的・計画的・継続的な学びの態度である。いいかえれば，学習習慣が身についている子どもとは，学校でも家庭でも，「自ら学ぶ力」「計画を立てて学ぶ力」，そして「継続して学ぶ力」をもっている子どもであるといえる。

　この3つの習慣がないと，たとえ授業中に静かにノートを取って聞いていたとしても，家庭用学習材を大量に買い与えても，さらに宿題を出せるだけ出しても，はっきりとした形での学力向上にはつながらない。つまり，学習習慣とは，「教えられたことを自分の学力に変える力」であり，また「教科学力に関わる自己向上心」であり，さらに「自らに必要な学力を進んで身につける力」であるといってよい。

（2）習慣化をねらいたい行動目標

　より具体的にみてみると，自ら学ぶ力には，(1)わからないことがあれば辞書や参考書を使う，(2)わからないことはわかるまで先生に聞く，(3)まず問題は自分で解いてみる，(4)ノートを自分なりにわかりやすく整理してまとめる，(5)必要な問題集は自分で買いに行く，(6)家庭学習を進んで行う，(7)問題を解くときに図や絵にして工夫してみる，(8)暗記の仕方を自分で工夫してみる，などの自律的な行動が含まれる。

　次に，計画を立てて学ぶ力には，(1)定期考査の前には計画を立てて学ぶ，(2)家庭学習は時間を決めてやりとげる，(3)苦手な教科も学習計画に組み込む，(4)問題集のページ数などの学習分量を計画できる，(5)苦手な教科を克服する方法を考える，(6)テストで間違えた箇所は必ず事後に復習をする，(7)テレビやテレビゲームの時間を規制する，(8)平日と土日で家庭学習の計画を変える，などの計画的な行動が含まれる。

　そして，継続して学ぶ力には，(1)学校での朝学習を毎日行う，(2)学校での自習課題はすべてやりとげる，(3)毎日欠かさず宿題をして提出する，(4)予習や復習を毎日少しずつでもやりとげる，(5)土日・休日には，最低1時間ずつ家庭学

習を行う，(6)買ってきた問題集は最後までやりとげる，(7)夏休みや冬休みにはできるだけ毎日家庭学習をする，(8)家庭での読書活動を続ける，などの継続的な行動が含まれる。

（3）習慣形成の場づくりと声かけ，自己評価

では，このような多くの項目にわたる学習習慣を，どのようにして形成していけばよいのだろうか。一つ目は，学校での朝学習や放課後・土日・休暇中での補充指導を充実させることである。二つ目は，家庭と連携して大人が繰り返し声かけをして，子どもとのコミュニケーションを活性化することである。もちろんほめたり認めたりといった肯定的なフィードバックが有効である。そして，三つ目に，子どもたちが自己点検・自己評価できるような家庭学習の記録シートや宿題提出チェックカードを工夫して，自ら学習習慣を身につけていけるような工夫を行うことも大切である。その際には，「学習習慣ガイドブック」を作成して，望ましい行動基準を保護者と子どもに示すことが必要である。

（4）生活習慣の大切さ

次に，生活習慣についてみてみよう。

子どもたちの基本的な生活習慣の乱れは，この10年ほどの間に急激に進んでいる。たとえば，夜更かしと朝寝坊による睡眠時間の減少と不規則な睡眠，朝食を抜いたり栄養分が少ないか，あるいは逆に脂肪や糖分が多すぎる夕食を夜遅くに食べたりする食習慣の乱れ，そして，家の外で汗をかいて遊ぶ習慣の激減（運動不足）などが主なものである。

そのことが，小児成人病（小児生活習慣病）の増加やイライラによる友だちとのけんかの増加，小児性の宿便と骨粗鬆症，意欲・体力・気力の低下につながっている。

このように残念な状況の下では，学力や学習意欲の向上が望めないばかりか，学級での集団づくりが困難になり，さらに将来的には，生活習慣の乱れによる離職や転職の増加，そして非求職型や非希望型のニートの増加にもつながりか

ねない。

　そこで，文部科学省は，2006年4月24日に，「早寝早起き朝ごはん」全国協議会を設立して，児童生徒の生活習慣の改善に積極的に取り組みだしている。

　また，私たち総合学力研究会は，先に述べたように家庭での学習習慣と生活習慣に関わる児童生徒の望ましい行動基準をまとめて，「学びの基礎力」という概念を構成し，合計61項目にわたるアンケート用紙を作成して，8,000名程度の小・中学生を対象にして全国調査を行った。その調査報告書によれば，学びの基礎力が高い子どもほど教科学力が高く，また，家庭と学校が連携して子どもの生活習慣の改善に関わる取り組みを行っている学校ほど，子どもの学びの基礎力が高いというはっきりとした結果を出している（詳しくは，第4章を参照）。

　以上のことから，子どもの生活習慣の改善は緊急を要する課題であることをしっかりと自覚して，各学校における本格的な取り組みを行うことが求められているといえる。

（5）生活習慣改善の取り組みの要点

　各学校で求められる取り組みの要点は以下の3点に整理される。
　①生活習慣の改善に関する学習の展開
　まず，総合的な学習の時間に，食育教育を組み入れて，体によい食べ物を規則正しく食べることの大切さを学ばせたい。また，清涼飲料水に含まれている糖分の多さに気づかせたり，スナック菓子やファストフードに含まれている塩分や脂肪の多さに気づかせることも大切である。

　また，睡眠時間が足りないと成長や発達に悪い影響があることや，汗をかかない日が多いと自律神経の発育によくないことなども，データや症例に基づきながらわかりやすく学ばせたい。さらに，小児生活習慣病が，大人になって重大な成人病（生活習慣病）を引き起こすことについても，見通すことができるような教材の工夫が求められる。小学校低学年では，生活科や特活の時間に，楽しみながら学べる教材や活動を工夫したい。

このような生活習慣に関わる学習では、栄養教諭や養護教諭、校医の支援を得ることも効果的である。

②家庭と連携した生活習慣改善運動の推進

子どもたちの生活習慣の改善は、家庭の協力なくしてはあり得ない。そこで、たとえば総合的な学習の時間に新しい単元を設定して、「生活習慣を見直そうプロジェクト」と題して、毎日の食事や排便、睡眠、野外での遊びなどについて、自己点検・自己評価をする習慣をつけさせたい。

そして、定期的にそのデータを集計させて、自分の家庭での生活習慣の改善計画を立てさせ、さらにそれを実践に移していくことを奨励してみるとよいだろう。

これからは、「家庭の教育は家庭で」という発想ではなく、学校から家庭での学習習慣や生活習慣の改善を働きかけることが必要である。

そのためには、たとえば「家庭学習の手引き」を学校で作成して各家庭に配布し、家庭での子どもの生活習慣の見直しと、大人の生活習慣の見直しのポイントをわかりやすく説明することにも取り組んでみたい。

③校内での生活習慣改善委員会の設置

三つ目に、校内に校務分掌として生活習慣改善部や児童会・生徒会活動の一環として、生活習慣改善委員会を設置して、教職員と児童生徒が協力しながら、自律的・主体的に生活習慣を定期的にチェックしたり、必要な情報を提供したりすることが効果的である。

学校便りや学年便りで、さまざまな広報活動を行うことはもちろんのこと、保護者会やPTA総会での啓発活動も積極的に推進したい。

細かいことであるが、朝礼のなかで子どもたちに「早寝早起き朝ご飯」が大切であることを折に触れてわかりやすく話したり、校内に掲示する標語やポスターを子どもたちから募集するといった日常的に取り組める地道な活動が有効である。

5　「学習のしつけ」は学力向上の必要条件

　さらに、「学習のしつけ」は、子どもの学力向上の必要条件である。最近、ますます授業中の「学習のしつけ」ができていないことによる授業の不成立や、非効率的な授業運営のあり方が問題になってきている。そしてそのことが、子どもの学力向上を大きく妨げているという残念な実態が生まれているのである。

　これは、いいかえれば、学習規律や授業秩序が保てずに荒れた授業が多くなっていることを意味している。極言すれば、今、多くの学校で「学習のしつけ」が不足したことに起因する授業の不成立によって、子どもの学力低下が起きているといってよい。

　この「学習のしつけ」は、本書で提案している学びの基礎力のなかの第4領域「学びを律する力」に位置づけられた項目と同様である。そこで、その定義と教育的意義について考えてみることにしよう。

（1）授業で必要な「学習のしつけ」とは
　まずはじめに子どもの学力向上を考えたときに、どのような「学習のしつけ」が必要だろうか。それは、次のような7つのポイントになるだろう。
　(1)　始業チャイムで全員着席する
　(2)　他人が話しているときには静かに聞く
　(3)　理由をつけて自分の考えを話すようにする
　(4)　与えられた時間内に作業を終えて次の指示を待つ
　(5)　活動中には、他人の迷惑になる行為はしない
　(6)　丁寧で人権に配慮した言葉を使う
　(7)　班活動ではお互いに協力し合う
　このようなしつけが必要になるのは、授業時間の確保、安心して発言できる環境構成、学び合う集団づくり、そして効果的な活動の保障という4つの指導上の条件を実現するためである。

第 **3** 章　学びの基礎力を育てる

このような条件がしっかりと保障されないと，子どもの学力向上のための指導の効果があがらないだけでなく，子どもの学習意欲の低下や，ひいては子どもの学習権の侵害という大きな問題に帰着することになるのである。

（2）学力調査の結果にみる「学習のしつけ」の大切さ

各種の学力調査の結果をみると，やはり「学習のしつけ」に関わる学級や授業の実態が，子どもの学力と強い相関関係にあることが明らかになっている。

たとえば，2007年4月に実施された文部科学省の全国学力・学習状況調査においては，児童生徒の国語科と算数・数学科の教科学力に強い相関関係があったのは，学校質問紙にあった「熱意をもって勉強している」や「授業中は，私語が少なく落ち着いている」，そして「礼儀正しい」などの項目であった。

この学校質問紙調査は，各学校の校長が回答したことを考慮したとしても，やはり落ち着いて集中できる授業が多く実施されている学校では，児童生徒の学力が高いことが国の悉皆調査によって明らかになった意義は大きい。

したがってこれからの授業づくりにおいては，このような「学習のしつけ」の項目を徹底できるように，すべての教職員が一貫して授業中に指導を行うとともに，学級会でのルールづくり，学習ルールの教室掲示の工夫，保護者への協力依頼など，数多くの配慮を積みあげていくことが大切である。

そうした根気のいる徹底した指導が，子どもを変えていき，落ち着きのある集中した学びを成立させていくのである。

◇6◇　イギリスの保護者憲章に学ぶ学校と家庭の連携

さらにもう1つ，学びの基礎力の育成のあり方を学校と家庭の連携から考えるうえで大きなヒントを与えてくれるのは，イギリスの保護者憲章である。これについて，少し詳しく紹介したい。

イギリス（本文中では，イングランド地方のことを指す）では，保護者憲章は，当時の教育省が1994年に改訂して公開したことが契機となって，多くの学校で

各学校独自の保護者憲章づくりを推進させることになった。それは，学校教育の質の向上のために保護者が学校に協力すべき義務項目と，保護者が学校に対して要求できる権利項目から成り立っている。

一方，わが国では，まだこのような明文化された保護者憲章をもっている学校は少ない。しかし，イギリスで保護者憲章が必要となってきた背景を探ってみると，日本の学校教育が遅かれ早かれたどることになる道を指し示しているようにみえる。

その理由は，まさに「家庭の教育力なくして学校改善なし」という原則である。もちろん保護者の権利項目は，必ずしも学校改善とは直接的な関係をもたないように感じられるかもしれないが，逆に，そのことを通して学校が保護者の教育ニーズに十分応えて，説明責任と結果責任を果たす力を備えるための自律的な努力を学校に求めるという意味で，学校改善につながることを期待していることは明白である。

(1) 学校における授業妨害と学力低下

保護者憲章を必要とする最も大きな背景的な理由は，学校における授業妨害の頻発とそれに伴う子どもの学力低下である。もちろん，イギリス全体でみると，確かに全国的な学力調査の結果やOfsted（教育水準局，または，学校査察委員会と訳される）の学校査察のレポートによれば，子どもたちの学力はこの10年ほどの間に，着実に向上していることがわかる。

しかしながら，一部の児童生徒による大声や暴行，立ち歩き，教室外への飛び出しなどによる授業妨害は，ますます増えているのが実態である。そのため，この数年ほどは，BBCという公共放送機関をはじめとして民間のテレビ局も，教室内に設置したテレビカメラの映像を用いてその実態をレポートするといった過激な手法で，この授業妨害という事実を積極的に報道するまでになっている。

もちろんその当然の帰結として，授業妨害が頻発する学級や学校においては学力が低下しており，その改善は待ったなしの状況にあるといってよい。

さらに，授業妨害にまでは至らなくても，遅刻，無断欠席，無断早退についても，保護者の家庭での協力なしには改善されない状況になっている。

（2）家庭の教育力の低下が背景に

では，イギリスのこうした授業妨害の発生原因は，どこにあるのだろうか。これについては必ずしも客観的で正確な研究成果が出ているわけではないが，筆者が2005年の3月から9月までほぼ7カ月にわたりロンドン大学の客員研究員としてイギリスで見聞した状況を総合すると，やはり家庭の教育力の低下が最大要因であると感じる。

その実態は，次のような3点に集約される。

①保護者と子どもとの関わりが支持的でなく，多くの場合に希薄化や過度の権威化，そして過保護がみられること

これについては，わが国でも同様の現象がみられる。イギリスでも，いわゆる「好きなものだけ食べたい症候群」は根強いし，テレビゲームと夜間外出はさせ放題といった家庭が増えている。そのことが，自制心がなくわがままを公共の場である教室でも通そうとする身勝手な態度になって表れてくる。

その一方で，児童虐待やそれほどまでに至らなくても，子どもを過度に支配したり，暴力的な言葉を浴びせかけたりする親も増えている。そこで鬱積した憤懣が，教室での暴力やいじめといった反社会的な行動となって出現している。

最近では，携帯電話を使った「ネットいじめ」も頻発している。これは，いじめをしている場面を携帯電話のデジカメ機能を用いて撮影し，その写真を学校の友だちにメールで送りつけるというものであり，著しい人権被害を引き起こして大きな社会問題となっているほどである。

②家庭で学習習慣を身につけさせられない保護者が増えていること

イギリスは，日本のように予備校や進学塾，そして通信添削などがない国としてよく知られている。しかし，サッチャー政権以降の学力向上政策によって，その様子も様変わりしてきた。

書店には，全国的な学力調査の対策用の問題集が数多く並べられるように

なった。また，BBCまでもが，GCSE（中等教育卒業資格試験）対策用のテレビ番組を放映したり，関連教材を販売したりしている。町には，日本で有名なある学習塾がその教室の数を増やしつつある。

また，保護者は，日曜日の新聞に掲載されるリーグテーブル（国が実施する全国的な学力調査の結果に基づき，マスコミが独自集計で作成したテスト結果に基づく学校序列表）をみて一喜一憂している。

しかしこのような全国的な学力向上熱とは裏腹に，家庭で子どもの宿題をみてあげない親や，すでに述べたように帰宅後はテレビとテレビゲームに没頭する子どもを放置している親も多い。そうなれば当然のこととして，家庭学習の習慣がある場合とそうでない場合とで，子どもの学力格差はますます大きくなっていく。

③家庭で健康によい食事の摂取と望ましい食習慣の形成がなされていないこと

これは，ここ5年ほどの間に，有名シェフ，ジェイミー・オリバー氏の社会運動が契機となってますます認識されるようになってきた。イギリスでは，学校の給食も栄養バランスが悪く，健康を害する材料が使われていることから，その改善がブレア第3次政権の公約になるほどであったが，実は，家庭の食に関する実態の方がより深刻である。

たとえば，砂糖を多く含むお菓子ばかり食べている子，清涼飲料水ばかり飲んでいる子，冷凍食品ばかり食べている子が最近極端に増えてきている。そのことが，ある大学の研究成果として，学力低下と授業妨害の大きな要因であると証明されるほどになったのである。つまり，カルシウムとビタミンの不足が，心理的な不安定を引き起こすというわけである。

もちろんこの現象は最近になってからのことであるから，保護者憲章が制定された当時にはなかったことであるが，家庭での食事と食習慣の見直しが，各学校で定める保護者憲章のなかに書き込まれるにはそれほど時間はかからないだろう。

この他にも，家庭で子どもが無制限にインターネットを使うことを放任していることも，学校での望ましい情報教育を妨害する要因になっている。

このような3つの家庭教育の低下に関わる要因が，保護者憲章の義務規定にますますの必要性を与えているといってよい。

（3）保護者の教育ニーズに応じた学校改革の推進

もう1つの必要性は，保護者の声を学校改革の推進役にしようとしたことである。たとえば，保護者憲章には，学校に対するいくつもの権利規定が含まれている。具体的に整理してみると，次のような項目になる。

- 学校の教育活動についての最新の情報を得ることができる。
- 学校の教育成果に関わる資料提供と説明を受けることができる。
- 自分の子どもの学習状況についての資料提供と説明を受けることができる。
- 学校を選択することができる。
- いつでも子どものことで専門員に相談することができる。
- 子どもの特別な教育ニーズに応じた教育を受けることができる。
- 学校理事を選んだりそれに立候補したりすることができる。

このような多くの項目を，国が責任をもって保障するとともに，各学校でこれを明文化することで，保護者の納税者としての，そして子どもを学校に通わせる義務を果たしたことによる対価としての権利を保障しようとしているのである。

もちろんこのことは，たんに保護者の権利を保障するという意味だけではなく，保護者が多くの権利を実行できるような「力のある学校」に生まれ変わること，つまり魅力と活力にあふれ，大きな教育成果をあげられる学校を作るために保護者の力を活かそうという意図が隠されているといえる。

（4）教師の労働権の保障

こうしてみると，イギリスの保護者憲章は，学校に対して多くのことを求めているばかりだと感じられるかもしれないが，実はそうではない。

保護者憲章のなかに，前述した保護者の家庭教育に関わる義務と学校への協力についても多くの規定があるということは，実は，労働者である教師に，安

全でやりがいのある職場を保障しようという国の責任を示したものであるといえる。

わが国では、教師の労働者としての権利というと、給与水準の向上の要求と、教育改革を押しつけられることによる負担増への抵抗という意味としてとらえられることが多いが、イギリスでは、児童生徒による授業妨害と対教師暴力のない安全な職場の実現ということに関わる権利意識が教師の間にはより強い。

このようなイギリスの教師の正当な権利意識については、わが国では、授業妨害と対教師暴力が各教員の指導力不足に帰因させられることが多い残念な状況を改善するためにも、もっとその重要性が認識されてもよいのではないかと思う。

（5）学校と保護者の契約書として

このようにして、保護者の義務と権利、そして教師の権利という3つの側面から保護者憲章の必要性を探ってみたが、イギリスの学校教育の特色をこれとの関わりでもう1つの側面からみてみることにしよう。

それは、各学校で作成する保護者憲章がたんなる絵に描いた餅のように形骸化した文章にならないようにするために、入学式直後に保護者と子どもに共同で署名をさせる習慣があることである。

何ごとも契約社会である以上、イギリスでは学校と保護者の間で取り交わす保護者憲章も、契約書の一種なのである。この署名は、またそれだけで形骸化しないように、たとえば子どもに遅刻をさせない義務を一学期に3回守れなかった保護者には、学校で校長との面談が義務づけられるという具体的な規定を盛り込んだものもあるほどである。

そのために、子どもの遅刻や無断欠席、そして授業妨害の回数や程度といった細かいデータは、定期的に保護者に郵送される仕組みになっている。つまり、「子どもの教育はすべて学校に丸投げ」という一部の保護者の無責任な意識を変えようとしているのである。

わが国では、いったん作った制度を骨抜きにすることが多いので、イギリス

でこのようにして制度を厳格に実施しようとする学校の努力に学ぶところは大きい。

（6）「規律ある学校づくり」のための保護者と学校のパートナーシップ

さて，このようにしてみてみると，イギリスの保護者憲章が，日本の学校教育に対して示唆するところが多いことに気づくだろう。

わが国でも，家庭の教育力の低下は著しいものがある。また，授業妨害や学校でのいじめは多発している。そこで，こうした保護者憲章によって，家庭の教育力の向上と保護者の学校への協力を明確化することで，規律ある学校づくりが推進されることを期待したい。

子どもの学力向上といっても，あるいは生きる力や人間力を育てる教育といっても，規律ある学校づくりができなければ，そうした教育目標は十分に達成されることはないのである。

最後に日本の学校を取り巻く状況に応じて，この保護者憲章を活かすとすれば，次のような内容が追加されてよいだろう。

一つ目は，保護者による学校評価と授業評価を権利規定に入れることである。

二つ目は，保護者会への参加を義務規定に盛り込むことである。

そして三つ目に，全国的な学力調査の結果に関わる資料をみる権利を保護者に保障することである。

このようにして，保護者憲章を保護者と学校の教育改善のためのパートナーシップを高める契機として活用することが何よりも求められることである。

なお，巻末資料3に英国バートン学園の優れた保護者憲章の例をあげているので参考にしていただきたい。

引用・参考文献
田中博之・木原俊行・大野裕己監修『総合教育力の向上が子どもの学力を伸ばす』ベネッセ教育総研，2005年。

第4章

学力調査の結果からみる総合学力の大切さ

　それでは次に，総合学力モデルに含まれる「教科学力」「社会的実践力」，そして「学びの基礎力」という3つの学力の相互関係についてみてみたい。一見するとお互いに異なる力や相反する力のようにみえるこの3つの学力が，お互いに支え合って伸ばし合う関係にあることがわかれば，総合学力モデルの有効性が明らかになるからである。

　そしてこの総合学力モデルの正しさが証明されることになれば，それぞれの学力を育てるための教科指導，総合的な学習の時間の支援，そして学習習慣と生活習慣の見直しという総合的な教育が必要になることも示唆されるのである。

⟨1⟩ 教科学力と社会的実践力には強い相関関係がある

　ではまず，子どもの教科学力と社会的実践力の相関関係についてみてみよう。
　すでに第2章で提案したように，社会的実践力と呼ぶ21世紀型学力には，「問題解決力」「社会参画力」「豊かな心」，そして「自己成長力」という4つの力が含まれている。
　それぞれの力に想定されるさらに細かな力の項目を考えて，30のアンケート項目の候補を作成し，それについて，全国の小学校5年生（1,705名）と中学校2年生（2,002名）に回答してもらった。その結果を示したのが，巻末資料1である。この表をみると次のようなことがわかる。
　あくまでもこれはアンケート調査の結果であることから，それぞれのアン

ケート項目で示された力が子どもたちに実際に身についているかどうかを直接的に示しているものではない。したがって，あくまでもこの表のなかの数値は，それぞれの子どもが感じている社会的実践力を発揮できるかどうかの自信や経験の記憶（やったことがある）を示していることに注意しなければならない。

そう考えたうえで，わが国の子どもたちにとって弱い力は，「とてもあてはまる」への回答数が少なく，逆に「あまりあてはまらない」「まったくあてはまらない」というように否定的な回答が多い項目をみると，「思考力」「判断力」「自己表現力」，そして「自信・自尊感情」という4つの力であることがわかる。

これは驚くべきことに，OECDのDeSeCoや，PISA調査が想定しているPISA型読解力，中央教育審議会が提唱する活用型学力，そしてこれまでも文部科学省が繰り返し強調してきた「新しい学力観」と，ものの見事に一致する。つまり，日本の子どもたちは，世界的にみて知識の量や正確さではトップレベルであるが，思考力・判断力・表現力というこれからの21世紀社会に必要な問題解決的な学力においてはますます低下しているのである。

その次に子どもたちの自信のなさが目立つのは，「企画実践力」と「自己コントロール力」である。これも，今日の子どもたちの課題を正確にデータが指摘しているといえる。つまり，現代の子どもたちは，自ら進んで計画を立てて新しい活動に主体的に取り組む態度や，友だちとの関係でイライラしたときにでも否定的な感情を抑える強い意志に欠けている。逆にいえば，それは，「指示待ち人間」であり，「すぐにキレる子ども」なのである。

逆に日本の子どもたちが得意な力についてみてみると，「メディアリテラシー」「責任感」「思いやり」「楽しむ力」「礼儀・マナー」「自己実現力」「進路決定力」，そして「成長動機」などであることがわかった。つまり，日本の子どもたちは，高度情報通信社会にうまく適応しながら，人にやさしく決められたことは頑張る子どもたちなのである。それは，ある意味で日本人の美徳であり，日本人のこうしたまじめさや正直さは，世界的にみても美徳であるとたたえられるものであるといってよい。

第 **4** 章　学力調査の結果からみる総合学力の大切さ

　ただし，それぞれの項目の用語が意味する深さをアンケート項目の文章が必ずしも示しているわけではないことに注意して欲しい。たとえば，自己実現力といっても，実際のアンケート項目では「将来の夢や目標を持っている」という文章があてはめられているので，一人の人間の自己実現が夢をもつだけで達成されるわけではないが，アンケート調査作成の制約があることに留意していただければ幸いである。

　では，こうした社会的実践力の項目と教科学力（小学校では，国語と算数の学力調査の結果を総合して偏差値にしたものと，中学校では，国語，数学，英語の学力調査の結果を総合して偏差値にしたもの）の関係は，どうなっているだろうか。

　その結果を，4つの社会的実践力の下位領域別に示したものが，図表4‐1から図表4‐4までの4つである。それぞれの図表には，その領域の社会的実践力の下位項目とクロスさせた教科総合スコア数値（その項目に肯定的に答えた子どもと否定的に答えた子どもが得た教科総合スコアの偏差値の平均値）を入れた一覧表と，教科学力と社会的実践力の相関関係がみやすくなる折れ線グラフを配置している。それぞれの折れ線グラフの横軸に示されたL1からL5というカテゴリーは，それぞれの社会的実践力の下位領域の得点をもとにして得点分布を出し，順にL1からL5までに，7％，24％，38％，24％，7％の子どもを位置づけている。

　また，それぞれの領域と教科学力の相関係数は，ほぼ0.6であった。

　これら4つの図表から，社会的実践力が高い子どもほど教科学力も高く，その逆に，社会的実践力に課題がある子どもは教科学力が低いという結果になっていることがはっきりとわかる。つまり，教科学力と社会的実践力には強い相関関係が働いているのである。

　ただしあくまでもここで示されているのは，相関関係（1つの変数ともう1つの変数がある関係性をもって対応していること）であって，因果関係ではないことに注意したい。もしもこれが因果関係であれば，60％の確率で，算数・数学の授業を疎かにしていても，総合的な学習の時間で頑張っていれば，算数・数学のテストでよい点がとれるというわけであるから，そのような「うまい話」が

図表4-1　問題解決力と教科学力の関係を示すクロス分析表と折れ線グラフ

「問題解決力」と教科総合スコアのクロス

設問番号	設　問　項　目	群	教科総合スコア	
			小5	中2
問4④	調べたことや考えたことを，文や絵などにまとめることができる。	肯定	51.3	51.8
		否定	47.6	48.2
問4③	調べてわかったことをもとに，自分なりの考えを持つことができる。	肯定	51.2	51.5
		否定	47.8	48.0
問4⑤	筋道を立てて，ものごとを考えることができる。	肯定	51.4	52.1
		否定	48.6	48.1
問4⑨	電子メールを使ったり，インターネットに書きこみをしたりするときは，きまりを守ったり，相手の気持ちを考えたりしている。	肯定	51.0	50.7
		否定	47.7	47.6
問4⑩	調べたことを，コンピュータを使ってまとめたり，発表したりすることができる。	肯定	51.5	51.7
		否定	48.4	48.5
問4⑦	自分の考えや意見を相手にわかりやすく伝えることができる。	肯定	51.3	51.3
		否定	48.7	49.1
問4②	自分が調べてみたいことについて，そのための計画を立てることができる。	肯定	51.0	51.5
		否定	48.9	49.2
問4①	身のまわりのことや自分が体験したことから，もっと調べてみたいことを見つけることができる。	肯定	50.9	51.1
		否定	48.7	49.1

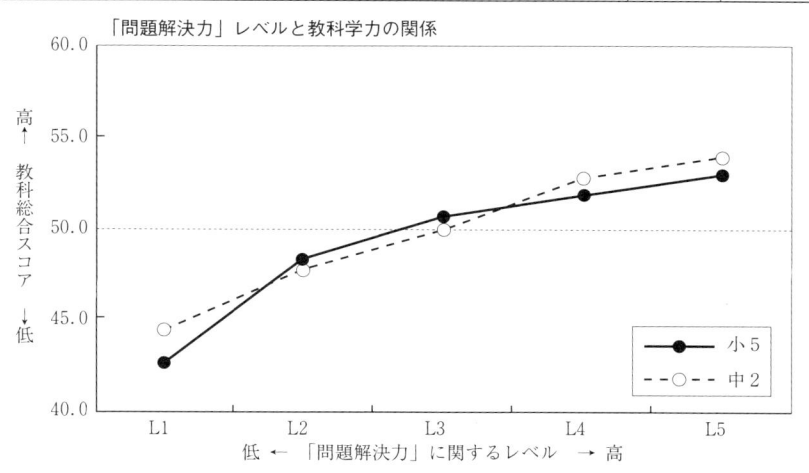

出所：田中勇作（2003a：104；109）。

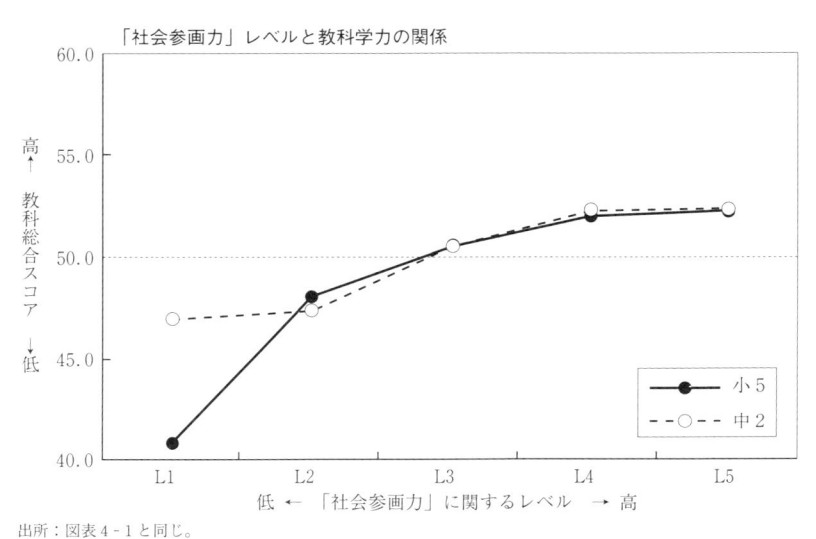

第 4 章　学力調査の結果からみる総合学力の大切さ

図表 4‐2　社会参画力と教科学力の関係を示すクロス分析表と折れ線グラフ

「社会参画力」と教科総合スコアのクロス

設問番号	設　問　項　目	群	教科総合スコア	
			小5	中2
問4⑬	テレビのニュースや新聞などを見て，最近の社会のできごとをよく知っている。	肯定	51.5	50.9
		否定	47.6	48.7
問5①	学校や社会のルールを守り，マナーを大切にしている。	肯定	50.7	50.5
		否定	47.1	48.5
問4⑮	社会がかかえる課題について，どうすればよいかを考えたことがある。	肯定	51.6	51.7
		否定	49.0	48.9
問4⑪	意見のちがう人とも協力し合うことができる。	肯定	50.8	51.0
		否定	48.3	48.5
問4⑫	もめごとが起こったときには，間に立ってまとめ役になることができる。	肯定	51.1	51.1
		否定	49.3	49.5

「社会参画力」レベルと教科学力の関係

出所：図表 4‐1 と同じ。

図表 4-3　豊かな心と教科学力の関係を示すクロス分析表と折れ線グラフ

「豊かな心」と教科総合スコアのクロス

設問番号	設問項目	群	教科総合スコア	
			小5	中2
問5③	自分がやらなければならないことは，責任を持ってやりぬくようにしている。	肯定	50.8	51.0
		否定	47.2	46.4
問5⑧	自分とちがう意見も大切にしている。	肯定	50.9	51.5
		否定	48.2	47.8
問5⑨	「ありがとう」「ごめんなさい」が自然に言える。	肯定	50.4	50.4
		否定	48.1	48.7
問5④	むずかしいことでも，失敗をおそれずに取り組んでいる。	肯定	50.7	51.0
		否定	48.9	48.8
問5⑤	家族を尊敬し，大切にしている。	肯定	50.3	50.3
		否定	47.7	49.3
問5⑥	いつも新しいアイディアを考えたり，工夫したりしている。	肯定	51.0	50.7
		否定	48.6	49.4

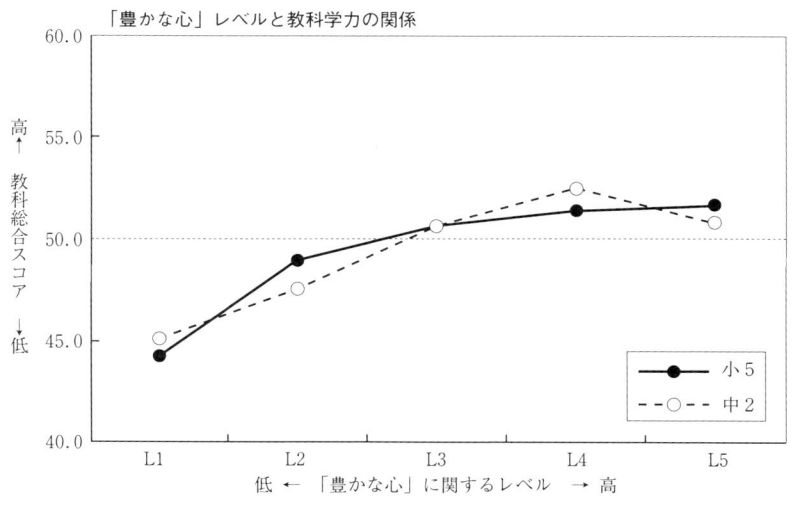

出所：図表4-1と同じ。

第 4 章 学力調査の結果からみる総合学力の大切さ

図表 4-4 自己成長力と教科学力の関係を示すクロス分析表と折れ線グラフ

「自己成長力」と教科総合スコアのクロス

設問番号	設問項目	群	教科総合スコア	
			小5	中2
問5⑩	自分の力をできるだけ伸ばしたいと思う。	肯定	50.6	50.6
		否定	44.7	44.0
問5⑬	自分はまわりの人からみとめられていると思う。	肯定	50.8	51.5
		否定	49.4	49.2
問5⑮	将来やってみたい仕事について，家族と話をすることがある。（＊）	肯定	50.5	50.9
		否定	49.3	49.3
問5⑫	どんなことが自分に向いているのかを知っている。	肯定	50.4	50.7
		否定	49.4	49.4

＊ 中2生の設問は，「希望する進路について，自分でよく調べている」。

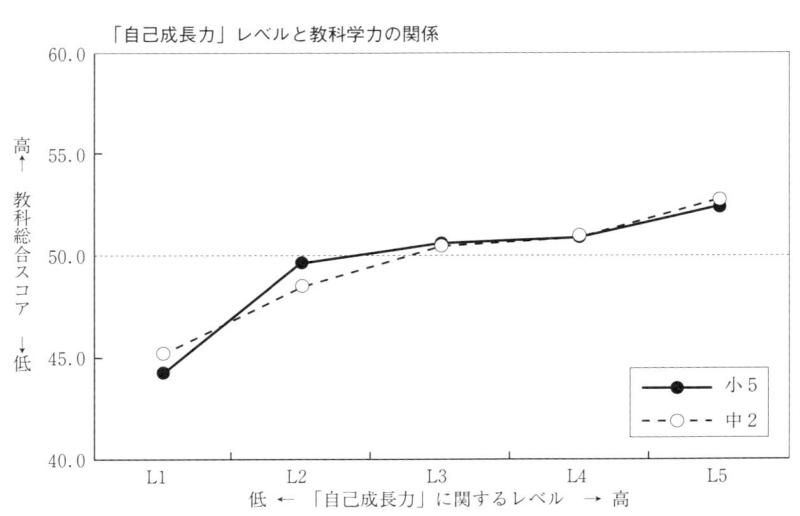

「自己成長力」レベルと教科学力の関係

出所：図表 4-1 と同じ。

あるはずはない。

しかしその逆に，相関関係があるということは，社会的実践力の高まりが教科学力の高まりの必要条件となり，教科学力の向上の下支えをしている裾野の広い学力を構成していると考えることはできる。つまり，社会的実践力が低いままで教科学力だけが高いという子どもはほとんどいないことから，社会的実践力を育てないままにしておくというのは，教科学力の向上にとって望ましくないのである。

また，その逆もいえるわけであり，教科の基礎学力をしっかりと身につけておくことが必要条件となって，より高次な問題解決的な学力としての社会的実践力の育成を下支えしているともいえる。

ただし厳密には，相関関係は，こうした2つの変数の間の変化の関係を保障するものではない。たとえば，身長と体重の間には強い相関があるが，それも思春期までのことであり，また，身長を伸ばすために体重を増やしておくことが必要というのも変な話である。あくまで必要なのは，体重ではなく栄養素である。逆に，体重を増やすためには，必ずしも身長を増やしておくことがとくに必要であるとはいえない。

したがってあくまでも相関関係であることを厳密にとらえるならば，教科学力と社会的実践力は，相乗効果を生かしてともに高まるように，バランスのとれた豊かな教育を行うことが大切であるということなのである。つまり，どちらか一方だけを育てることに重点を充てていても，結局はバランスを欠いてしまい，もともと育てようとしていた力も十分には伸びないで終わってしまう。

たとえていえば，プロ野球の投手の練習でも，ただ投球術だけの練習をしていればよいというわけではなく，走り込みによる足腰の鍛錬，水泳による心肺機能の向上，マシンを使った多様な筋肉の訓練，バランスのある栄養豊かな食事，背骨を痛めないベッドの選択と安眠といった多面的なトレーニングメニューが用意されている。

子どもの学びにおいても，これと同様なバランスの豊かさが必要であるにもかかわらず，なぜか学校教育においては，これまでシーソーのように，重点化

第 **4** 章 学力調査の結果からみる総合学力の大切さ

される学力像が極端に入れ替わるという問題を繰り返してきたことはすでに指摘したとおりである。

　ぜひこれからは，本書で示した明確な学力調査の結果に基づいたバランス感覚にあふれた教育論を，各学校で展開していただけることを願っている。そのためには，ここで図表4-1から図表4-4において示した社会的実践力の項目を大切にして，総合的な学習の時間の充実や教科指導の改善に取り組んで欲しい。

　そのためのヒントを示すとするならば，この多様な社会的実践力の項目のなかでまず取り組むと効果的なのは，問題解決力の育成である。今回行った多変量解析という高度な統計分析の結果からも，問題解決力が他の下位領域と比較して最も教科学力との関係性が強いことがわかっているからである（田中他，2003：338）。

　もちろんこのことは，「自ら計画を立て，自ら学び，友だちと協力して考え，表現する力」を育てることが，経験的に知られているように教科学習での充実した学びにつながることからも当然であるといえよう。

　次に大切にして欲しいのは，社会参画力のなかの「社会の出来事や社会の抱える課題について関心をもち，その解決の仕方を考える力」を育てることである。これは，社会科でも総合的な学習の時間でも，さらに国語科の説明文教材を深めることによっても可能になる。

　社会についての関心が高いということは，一見すると教科学力の向上と関係がないようにみえる。しかしここでいう社会の出来事や社会の課題ということは，決して芸能ゴシップネタを意味しない。そうではなくて，それはたとえば環境問題とか，年金問題，裁判員制度，戦争と平和，世界遺産登録，為替の変動とインフレ，芥川賞の受賞，地上デジタル放送など，教科学習で学んだ基礎的な知識があるとよりわかりやすくなったり，逆に，そうした社会問題を理解するために教科学習に積極的に取り組むようになったり，さらには，将来自分の仕事としてそのような社会問題を解決することができるようになるために，教科学習をもっと頑張って目標とする進学や進路のイメージに近づこうとする

ことにつながるのである。

　こうしてみてみると，社会問題についての関心は，めぐりめぐって教科学力の向上につながっていくのである。したがって，受験勉強のためによく家庭では，問題集を1ページでも多く解かせてその解法を暗記させるために，テレビのニュースもみせないで，受験以外のことは話題にもしないで，一心不乱に机に向かって勉強するように強制することが多いが，長期的にみるとそれは意外にも逆効果であり，その結果勉強することに自分なりの意味づけや価値づけをすることに失敗するので，すぐに学習意欲が低下してしまうのである。

　そうならないためにも，自己成長力を総合的な学習の時間で育てることも大切にして欲しいのである。たとえば，ポートフォリオ評価を取り入れたり，自己成長発表会や「2分の1成人式」を行ったりして，自分の長所を伸ばし，短所を改め，そして友だちと励まし合いながらともに成長する力を育てておくことが，長期的に子どもの高い学習意欲を維持させることにつながるのである（実践事例は，田中，2008に詳しい）。

❷　教科学力と学びの基礎力には強い相関関係がある

　では，教科学力と学びの基礎力との間には，全国調査の結果からどのような関係がみられただろうか。

　すでに第3章で定義したように，この学びの基礎力という力は，「豊かな基礎体験」「学びに向かう力」「自ら学ぶ力」，そして「学びを律する力」という4つの下位領域からなっている。

　それぞれの領域は，さらに詳細なサブカテゴリーに分けられて，合計61項目からなるアンケート調査を作成して，先ほどの社会的実践力のアンケート調査と同様にして，全国の小学校5年生（1,705名）と中学校2年生（2,002名）に回答してもらった。その結果を示したのが，巻末資料2である。この表をみると次のようなことがわかる。

　まず小学生で課題のある点は，文化体験，新聞との接触，教師への信頼，反

復方略，精緻化方略，体制化方略，学習計画の立案，復習の習慣，土日・休みの学習時間，積み上げる力，集中力，注意力，学習時の姿勢，積極的な参画，そして聞き話す構えであった（とてもあてはまると答えた児童が20％未満であった項目）。このなかで，文化体験は地域性や家庭背景などが強く影響するために除外するとして，他の項目については，日本の子どもたちが抱えている学習上の課題が，まさにストレートに表れているといえるだろう。

つまり，日本の子どもたちの学びの基礎力に関わる課題は，社会への関心が薄く，学力定着の手法がノート整理などに限定されていて，自ら学び主体的に考える力が不足して，集中して学習に取り組むことができないという残念な実態がはっきりと見て取れるのである。これは，多くの教師や教育関係者が異口同音に語っていることと見事に一致している。

一方，頑張ろうという意欲や，宿題と忘れ物チェックについての真面目さ，そして学ぶ楽しさの実感や家庭でのコミュニケーションなどは，おおむね満足といったところである。しかし，こういった項目で表されている学びの基礎力でさえ身につけていない小学生が最近ますます増えていることが，逆に教科学力の向上を妨げている大きな要因となっていることに注意を向けなければならない。

中学生にみられる課題としては，自然体験や文化体験は除くとしても，新聞との接触，読書，教師への信頼，学ぶ楽しさ，自己有能感，テストへの対応，すべての学習定着の方略，学習状況の評価，学習計画の立案，復習の習慣，自主的な学習，土日・休みの学習時間，そしてほとんどの項目での学びを律する力などである（とてもあてはまると答えた生徒が20％未満であった項目）。

小学生と比較してみると，残念なことに学びの基礎力に関わる課題はかえって増えていることがわかる。また，読書や教師への信頼，学ぶ楽しさ，テストへの対応，すべての学習定着の方略，学習計画の立案，復習の習慣など，中学生になってさらに必要となる学びの基礎力が大幅に低下していることは，大変大きな課題であるといえよう。さらに，こうした課題の大きな項目については，次にみるように教科学力との関係性が他の項目に比べて相対的に強いので，そ

の問題性は一層深刻である。

　もう一点，分析を深めてみるとわかることは，こうした中学生における学びの基礎力の課題は，そのほとんどが家庭学習の質の低下につながっていることである。たとえば，家庭学習における主体性，計画性，復習，土日・休みの学習時間の確保，そしてながら勉強をしないで集中する姿勢などに課題がみられるのである。その逆に，「ノートの取り方」では，「黒板に書かれたことは，きちんとノートに書いている」といった受動的な学び方にはまじめに取り組んでいることは皮肉な現象である。

　したがって，中学校ではますます自己責任において，家庭学習力を身につけているかどうかが，生徒の教科学力の向上に不可欠な条件であるといってよい。今後は，中学校の学力向上の取り組みにおいて，こうした家庭学習の充実を組み入れた指導のあり方を見直す必要性がますます高まっているといえる。

　逆にいえば，中学校においては，こうした多様な学びの基礎力をしっかりと育てることなくして，教科学力の向上はあり得ないといってよい。何度も繰り返すようだが，中学校では少人数指導やティームティーチングなどの指導形態の工夫やプリント学習と宿題の多用，そして総合的な学習の時間の定期考査対策の補習授業への振りかえだけでは，決して教科学力の十分な向上はあり得ないことを，今回の学力調査の結果は明確に示している。

　では，教科学力と学びの基礎力の相関関係について，私たち総合学力研究会が行った2004年調査のデータからみてみることにしよう。

　ここにあげた図表4-5から図表4-8は，学びの基礎力の下位領域別に作られていて，先の社会的実践力と教科学力の相関関係を検討したときと同じ分析方法をとっている。どの表やグラフをみても，教科学力と学びの基礎力の間には強い相関関係があることがわかる。平均的に両者の相関係数は，0.7に近くなっている。

　確かにこれも因果関係を示すものではないが，社会的実践力と同様に，学びの基礎力が高い子どもほど教科学力も高く，いいかえれば学びの基礎力の高まりがなければ，教科学力の伸びは小さく留まってしまうことは明らかである。

第 **4** 章 学力調査の結果からみる総合学力の大切さ

図表 4-5 豊かな基礎体験と教科学力の関係を示すクロス分析表と折れ線グラフ

「豊かな基礎体験」と教科総合スコアのクロス

設問番号	設 問 項 目	群	教科総合スコア	
			小5	中2
問3⑥	朝食は毎日食べるようにしている。	肯定	50.4	50.6
		否定	45.2	45.2
問3②	家族は自分のことを気にかけてくれていると思う。	肯定	50.5	50.4
		否定	45.7	47.9
問1⑧	インターネットを使って何かを調べる。	肯定	51.5	51.1
		否定	47.9	48.3
問1⑦	新聞のニュース記事を読む。	肯定	51.3	51.2
		否定	48.6	48.8
問1②	美術館や博物館に行く。	肯定	51.4	52.8
		否定	49.6	49.7
問3①	自分の考えや気持ちを理解してくれる友だちがいる。	肯定	50.4	50.3
		否定	47.7	48.4
問3③	学校でのできごとなどを自分から家族に話す。	肯定	50.5	50.8
		否定	48.4	48.7
問1⑩	演劇・音楽・バレエなどの舞台を実際に見る。	肯定	51.2	51.6
		否定	49.6	49.7

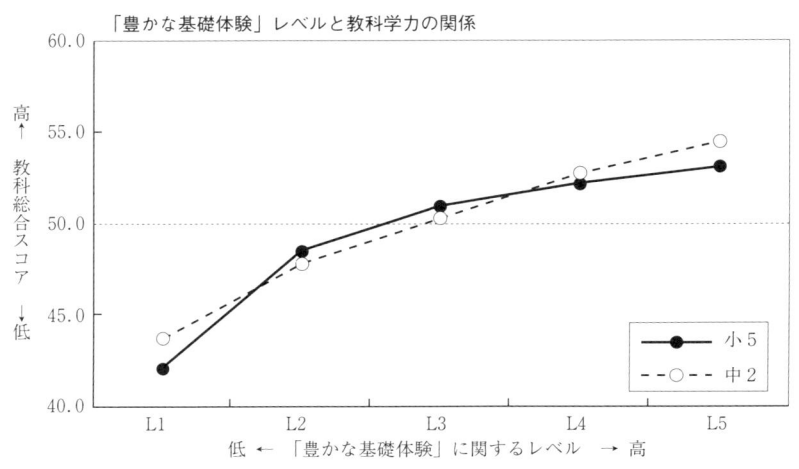

出所：田中勇作（2003b：85-90）。

図表 4 - 6　学びに向かう力と教科学力の関係を示すクロス分析表と折れ線グラフ

「学びに向かう力」と教科総合スコアのクロス

設問番号	設問項目	群	教科総合スコア	
			小5	中2
問6②	勉強で同じまちがいをくり返さないように気をつけている。	肯定	50.9	51.7
		否定	45.9	46.6
問3⑪	ものごとをやりとげたときのよろこびを味わったことがある。	肯定	50.7	50.4
		否定	44.6	47.1
問6③	勉強して身につけた知識は，いずれ仕事や生活の中で役に立つと思う。	肯定	50.7	50.8
		否定	46.3	49.1
問6⑤	勉強をして，もっと力や自信をつけたいと思う。	肯定	50.5	50.5
		否定	47.5	47.9
問6⑦	努力をして，苦手な教科も得意になるようにしたい。	肯定	50.4	50.4
		否定	47.5	47.7
問3⑧	ふだんから「ふしぎだな」「なぜだろう」と感じることが多い。	肯定	50.9	50.9
		否定	48.4	48.5
問3⑩	自分は，やればできると思う。	肯定	50.3	50.9
		否定	48.9	47.5

「学びに向かう力」レベルと教科学力の関係

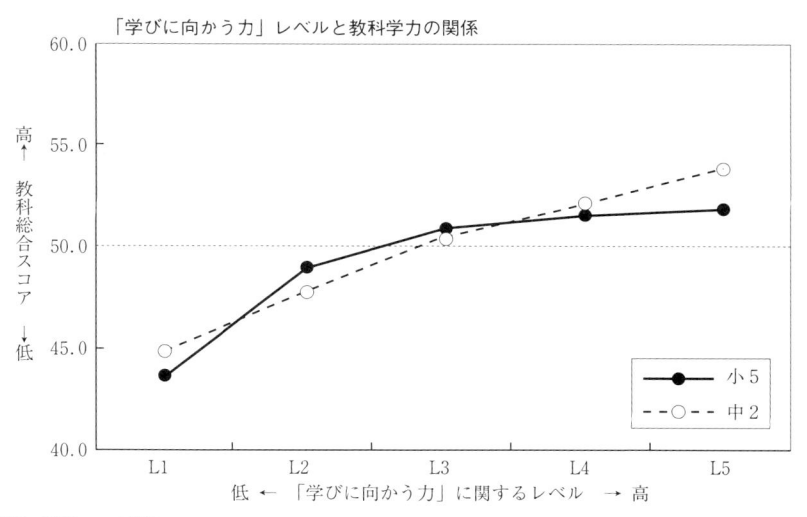

出所：図表 4 - 5 と同じ。

第 **4** 章　学力調査の結果からみる総合学力の大切さ

図表 4 - 7　自ら学ぶ力と教科学力の関係を示すクロス分析表と折れ線グラフ

「自ら学ぶ力」と教科総合スコアのクロス

設問番号	設　問　項　目	群	教科総合スコア	
			小5	中2
問8⑦	宿題はきちんとやっている。	肯定	50.6	51.5
		否定	46.1	45.9
問8⑪	授業で習ったことはそのまま覚えるのではなく，その理由や考え方もいっしょに理解している。	肯定	52.1	53.1
		否定	47.7	47.7
問8①	黒板に書かれたことは，きちんとノートに書いている。	肯定	50.4	50.3
		否定	47.7	44.6
問8⑥	テストでまちがえた問題は，やり直している。	肯定	50.7	52.1
		否定	48.4	48.0
問6⑩	それぞれの教科の内容を自分がどれくらい理解できているかわかっている。	肯定	50.9	51.1
		否定	48.4	48.6
問8④	新しく習ったことは，何度もくり返し練習している。	肯定	51.0	52.2
		否定	49.2	49.1
問8⑧	家族に言われなくても，自分から進んで勉強している。	肯定	50.7	51.6
		否定	49.0	48.4
問8⑤	授業で習ったことをふだんの生活と結びつけて考えている。	肯定	51.0	51.3
		否定	49.0	49.6
問7⑥	ふだんから計画を立てて勉強している。	肯定	50.8	51.4
		否定	49.5	49.7

「自ら学ぶ力」レベルと教科学力の関係

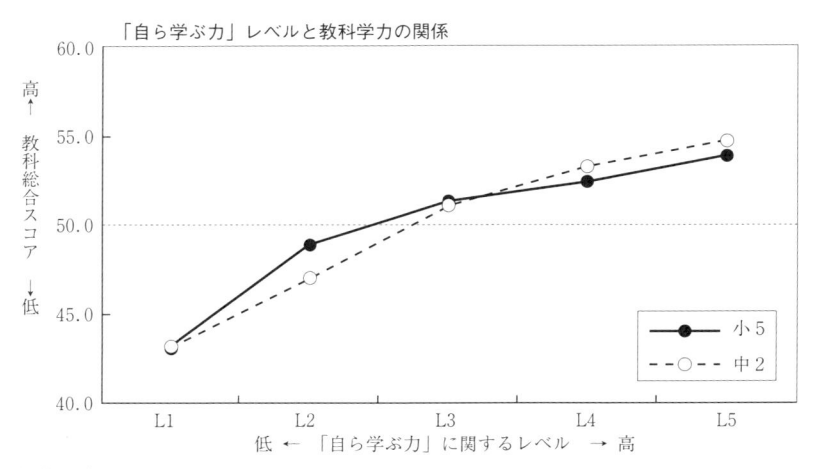

出所：図表 4 - 5 と同じ。

図表 4-8 学びを律する力と教科学力の関係を示すクロス分析表と折れ線グラフ

「学びを律する力」と教科総合スコアのクロス

設問番号	設問項目	群	教科総合スコア	
			小5	中2
問7③	わからないことはそのままにせず，わかるまでがんばっている。	肯定	51.0	52.3
		否定	47.9	47.8
問7⑫	ふだんから遅刻や忘れ物をしないようにしている。	肯定	50.8	50.7
		否定	46.9	47.4
問7⑬	授業を熱心に受けている。	肯定	51.1	51.3
		否定	47.9	47.6
問7⑧	授業中ぼうっとして，大事な事を聞きのがしてしまうことがある。（反転項目）	肯定	49.2	49.1
		否定	51.1	51.3
問7⑪	必要なものをきちんとそろえてから勉強を始めている。	肯定	50.5	50.4
		否定	48.6	49.0
問7⑦	正しい姿勢で机に向かって勉強している。	肯定	50.9	51.3
		否定	49.4	49.4

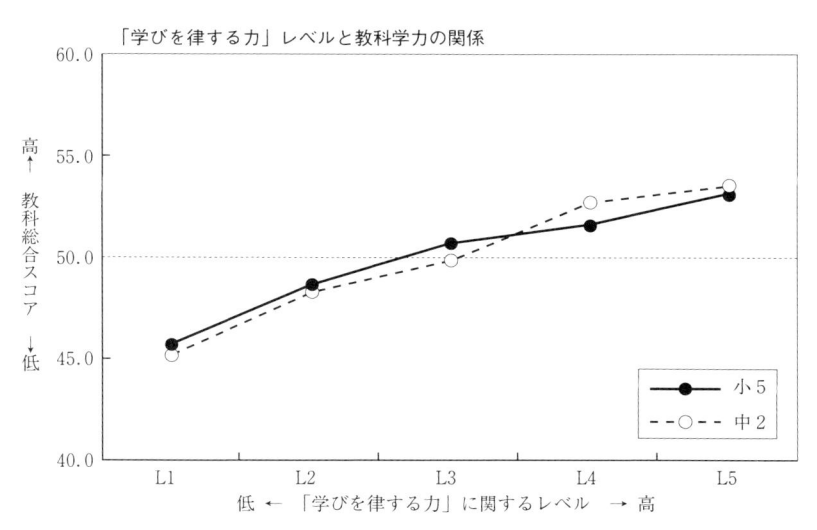

「学びを律する力」レベルと教科学力の関係

出所：図表4-5と同じ。

それは，経験的にも明らかなことであろう。

　したがって，これまで学力低下論争をしかけてきた教師や教育社会学者は，学力向上の対応策として，教育予算を増やし文部科学省は学校教育の場に口を出さないこと，ドリルプリントや計算問題の反復をすること，教師の指導力をあげる研修をすること，そして総合的な学習の時間を廃止して教科学習の時間を増やすことを強く主張してきたが，まったくそれだけでは不十分であることが，私たちの学力調査の結果から明らかになったのである。

　したがって，実効ある学力向上の取り組みを行うためには，ここにあげた多様な学びの基礎力を高める指導を合わせて行うことが最も大切である。このことが，ここ6年間ほど続いた不毛な学力低下論争からは明確なデータをもって提案されてこなかったことは残念でならない。とくにそのなかでも，「客観的なデータをもとにした教育改革の必要性」を説いていた教育社会学者が，学力向上の取り組みについてデータに基づかない提案や，狭い学力観に基づく限定的な提案しか行ってこなかったことが，学校での学力向上教育を混乱させ停滞させた最大の要因になってしまったことを反省すべきであろう。

　ではさらに分析を深めて，次に，数量化Ⅰ類という重回帰分析の一種である多変量解析の手法を用いて，学びの基礎力に含まれる各領域（カテゴリー）の間で教科学力との関係性の強さの比較分析を行ったものが，図表4－9である。

　この図表の見方は，数値の絶対値の大きさをみるのではなく，各領域（カテゴリー）に割り振られた数値を相互に比較して，教科学力への相関関係の大きさの程度を比べるのである。

　そうすると，小学校では，教科学力との関わりがより強い学びの基礎力の領域として，学習定着の方略，学習継続力，そしてメディア体験（とくに，インターネット活用と読書）が三大要素であることがわかる。そして中学校では，小学校ほど突出した領域はなく，逆にまんべんなくさまざまな学びの基礎力を身につけておくことの大切さを示しているが，そのなかでも自己責任と学習継続力，そして自宅学習習慣や学習動機，学習定着の方略などが他の領域と比較して教科学力との関係性が強いことがわかった。

図表 4-9　教科総合スコアに対する学びの基礎力カテゴリーの影響度

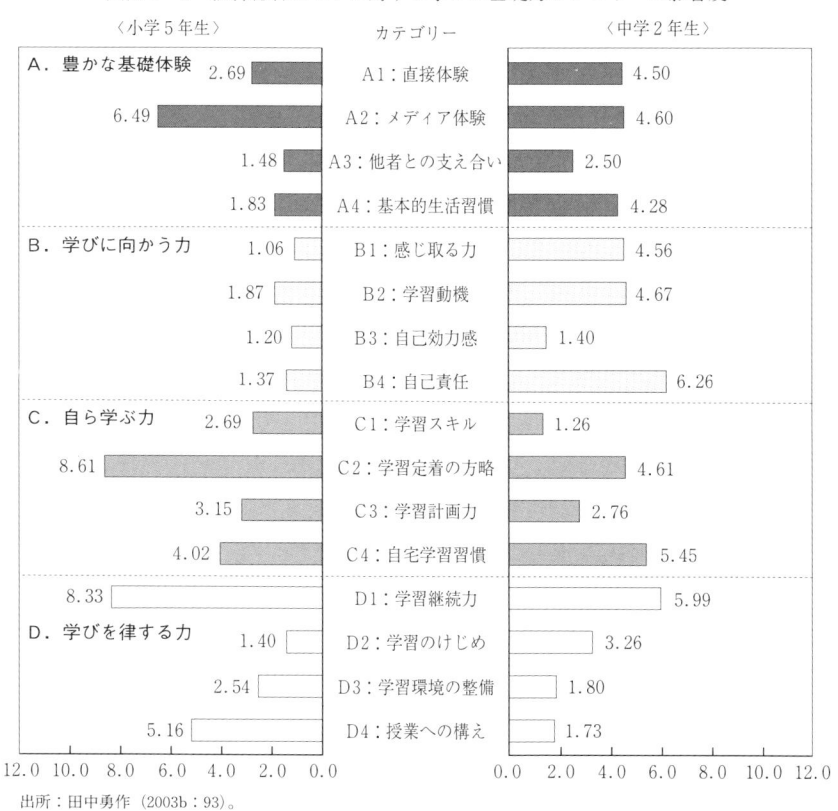

〈小学 5 年生〉　　　カテゴリー　　　〈中学 2 年生〉

領域	小学5年生	カテゴリー	中学2年生
A．豊かな基礎体験	2.69	A1：直接体験	4.50
	6.49	A2：メディア体験	4.60
	1.48	A3：他者との支え合い	2.50
	1.83	A4：基本的生活習慣	4.28
B．学びに向かう力	1.06	B1：感じ取る力	4.56
	1.87	B2：学習動機	4.67
	1.20	B3：自己効力感	1.40
	1.37	B4：自己責任	6.26
C．自ら学ぶ力	2.69	C1：学習スキル	1.26
	8.61	C2：学習定着の方略	4.61
	3.15	C3：学習計画力	2.76
	4.02	C4：自宅学習習慣	5.45
D．学びを律する力	8.33	D1：学習継続力	5.99
	1.40	D2：学習のけじめ	3.26
	2.54	D3：学習環境の整備	1.80
	5.16	D4：授業への構え	1.73

出所：田中勇作（2003b：93）。

　したがって，これからの学力向上の取り組みにおいては，これらの領域に含まれる学びの基礎力をとくに計画的に育てることが大切である。具体的な指導のあり方については，第 3 章と第 5 章を参照していただきたい。

　さらに各領域に含まれるアンケート項目のなかから，この多変量解析の手法を活用して明らかにした教科学力との関係性の強いものをそれぞれ 3 項目ずつ選んで次ページに整理したので，指導の留意事項として活用していただければ幸いである。

　このなかでとくに注意したいのは，「体制化方略」の大切さである。具体的

には，「授業で習ったことはそのまま覚えるのではなく，その理由や考え方もいっしょに理解している」という思考力や判断力を身につける学び方が，教科学力との関係性が強い項目である。つまり，今日の言葉を使えば，PISA型読解力や活用型学力という応用的な教科学力を育てることの大切さが学力調査のデータからもはっきりと示されたことは意義深いことである。

■ 学びの基礎力の領域別にみた教科学力との関係性が強い項目

	小学5年	中学2年
1. 豊かな基礎体験		
	①食習慣	①食習慣
	②家族との支え合い	②教師への信頼
	③インターネットへの接触	③インターネットへの接触
2. 学びに向かう力		
	①達成経験	①失敗を活かす力
	②失敗を活かす力	②学ぶ楽しさ
	③学習の役立ち感	③知的好奇心
3. 自ら学ぶ力		
	①宿題の習慣	①体制化方略（理由）
	②体制化方略（理由）	②復習の習慣
	③学習時間（平日）	③宿題の習慣
4. 学びを律する力		
	①授業への準備	①遂行力
	②遂行力	②積極的な参画
	③積極的な参画	③聞き話す構え（目を見て）

③ 3つの学力を総合的に育てる

以上の学力調査によって得られた知見に基づけば，これからの学校教育は，

教科学力も，社会的実践力も，学びの基礎力もすべてバランスよく豊かに育てる教育が大切であることがわかった。

では次に，教科学力・社会的実践力・学びの基礎力という3つの学力の総合的な関係性について考えてみよう。

（1）異なる力の相乗作用で教科学力は高まる

まず教科学力を伸ばすために必要となる社会的実践力と学びの基礎力についてふり返って考えてみよう。

すでに本章のこれまでの節で指摘したように，教科学力と社会的実践力，そして教科学力と学びの基礎力には正の相関関係がある。つまり，社会的実践力が高い子どもほど教科学力が高く，そして学びの基礎力が高い子どもほど教科学力が高いのである。

これは学力向上の施策を各学校で考えるときに，どのように解釈すればよいのだろうか。

私たちは，「教科学力の向上のためには，社会的実践力と学びの基礎力の育成が必要不可欠である」という結論に至ったのである。いいかえれば，この3つの力をバランスよく関連づけながら育てることが大切であるという最初の私たちの提案を支持する調査結果になったことをうれしく思っている。

いいかえれば，はっきりとした因果関係ではないが，ある1つの力を育てようとすれば，それ以外の2つの力を同時に育てていくことの必要性をデータは示唆している。つまり，異なる力の相乗作用を生み出すことが学力向上のポイントなのである。

しかし日本人は，このようなトライアングル型バランスによる思考は苦手な民族である。逆に，一本気あるいは一途さという用語で表現されるのが日本人気質であり，とりわけわが国の学校教育関係者の性格であるのは間違いない。つまりある1つの原理原則にすがって，世の中の空気が変わって周りから浮いてしまいそうになるまでは，その原理原則で突き進む性質が強いのである。

あるいは，自分に実践する力量が不足している原理原則が出てくると，理由

第 4 章　学力調査の結果からみる総合学力の大切さ

をつけて批判したり，他の原理原則を優先したりすることが多い。これは，論理のすり替えであり，「あれかこれか」の論理である。

　たとえば，中央教育審議会が総合的な学習の時間を提唱すれば子どもの興味と体験を過度に重視した「はい回る経験主義」を十分な反省もなく復活させ，逆にマスコミが学力低下と騒げば処方策として反復プリント学習に走り，そのときにはもう総合的な学習の時間の研究はやめてしまっているというようにである。

　20世紀後半のわが国の政治と経済の弱さは，このような「一国一原理主義」とでも呼べるような精神性に問題があるのであって，教育もその例外ではない。残念ながら，異なる原理や手法をバランスよく組み合わせて，それぞれの長所と短所をうまくかけ合わせて総合力を高めていこうとする姿勢は少ない。

　ただし教師というのは，子どもたちに範を垂れるときには，「勉強とスポーツは両立させよう」とか，「勉強とおうちのお手伝いはどちらも大切にしよう」などといっておいて，学校教育法施行規則に反してまで，なぜ総合的な学習の時間はそろそろやめて教科学習に時間を戻そうとするのか理解に苦しむところである。

　真の意味において，もし子どもの未来に対して誠実に教育的責任を果たそうとすれば，教科学力の低下を防ぐためには，総合的な学習の時間をやめることに唯一の解決策をみつけることにはならないはずである。しっかりとした学力調査や保護者へのアンケート調査，学校評議員への相談などを通して総合的に判断をすれば，学校行事の精選や 2 学期制の導入，朝学習のための帯時間の設定，補充指導の徹底，選択教科カリキュラムの見直し，教科学習と総合的な学習の連携，継続的な学力調査の実施など，総合的な施策のアイデアが出てくるはずである。

「単調な実践はもろく，1 種類の学力しか身につけていない子どもは弱い」，そして逆に「多様なバランスを保つ実践は強く，総合学力を備えている子どもはたくましい」ことに早く多くの教師たちに気づいて欲しいのである。

　私たち総合学力研究会では，このような日本の学校教育の弱点に終止符を打

つために，ここで全国調査の結果に基づいて3つの学力のバランスによる総合学力の育成を提案している。

しかしながら，逆に，この3つの力の間に何の相関関係もないという調査結果になれば，教科学力の向上にとって社会的実践力も学びの基礎力も関係ないということになり，最近の流行のように「反復プリント学習」と「総合的な学習の時間のテスト対策授業による置き換え」だけで学力が向上するという安易な風潮にさおさすようになることを危惧していた。

しかし，今回の調査結果は，社会的実践力と学びの基礎力の高まりが教科学力を支えていることを示している。これは，大変大きな発見であるとともに，最近の反復プリント学習の偏重教育への大きな警鐘となっている。

（2）教科学力は反復プリント学習だけでは伸び悩む

つまり，私たちの警鐘は，「教科学力を伸ばすために，社会的実践力と学びの基礎力の育成を軽視して反復プリント学習に偏重した教育をやっていると，教科学力の伸び悩みがすぐに発生する」というものである。

もちろん反復プリント学習をしっかりやることで，算数や国語の基礎学力についてはある程度の向上が期待できるだろう。また，多くのプリントに満点をもらうことで学習への意欲と自信が生まれてくることも大切なことである。

しかしながら，次の3点において強い警鐘を鳴らしておきたい。

①教科学力における活用型学力は社会的実践力と学びの基礎力が伸ばす

一つ目に，現在学力低下を防ぐために提案されている学習方式はすべて教科の基礎学力の育成に関するもので，応用的な教科学力，つまり，思考力・判断力・表現力の育成についての提案がないことは学力向上施策として不十分である。教員養成大学の教育実習生にでもすぐに実施可能な反復プリント学習だけに，平均年齢が50歳に近いプロ教師集団が傾倒するというのは残念な話である。

そうではなくて，問題解決的な教科学習の実践や，子どもの思考を揺さぶり高める教材の開発，文章問題を共同思考で共同解決する力の育成などのように，教科指導の研究の正道をしっかりと進んでいただきたい。そのときには，教科

学習においても，社会的実践力と学びの基礎力の育成を考慮した教科指導の方法が必要になってくる。

近年，中央教育審議会は，これからの学校教育で育てるべき応用的な学力のことを，活用型学力として，その必要性を唱えるようになってきた。もちろん，このような動きは，日本の子どもたちにおいて，OECDのPISA型読解力が低下していることから生まれていることは間違いない。

ではここで，応用的な教科学力に関する興味深い調査結果が出ているので紹介しよう。

基礎的な学力と応用的な学力という二分法は，厳密に定義することは難しいものである。しかし，今回の全国調査で実施した教科学力のテストでは，およそ，知識をそのまま当てはめれば解ける問題と，自分なりの解法を発見しなければ解けない問題や思考プロセスと自分の意見についての文章表現が必要になる問題とを分けて，前者を基礎・基本問題，後者を応用・発展問題としている。この後者の問題を解ける力が，本調査で考えている教科の応用的な学力である。

ではまず，図表4-10をみて欲しい。このグラフは，小学校5年生を対象とした国語科のテスト結果と，社会的実践力および学びの基礎力の三者間の関係を表したものである。

まずこの分析にあたっては，国語科の基礎・基本問題において100％の通過率（正答率）を示した子どもと，応用・発展問題で100％の通過率（正答率）を示した子どもを抽出した。

そして次に，そうして抽出された子どもたちのなかで，学びの基礎力と社会的実践力がともに全体平均値以上であった子どもたちをグラフの左半分に位置づけ，逆にこの2つの力がともに全体平均値未満であった子どもたちをグラフの右半分に位置づけている（横軸）。ただし，どちらか一方が〇でもう一方は×の子どもは，このグラフからは除いてある。

さらに，このグラフのなかの点線は，応用・発展問題について100％の通過率を示した子どもたちを表している。一方の実線は，基礎・基本問題について100％の通過率を示した子どもたちを表している。そしてグラフのなかの数字

図表 4-10　教科学力・社会的実践力・学びの基礎力の三者間の関係

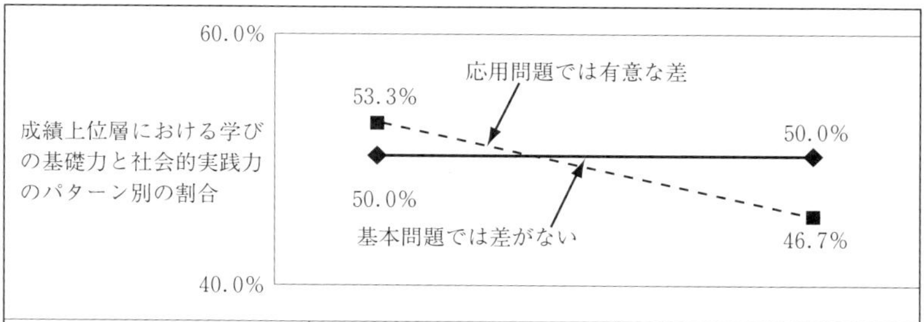

成績上位層における学びの基礎力と社会的実践力のパターン別の割合	53.3%　応用問題では有意な差　50.0%　50.0%　基本問題では差がない　46.7%	
学びの基礎力	○	×
社会的実践力	○	×

出所：田中博之（2003：122）。

（縦軸）は，抽出された子どもたちのなかに占める「○○」パターンの子どもたちと，「××」パターンの子どもたちの人数の割合である。もちろん合計は，100％になる。

このような手順で分析してみると，基礎・基本問題については，「○○」パターンの子どもと「××」パターンの子どもが全く同数（同率）であることから，学びの基礎力と社会的実践力の得点は教科学力に関係していないのに対して，応用・発展問題については，学びの基礎力と社会的実践力がともに平均以上の子どもたちの方が両者ともに平均未満の子どもたちよりも人数（比率で6.6％の差）が多くなっていることから，学びの基礎力と社会的実践力が高い子どもの方が，応用・発展問題において高得点をとる可能性が高いことがわかる。

つまり，教科学力，社会的実践力，そして学びの基礎力の三者間には正の相関関係があることがわかった。

ただし，6.6％という数字は，平均的なクラスサイズでいえば，2人程度の差にすぎない。しかし私たちは，この差が，これから学力の学校間格差の拡大に伴って，そして総合的な学習の時間と総合的な学力向上施策の積極的実施校とそうでない学校での二極化現象に伴って，さらに広がるのではないかと予想している。

つまり，総合学力を育てるための総合的な学力向上施策を実施している学校

第 **4** 章　学力調査の結果からみる総合学力の大切さ

図表 4 - 11　学びの基礎力と教科学力の「応用・発展レベル」の伸び代との関係

小 5 生における上位 5 項目

中 2 生における上位 5 項目

設問番号	タイトル	設問	差異の平均	設問番号	タイトル	設問	差異の平均
問1⑧	インターネットへの接触	インターネットを使って何かを調べる。	4.2	問8⑪	体制化方略	授業で習ったことはそのまま覚えるのではなく、その理由や考え方もいっしょに理解している。	5.7
問9②	学習時間	学校の授業以外に 1 日にどれくらい勉強するか（土・日・休み）	4.2	問1⑧	インターネットへの接触	インターネットを使って何かを調べる。	5.5
問3⑪	達成経験	ものごとをやりとげたときのよろこびを味わったことがある。	4.1	問6②	失敗を活かす力	勉強で同じまちがいをくり返さないように気をつけている。	5.1
問8⑪	体制化方略	授業で習ったことはそのまま覚えるのではなく、その理由や考え方もいっしょに理解している。	3.8	問3④	教師への信頼	学校の先生は、自分のことをみとめてくれていると思う。	4.7
問2	読書	この 1 ヶ月間に読んだ本の数	3.5	問7③	遂行力	わからないことはそのままにせず、わかるまでがんばっている。	4.5

注　「差異の平均」とは、小 5 生では国・算各教科について、肯定群と否定群の応用・発展問題のスコアの差（肯定群－否定群）を算出し、それを平均した値を示す。中 2 生では国・数・英 3 教科での平均を示す。したがって、数値が大きいほど、その項目が応用・発展レベルの伸び代として影響度が高くなる。
出所：田中博之（2003：123）。

とそうでない学校との間で、教科学力の格差が生まれはじめるだろうと考えている。しかもその差は、教科の応用的な学力において生じるのである。

この結果に基づいて、私たちは反復プリント学習を重視するのではなく、これからは 3 つの力の関連的な育成が大切であるという結論に達した。

もう 1 つのデータを紹介しておきたい（図表 4 -11）。これは、3 つの力の三者間関係をみたものではないが、応用的な教科学力は学びの基礎力と強い関係にあることを示すものである。

この分析をするにあたって、まず、今回の学力調査を受検した小学校 5 年生と中学校 2 年生の子どもたちのなかから、教科テストの基礎・基本問題で100％の通過率を示した子ども、つまり基礎・基本問題はしっかりと解ける子どもたちを抽出した。

次に、小学校 5 年生では国語と算数のテストのなかで応用・発展問題の通過

率の2教科間平均値を,そして中学校2年生では,国語と数学,そして英語のテストのなかで応用・発展問題の通過率の3教科間平均値を求めた。

さらに,抽出した子どもたちを,学びの基礎力のそれぞれの項目への回答の肯定群(とてもあてはまる・まああてはまる)と否定群(あまりあてはまらない・まったくあてはまらない)に分けて,先ほど算出した応用的な教科学力の通過率の平均値の差を比べたものが図表4-11になっている。

この表のなかで,白抜きの項目(設問)は,2つの学年ともに共通の項目であり,逆に網掛けの項目はそれぞれの学年に固有の項目である。そして,平均値の差の大きい順に,学びの基礎力の項目を上位5位まで整理している。

この結果からわかることは,基礎・基本の教科学力のレベルは同じ子ども同士でも,学びの基礎力が高い子どもの方が,応用的な教科学力が高いということである。この現象を,総合学力研究会は「学力の伸び代」と呼んでいる。

さらに,学びの基礎力のなかでもどのような力が,応用的な教科学力に影響しているのかについてみてみると,興味深い結果が出ている。

一つ目の興味深い結果は,小学生と中学生に共通して,応用的な教科学力と関係がある学びの基礎力の項目は,「インターネットを使って何かを調べる(インターネットへの接触)」と「授業で習ったことはそのまま覚えるのではなく,その理由や考え方もいっしょに理解している(体制化方略)」という2つである。つまり,応用的な教科学力の向上には,反復学習やプリント学習よりも「インターネット活用」と「深く考える学習」が有効であることがわかった。ただし,インターネットの活用は,たんにマウスをクリックしているだけで教科学力が向上するはずはないので,学校での授業研究の発展レベルや家庭教育のレベルの高さを示しているのであろう。

二つ目の興味深い結果は,小学生においては,「学校外での学習時間」と「読書量」という伝統的な学習方式がかなり強く応用的な教科学力の伸びと関係しているが,中学生では「失敗を活かす力」と「わかるまで頑張る遂行力」といった自学自習の主体性がかなり強く応用的な教科学力の伸びと関係していることがわかった。このことから,子どもの発達段階に応じた指導・支援のあ

り方のポイントがみえてきた。

そして三つ目の興味深い結果は，中学生においては，「教師への信頼」が応用的な教科学力の伸びに影響していることである。

このような結果から，応用的な教科学力を向上させるための多くのヒントを取り出すことができた。

②学力上位の子どもと学力低位の子どもに応じた個別指導が大切

最近の学力向上のあり方に対する二つ目の警鐘は，学力上位の子どもと学力低位の子どもへのきめ細かい配慮がないことである。

つまり，教科学力上位の子どもは，単純な反復プリント学習の増加には学ぶ意欲を見出せないだけでなく，それはより発展的な課題へのチャレンジを妨げてしまうことになる。逆に，教科学力低位の子どもたちは，すでに検討したように社会的実践力と学びの基礎力が不足しているために学力が向上しないという課題をもっていることが多いのである。それにもかかわらず，社会的実践力と学びの基礎力（一部反復学習を除く）を育ててもらえずに，ただ反復プリント学習ばかりやっていては学習意欲が低下するばかりか，教科学力も伸びなくなってしまう。

さらに，教科学力が低位の子どもたちのなかには，今，総合的な学習の時間でのさまざまな問題解決的な体験学習を通して，共生力や自己表現力，勇気，思いやり，そして自信などを身につけはじめている子どもが増えている。そのような子どもたちの教科学習の姿について数人の担任の教師にインタビューしてみると，すぐにペーパーテストの成績には反映していないが，挙手の回数が増えたり，友だちとの共同解決に進んで取り組んだりという学習への積極性において改善がみえはじめていることがわかっている。

このようにして，社会的実践力と学びの基礎力というもう１つの登山口から教科学習の頂上をめざしている子どもたちに対する支援策が，今日の学力低下論争のなかから提起されないことは本当に残念なことである。

③社会的実践力と学びの基礎力の学校間格差がますます広がる

三つ目の警鐘は，この５年ほどで，総合学力モデルに含まれる３つの学力の

学校間格差がもっと広がり，教科学力が全国平均よりも高い学校は，社会的実践力と学びの基礎力でも高い成果を出しているだろうと予測できることである。
　今回のこの学力調査は，まだ新しい教育課程が実施されて１年ほどで行われたものである。したがって，まだ，「社会的実践力と学びの基礎力の学校間格差」は大きくなっていないはずである。しかし，５年ほどたつと，総合的な学習の時間での問題解決的な学習をしっかりと実施してきた学校や，本研究会が提案するような総合的な学力向上施策を計画的に実施した学校では，社会的実践力と学びの基礎力をしっかりと高めることで，それに支えられて教科学力も向上していることが十分予想できるからである。
　その根拠は，２つある。一つ目は，現時点では３つの学力の間の正の相関関係はまだ弱いが，今後新教育課程の実施に伴って社会的実践力と学びの基礎力の学校間格差が広がれば，より三者間の相関が強まることが予想されるからである。そして二つ目の根拠は，今後ますます私たち総合学力研究会の提案に学んだ学校が総合的な学力向上施策を実施して教科学力を向上させることが予想されるからである。すでに京都市立御所南小学校や堺市立浜寺小学校のように，教科学力が全国平均を大きく上回りながら，総合的な学習の時間の実践も豊かで，子どもたちの社会的実践力と学びの基礎力もともに高いという学校が生まれはじめている。
　この３つの警鐘の意味を深く理解することができれば，教科学力の向上１つをとってみても，反復プリント学習に傾倒したり，総合的な学習の時間をなくしたりしてしまうことの無意味さが理解できるだろう。やはり，学力向上施策は総合的かつ計画的であるべきことと，これからの教育目標は，「豊かな学力の確かな育成」でなければならないことを，今回の調査結果からしっかりと実証することができた。ぜひ１つでも多くの学校に，私たち総合学力研究会が提案する方向に沿って，総合学力の向上のための学校づくりをめざして欲しいと願っている。
　そのことを調査結果から再度明確に示すために，今回の総合学力研究会が行った全国調査により明らかになった知見として，教科学力と強い相関関係に

第 **4** 章 学力調査の結果からみる総合学力の大切さ

図表4-12 教科学力上位層の児童生徒における特徴的プロフィール

「社会的実践力」に関して
　(1)筋道を立てて物事を考え，自分なりの意見を持っている。(中2生では課題設定力も高い)
　(2)調べたことや考えたことを適切な手段で表現している。
　(3)社会に対する関心が高く，自分なりの貢献の在り方を考えている。
　(4)新しいアイデアを考えたり，難しいことにも挑戦する創造性・積極性を持っている。
　(5)自分の力を伸ばしたいという意志と目標を持っている。
「学びの基礎力」に関して
　(6)新聞やインターネット，書物といった様々なメディアに親しんでいる。
　(7)家族との良好な信頼関係ができている。(中2生では教師や友人との信頼関係も良好)
　(8)しっかりと朝食を摂るようにしている。(中2生では朝食を含め生活習慣全般で良好)
　(9)学習の楽しさやおもしろさを感じている。(中2生では知的好奇心や感性もより豊か)
　(10)学習の役立ちや大切さを積極的に認めている。
　(11)物事をやり遂げた経験や喜びを味わっている。
　(12)繰り返しだけでなく，関連させて覚えるという方略も取り入れている。
　(13)学習の計画やめあてを持って取り組んでいる。
　(14)家庭での学習時間を確保し，宿題をきちんとやっている。
　(15)分からない事はそのままにせず，分かるまでがんばっている。
　(16)けじめをつけて，勉強に集中して取り組んでいる。
　(17)学校の授業を大切にしている。

注　なお，中2生では，上記の(　)の内容とともに，「社会的実践力」においては「自己の適性や進路についてしっかりと理解し，考えている」，「学びの基礎力」においては「学習成績の良し悪しを自分の努力の結果と考えて努力している」という特徴がみられ，小5生ではみられなかった「発達段階」上の特性に関わる特徴が加わってくることを付記しておきたい。
出所：田中勇作（2003a：117）。

ある社会的実践力の項目と学びの基礎力の項目とを整理して提案しておきたい（図表4-12）。このような豊かな学力をもつ子どもを育てることこそが，21世紀の学校教育の役割である。

（3）努力のないところに単純な因果関係は保障しない

ただし，この調査結果を解釈するにあたっては，次の点で慎重な検討が必要である。

それは，社会的実践力と学びの基礎力が高まれば，それだけで教科学力が向上するわけではないということである。つまり，今回の学力調査では，3つの力の相関関係をみているだけであって，その間の因果関係を立証してはいない

ことに注意して欲しい。

　常識的に考えても，これについては理解できるだろう。つまり，教科学習をおろそかにして十分な教科の勉強もしないで，生活習慣をしっかりとしてボランティア活動に取り組めば，それだけで教科の成績があがるということはない。社会的実践力と教科学力，そして学びの基礎力と教科学力には相関関係はあっても，因果関係まではまだ証明されていないからである。

　ただし，教科学習をしっかりとやっていれば，その条件の下で，総合的な学習に取り組んで社会的実践力を身につけて，さらに家庭学習と学校学習の基本的な習慣を見直すことで，より一層教科学力を高めることができるということは，十分に期待できることを今回の調査結果は示している。

　たとえば，社会的実践力と教科学力の関係についていえば，将来の進路や仕事に夢をもっていると教科学習にも意義や役立ち感を感じて意欲的に取り組める。自ら情報を収集して主体的に考える力があると，自分で家庭での教科の自学自習を進められるようになる。ボランティア活動をしてお年寄りや障害者に喜ばれると生活に潤いと張り合いが出てきて勉強にも熱が入るようになる。このようなことは，日常的に子どもたちや受験生からよく聞かされることである。

　一方，学びの基礎力と教科学力の関わりについていえば，負の面から考えてみるだけでも日常的な観察結果と符合していることは多いだろう。たとえば，生活習慣が乱れている子どもは，なかなか教科学習に取り組む段階にたどり着けない。生活経験の少ない子どもは，理科や社会科での話し合いや実験・観察活動において自分の意見や仮説を出しにくい。さらに，他者との支え合いや自己効力感の低い子どもは，教科学習に取り組む姿勢も高まらないことが経験的に知られている。逆にこのような力や習慣・態度が改善されてはじめて，教科学習に真剣に取り組める前提条件が整うことになるのである。

　今回の調査結果は，このような経験知を全国の4,000名近くの子どもたちからのデータによって実証的に明らかにしたことに大きな価値があるといえる。

　その意味でも，この3つの力はともに高めていかなければならないことがわかるだろう。

第4章　学力調査の結果からみる総合学力の大切さ

（4）21世紀の社会的平等は3つの力をバランスよく育てること

　さらなる注意点は，データから現状を固定的にとらえて，教科学力が低い子どもたちが社会的実践力と学びの基礎力においても低い自己評価結果になっていることを過剰に問題視しないことである。これは，とくにこれからのわが国の教育改革を考えるうえで，重要なポイントなのでしっかりと考えておきたい。

　確かに調査結果をそのまま固定的にとらえると，「勉強ができる子は何でもできて，勉強ができない子は社会的実践力も学びの基礎力もついていない」というようにデータを否定的・批判的に読むことは可能であるし，実際の子どもたちの学力実態はそのような解釈を残念ながら認めざるを得ない状況にあることも確かである。

　しかしながら，そのような現状を憂えているだけではなくて，そこからの解決策や改善策をどのようにとらえていくかで，これからの教育改革の方向性がまったく異なってくることに注意したい。

　よくみられる解決策の提案は，とくにわが国ではある複数の教育社会学者から出される総合的な学習の時間に対する反対論である。つまり，教科学力の低い子どもたちは多くの場合に家庭の社会経済的な地位の低さを反映しているために，社会的実践力についてさらに一層の社会格差を広げる恐れのある総合的な学習の時間をやめようとする論である。

　一方，それに対する解決策を提案するのが，私たち総合学力研究会の総合学力モデルの考え方である。私たちは，総合的な学習の時間をなくす方が社会的実践力の社会格差を広げると予測する。そして，社会的実践力を育てられない学校に行かざるを得なかった子どもたちは，社会的実践力の育ちと関係がある教科学力も学びの基礎力も公教育として責任をもって十分に育ててもらえずに，21世紀社会に投げ出されてしまうことの方が問題であると考えている。

　なぜ，総合的な学習の時間をやめる方が，社会的実践力の社会格差を広げてしまうかというと，それには2つの根拠を考えている。

　一つ目は，これからの21世紀社会は学校だけでなく地域でも会社でも，OECDが提案したキー・コンピテンシーと同様の能力である社会的実践力の

育成と伸長を求めているからである。いいかえれば，社会的実践力こそが21世紀型の基礎学力になるといってよい。そのような社会では，総合的な学習の時間をやめて社会的実践力を育てないようにしたとしても，学校では新しい行事や教科の問題解決的な学習，そして新教科（表現科・英語科・情報科・福祉科など）が生まれてくる。地域社会でも，国際交流活動，ボランティア活動，そしてコンピュータネットワークの活用がより一層活発に行われるようになる。もちろん，企業では，社会的実践力と学びの基礎力は採用基準のみならず，昇進・昇給の基準になっていることに加えて，最近の企業内教育はほとんどこの社会的実践力に関係した能力開発に重点を置いていることは自明のことである。

　したがって，このような状況において，学校教育が公教育の責任として，社会経済的地位の低い家庭の子どもたちに，社会的実践力や学びの基礎力の芽をしっかりと育てないと，学校のなかや受験勉強の過程では気づきにくくても，徐々にその個人間・学校間格差は広がり，いったん実社会に出たとたんに，とてつもなく大きな格差と不利益をもたらすようになることに注意を喚起したいのである。

　もう1つの根拠は，今日では，社会的実践力と学びの基礎力は，残念ながらわが国の学校教育の伝統によって，総合的な学習の時間という特設枠を設定することなくしては育てられない状況にあるからである。確かに，新しい学習指導要領においては，社会的実践力と共通性の高い「生きる力」は学校教育全体を通して育てるべき最終目標として位置づけられているが，実際には，教科学習はこれまでにそのような役割を担っていないなかで，急に教科学習にその責任を負わせることは困難である。したがって，21世紀型の新教科が生まれるまでは，または，今後予想される大規模な教員の世代交代と教員養成課程の大改革が行われるまでは，特設枠を設定して，公教育として社会的実践力と学びの基礎力の最低限度の保障をしなければ，特色ある学校づくりの一環として教科学習や学校行事の改革で社会的実践力と学びの基礎力をしっかりと計画的に育てられる学校と，そのような新しい教育の潮流に無関心で，これまで通りの「知識・理解」の観点に関わる教科の基礎学力の育成とクラブ活動や運動会と

図工展・音楽会に重点を置いているだけの学校との間で，子どもたちの3つの力の格差はますます広がるであろう。

したがって本質は，総合的な学習の時間というカリキュラム枠にあるのではない。学校教育で，どのようにして社会的実践力と学びの基礎力を，教科学力とのバランスにおいてしっかりと育てるかということが，21世紀の学校教育に問われているのであって，目先の現象にだけとらわれて，ただ総合的な学習の時間をやめてしまえばすむというような無責任な教育論には重ねて強い警鐘を鳴らしておきたいと思う。

このような意味において，私たちは，公教育でこそしっかりと3つの力をバランスよく育てることで，すべての子どもたちが21世紀で自己実現する力を保障することが教育における社会的公正と社会的正義であると考えているのである。逆に，一つ目にあげた教育社会学者たちの主張に従う学校に通って，社会経済的地位の低い家庭の子どもたちが21世紀社会を生き抜く3つの力を育ててもらえないことが，あるいは，21世紀社会を生き抜く力として教科の基礎学力しか与えてもらえないことがとても心配である。

さて，どちらの教育論が本当に子どもたちの未来を考えているのかを，ぜひ考えていただきたいものである。私たちは，総合的な学習の時間から逃げることによって教育における社会的不平等を解決することは決してできないと考えている。その逆に，総合的な学習の時間において，すべての子どもたちに社会的実践力と学びの基礎力，そして両者の共通目標である子どもたちの自尊感情を高めることで社会的不平等を解消することがこれからは大切であることを，これからも機会を変えて子どもたちのために主張し続けたいと思う。

なぜなら，これからの教育における社会的平等とは，教科学力，社会的実践力，そして学びの基礎力という3つの力を一人ひとりの個性と個人差において最大限に伸ばすための教育をすべての子どもたちに与えることだからである。

④　活用型学習としての教科発展型総合学習

　教科学力，社会的実践力，そして学びの基礎力という3つの力をバランスよく総合的に育てるために効果的な1つの方法は，「教科発展型総合学習」を実践することである。

　教科発展型総合学習とは，ある1つの教科の学習内容を出発点として，そこから問題解決的な学習へと展開し，さらに1つの教科を超えた総合的な内容や複数の教科の内容を組み合わせた学習のことである。

　たとえば，小学校4年生理科の電池の学習から発展して，総合的な学習の時間では，手作りソーラーカー大会をひらく実践がある。ソーラーカー大会では，造形表現力を活かした個性的なデザインの車を作ったり，大会の企画運営を子どもたちが主体的に行ったり，さらに大学の工学部の学生が制作したソーラーカーをみせてもらってインタビューをするなどの多様な活動を行うのである。

　このような実践では，多様な社会的実践力（企画実践力，協調性，勇気，創造的態度，トラブル解決能力など）と学びの基礎力（他者との支え合い，知的好奇心，失敗を活かす力など）が育つとともに，教科学力も子どもたちの意欲的な体験学習を通して一層伸長することが期待される。

　この他にも，小学校6年生国語科の伝記を読んで説明文の読解学習を行った後に，教科書で取りあげられた偉人以外の伝記を調べて発表会をしたり，さらに地域の名人を調べてインタビューや発表会を開いたり，そして最後に自分の伝記として自叙伝を書いて卒業式で保護者に手渡すところまでを，総合的な学習の時間に行う実践がある。

　発想豊かな単元開発によって，これからさまざまな教科発展型総合学習が生まれてくるだろう。

　この新しい学習方式が，これまでの教科学習における問題解決的な学習と異なるところは，まず一つ目に，発展学習の段階で，造形表現や演劇表現などのような表現活動をより豊かに組み合わせたり，理科の実験に算数の計測活動を

組み合わせたりというようにして、1つの教科を超えた総合的な学習内容を含んでいることである。

　二つ目に、確かに、問題解決的な合科学習には似ているが、総合的な学習の時間を使うことで、発展学習の段階がよりダイナミックになっているところが大きな違いである。たとえば、フェスティバル形式の活動や地域の人材とのティームティーチング、地域でのフィールド調査活動、そして多様な発表活動というように、多くの時間数を必要とする大規模な活動が入ってくる。

　このような理由から、教科発展型総合学習は、たんに総合的な学習の時間をなくして授業時数を教科学習に戻せばすぐにでも多くの学校で推進されるようなものではなく、教師の豊かな構想力と実践力に基づいて教科学習と総合的な学習とをダイナミックに連携させることによってはじめて可能になる学習方式である。

　したがって、教科学力の低下がもし心配であれば、反復プリント学習は本来の教科学習に割り当てられた時間か、あるいは、帯時間でとった朝学習の時間で実施すべきであって、総合的な学習の時間にどうしても教科学習の内容の定着を図りたいときには、問題解決的な体験学習を通すべきである。そのときに、この教科発展型総合学習の方式は効果を発揮するだろう。

⑤ 教師の研修と力量形成の視点として

　最後に提案しておきたいのは、教科学力、社会的実践力、そして学びの基礎力という3つの力によって成り立つ子どもの総合学力を育てることを、これからの教師の研修と力量形成の視点に組み込んで欲しいということである。具体的には、次のような研修課題が設定できるだろう。

(1) 総合学力の基本モデルと3つの力の関係について理解を深める。
(2) 学力診断や学力調査のあり方とその活かし方について理解を深める。
(3) 社会的実践力と学びの基礎力について評価規準を作成する力量を身につける。

(4) 教科発展型総合学習の単元開発を行う力量を身につける。
(5) 教科学習の評価規準を総合的な学習の単元に位置づける力量を身につける。
(6) 総合学力を育てる総合的な学力向上施策について理解を深める。
(7) 学力プロフィールに基づいて学力向上プランを計画する力量を身につける。

このような研修をしっかりと受講して，その成果を自校の実践に活かすことができれば，もはや，総合的な学習の時間をやめようとか，教科学習の時間を増やせばそれでよいとか，教科書を厚くすればそれでよいといった無責任な教育論は影を潜めることになるだろう。最近の「学力低下キャンペーン」の最大の問題は，このような教師の研修理論や職能成長論をまったく提案していないことにある。

あくまでも，これからの学校づくりにおいては，子どもたちが21世紀社会で自己実現する姿を描いて，豊かな学力を確かに育てるための総合的な学力向上施策が必要である。そのことを，「学力向上のための基本調査2003」は，実証的に示してくれた。各学校でもこの方向にそって，子どもの未来を創り出していただければ幸いである。

* この章で用いたデータや児童生徒の特徴的プロフィールについての資料は，共同研究者である田中勇作氏の以下の論文に依っている。記して感謝したい。なお下記の論文では，社会的実践力という用語に生きる力という用語を充てているが，内容的な差異はない。最新のデータと分析結果については，参考文献の田中他（2005；2007）を参照のこと。
• 田中勇作「『教科学力』と『生きる力』の関係」田中博之・木原俊行監修『豊かな学力の確かな育成に向けて』ベネッセ教育総研，2003年a，103-119ページ。
• 田中勇作「『教科学力』と『学びの基礎力』の関係」田中博之・木原俊行監修『豊かな学力の確かな育成に向けて』ベネッセ教育総研，2003年b，84-102ページ。

引用・参考文献

田中博之・木原俊行監修『豊かな学力の確かな育成に向けて』ベネッセ教育総研，2003年。

田中博之「教科学力・生きる力・学びの基礎力の三者間の相互関係を考える」田中博之・木原俊行監修『豊かな学力の確かな育成に向けて』ベネッセ教育総研，2003年。

田中博之・木原俊行・大野裕己監修『総合教育力の向上が子どもの学力を伸ばす』ベネッセ教育総研，2005年。

田中博之・木原俊行・大野裕己監修『「読解力」を育てる総合教育力の向上にむけて』ベネッセ教育研究開発センター，2007年。

田中博之『フィンランド・メソッドの学力革命』明治図書，2008年。

第5章

教師・校長・保護者の連携による総合教育力の向上

　これまでの章では，子どもの総合学力のモデルと学力調査から得られたその実態について考えてきた。そして，そこからこれからの学力向上の取り組みにおいては，バランスのとれた豊かな教育が必要であることを提案した。

　そこでこの章では，その豊かなバランスのとれた教育のあり方を具体的に探ることがねらいである。

　そのために，ここでは新たに，子どもに身につけさせるべき総合学力に対応して，大人の「総合教育力」という考え方を提案したい。これは，学校の教師，校長，そして家庭の保護者の三者が連携して，子どもの総合学力を育てるために必要となる豊かなバランスのとれた教育力のことである。

　そこで，その理論的なモデルと総合教育力の具体的な項目を提案し，さらに，それを用いた学力調査の結果から明らかになったこれからの教育のあり方についてポイント整理を行いたい。

① 総合学力を高める総合教育力の構想と特色

　子どもの学力を育てるのは，間違いなく，学校の教育力と家庭の教育力である。両者が連携しながら子どもの学力向上に組織的かつ継続的に取り組むときに，子どもの教科学力も，社会的実践力も，そして学びの基礎力も最大限に伸びるのである。

　このような子どもに育てたい3つの学力の大切さを明らかにするために，私

たち総合学力研究会では，2003年に，子どもの豊かな学力を構想した総合学力モデルを提案し，その実態と学力向上に向けての指針を提供した。結論的には，子どもの学力を狭くとらえることなく，教科学力・社会的実践力・学びの基礎力という3つの学力を総合的に育てることが大切であることを，全国調査の結果を基にして実証的に証明することができた。

それを受けて2004年度の調査では，子どもの総合学力を育てる学校と家庭の教育力のあり方を検討することにした。つまり，子どもの学力向上に効果的な教師の指導法や校長のリーダーシップ（学校の組織経営力），そして家庭での教育のあり方の望ましい姿について，全国調査のデータから明らかにすることをねらいとしたのである。

そこで新たに，「総合教育力」という考え方を提案することにした。総合教育力とは，学校の教師，校長，そして保護者が連携して発揮する総合的な教育力である。さらにそこには，子どもの自己教育力を育てることを前提にした大人からの教育的な働きかけの要素も含まれている。

このような三者による学力向上のための総合的な教育力を構想することによって，子どもの総合学力の向上に効果的な学校づくりと教育のあり方を全国調査の結果をしっかりとふまえて実証的に明らかにして，これからのバランスのとれた教育改革と授業改善の道筋をしっかりと説得力ある形で提案したいと考えている。

私たちが実施した学力調査の結論としては，学校と家庭の総合教育力と子どもの総合学力には強い相関関係があり，子どもの総合学力の向上には，学校と家庭の総合教育力の向上が必要不可欠であることが明らかになった。いいかえれば，最近の低学力論からの提案や実践のように，学校での少人数指導や習熟度別指導に偏りすぎることなく，あるいは，ゆとりのない基礎・基本の反復くり返し指導に限定することなく，学校と家庭が連携して豊かなパートナーシップを発揮し，子どもの総合的な学力向上のための豊かな教育実践を組織的かつ継続的に実行することが大切なのである。

（1）総合教育力モデルによる豊かな教育の実施（総合性の保障）

　子どもの学力向上は，学校と家庭の教育力が責任を負うべきものである。つまり，学校の経営責任を負う校長と，各教科・道徳・特活・総合的な学習の時間の指導に責任を負う教師，そして子どもを保護し育てる責任を負う家庭の保護者がそれぞれ連携して，子どもの学力向上に組織的かつ継続的に取り組むときに，子どもの総合学力は最大限に伸びるのである。

　いいかえれば，私たち総合学力研究会の基本的なコンセプトは，「子どもの学力が総合的であるとともに，学校と家庭の教育力も総合的でなければならない」というものである。

　その逆に，想定する子どもの学力を教科の知識・理解に限定したり，あるいは，実施する学力向上の施策を学校での基礎・基本の定着のための少人数指導と習熟度別指導に限定したりすることは，結果的に，あるいは中長期的に，子どもの総合学力を育てることにはつながらないというのが，私たちの結論である。

　しかし大変残念なことに，マスコミの論調や一部の誠意のない大学研究者，そして，1つのメソッドだけを強調する学校や教師が提案する学力向上のための教育方法は，私たちが提案する学力の総合性ばかりか，子どもの学力向上のために必要不可欠な教育方法の総合性さえもおろそかにしている。さらに，そこでは，学校と家庭が連携して組織として学力向上に取り組む必要性も，あるいは学校が学力向上の中期計画に基づいて授業改善を継続していく必要性も，さらに子どもの総合学力を育てるために必要な教師の不断の専門的力量形成のあり方についても，ほとんど提案されていないのである。

　このような状態を一言でいい表せば，まさに「間違いだらけの学力向上」である。

　このままでは，本当に日本の子どもたちの学力が危ない。そして，学校と家庭の教育力も危ない。そうした偏った学力モデルと安易な教育力モデルによる教育実践では，1，2年はどうにか「詰め込み教育」の効果によって知識の量を問うペーパーテストの成果を短期的にあげることはできるだろうが，私たち

が求める3年以上にわたる中期的な総合学力の向上を生み出すことは決してできないだろう。

　さらにいえば，OECDによる国際学力調査が，「リテラシー」という「新しい状況に対応して知識を応用し，考え，問題を解決し，その結果を表現する力」を測定することをねらいとして学力評価のものさしを変えたというのに，わが国の学力向上の主張や実践が，上記のような基礎的な教科の知識の反復による習得をねらいとする状況では，もう滑稽としかいいようがないのである。

　もしOECDの国際学力調査でトップになることをめざすならば，学力評価のものさしが変わった以上，その手段は，学力低下論者たちのものでは決してなく，私たち総合学力研究会が提案する「総合教育力の向上による子どもの総合学力の育成」にしかないことを，本書の理論モデルとそこから得られた学力調査のデータをもとにして証明したい。

　わが国のすべての子どもたちの総合学力の向上を誠実に願う教師や保護者の皆さんには，ぜひこの「総合学力・総合教育力モデル」から多くのことを学んで，日々の教育実践に活かしてくださることを心から願っている。

　では，以上の問題意識を整理しながら，私たちが2004年に取り組んだ学力調査のねらいについて提案することにしたい。なお，その後の継続研究として，2006年調査と2008年調査があるので，合わせて参照していただければ幸いである（田中他，2007b；2008）。

　私たち総合学力研究会では，2004年度の研究目的を「子どもの総合学力を育てる学校と家庭の総合教育力のモデル化とその実態分析」とし，「総合教育力の向上」をキーワードとして全国調査を展開した。

　子どもの総合学力を育てる総合教育力には，「教師の指導力」「学校（校長）の経営力」「家庭の教育力」という三者の教育力が総合的に含まれている。つまり，教師と家庭の保護者，そして学校の管理職が力を合わせて，子どもの学力向上に取り組むべきことを示している。いいかえれば，これからの学力向上を考えるとき，教師だけで取り組むのでは効果が十分にあがらないことを提起したいのである。逆に，家庭だけが頑張っても，校長一人が頑張っても効果が

第 5 章　教師・校長・保護者の連携による総合教育力の向上

あがらない。できる限り多くの立場にいる大人たちが，子どもの自己教育力を育てることをねらいとして，学力向上を必要とする子どもとの多様な教育的関わりをバランスよくもつことが，何よりも大切なのである。そのために，教師，家庭，学校（校長）の教育力が，それぞれに総合的な手だてを実践すべきであることを示している。ここではそれぞれの教育力が含みもつ学力向上のための教育的手法の観点を整理してみてみよう。

　図表5−1では，子どもの学力向上に効果的であると経験的に思われる教育手法を整理して書き出している。その際に心がけたのは，多様性とバランスである。つまり，ある1つのメソッドを過度に強調することもないし，また，1つの手法を強調して異なる考えに基づく手法を軽視することもしていない。子どもの総合学力の育成を意図していることに合わせて，大人の教育力にもまた多様な手法をバランスよく配列して，総合的な教育力のリスト化を試みたのである。

　その結果，必ずしもこの表では，これまでの実践的な教育研究の成果からみて，とくに新しい手法を開発しているわけではない。

　しかし，だからこそ，この総合教育力モデルを通して，これからの大人の教育力の向上に必要不可欠な「多様性とバランスの保障」を，これまでの教育研究にはなかった新しい効果的な原理として提案したいのである。

　とくに，教師の指導力の向上を図るうえでは，こうした教育力の総合性に留意することが最も大切であるといってよい。つまり，子どもの総合学力に含まれるそれぞれの下位領域の力に対応して，子どもへの指導と支援のあり方を考えるためには，基礎的な知識や技能の定着を図る「プログラム的指導」も大切であるし，逆に，思考力・判断力・表現力といった活用型学力を育てるためには「プロジェクト的指導」を行わなければならない。さらに，その土台となる子どもの学び方への指導や教師の自己研修のあり方，教科やガイダンスのあり方の工夫など，多様な手だてを実施することが大切になる。こうした教師の指導力の多様性が，さらに子どもの社会的実践力や学びの基礎力を育てる手だてになっていく。

図表5-1 総合教育力に含まれる多様な教育手法の観点

教 師 の 指 導 力			
領域1	授業の土台づくり	学習の土台づくり	基礎体験の充実，人間力の育成，学び合う集団形成，学習習慣の形成，学習の構え・けじめの形成
		指導の土台づくり	教材研究・単元計画の精錬，板書・発問・提示の工夫，学習環境の整備，教育へのコミット，教師間の連携
領域2	学習指導の方法	プロジェクト的指導	体験・作業，課題探究，表現・表出，交流・協業，総合的な学習との関連
		プログラム的指導	少人数指導，習熟度別指導，発展的内容指導，課外での指導，学年を超えた計算や漢字の定着
領域3	学習の方向づけ	学習ガイダンス	学習の見通し付け，学び方の指導，評価規準の共有，学習の意義理解
		形成的評価と指導	振り返り指導，点検とフォロー，形成的評価，知識・技能の定着・習熟
学 校 の 経 営 力			
領域1	校長のマネジメント		学力向上の推進基盤づくり，学校・子ども・保護者の実態把握，教職員に対する指導・管理・育成，教育資源の整備・充実，研究・実践の推進，保護者・地域への説明責任
領域2	組織・体制の連携強化		教職員の指導力・資質の向上，教職員の連携・協働の強化，職場の風土づくり，情報交換，小中合同の活動，系統的な教育プランづくり，保護者への情報公開と説明，保護者や地域の声の反映，家庭学習の支援と保護者の啓発
領域3	教育資源の有効活用		指導ノウハウの伝承，保護者・地域の教育力の活用，授業へのIT活用，施設・設備の有効活用，教室内の清掃・整理整頓
領域4	教育課程の整備・充実		総合的なカリキュラム編成，育てたい力と評価規準・判断基準の設定，カリキュラム評価，授業改善の基本方針
家 庭 の 教 育 力			
領域1	規律やしつけ		基本的な生活習慣，社会性の育成，宿題やテストへの対応，自主的学習の尊重，学びの基礎力の育成
領域2	家庭での交流・支援		基本的支援，子どもの目標づくりの支援，豊かな体験活動
領域3	保護者の学習参画		学校情報の発信への関心，学校行事への参加状況，学校への協力・参加意向，教育動向への関心，生涯学習への参画

出所：田中博之（2005：7）。

これは，一言でわかりやすくいえば，「大切な教育はバランスよくすべてやる」という原則である。確かにそれは安易なことではない。いいかえるならば，これは「当たり前のことをしっかりとやり抜くことの難しさ」を意味していて，学校と家庭に相当の努力と時間を要求することであるが，この方法以外に，子どもの総合学力を育てる正道はない。つまり，大人の教育力の総合性が，子どもの総合学力の向上を保障するのである。

もちろん学力向上のための学校改革を計画的にはじめた初年度に，すべての手法を実施することはできないので，実施する手法を子どもの学力プロフィールや学校の教育力プロフィールをみながら少しずつ増やしていくことができるように，各校で学力向上の中期計画の作成と実施が必要になる。

（2）学校と家庭の連携による家庭の教育力の向上（連携性の保障）

第二点目にあげたいのは，子どもの学力向上のために学校と家庭が連携することである。ほとんどの子どもが，学校と家庭で多くの時間を過ごすことを考えれば，できるだけ多くの時間で学力向上のための多様なサポートを得られるようにすることが大切である。

もちろんそれは，子どもを「学力向上の監視の目」にいつもさらしておけばよいということではない。また，学力向上のための教育が，いつも命令調で教え込み型であってよいというのでもない。子どもには，適度な娯楽や息抜き，趣味を活かした時間も当然必要である。

しかしながら残念なことに，今日半数以上の子どもたちが，学力向上のための適切な学校教育と家庭教育を受けられていないという実態があることを考えれば，適度な量と範囲において，学校と家庭が連携して，子どもたちに温かくも厳しい教育的な手助けを提供することは必要なことである。

具体的には，学校と家庭がパートナーシップを確立して両者の協力・連携の下に行われる学力向上の手法は，以下のように整理されるだろう。やや細かくなるが，詳しく検討してみたい。

①学校から家庭への働きかけ
(1) 家庭学習の規則とルールの説明

　学年便りなどを利用して，学校が期待する家庭学習のあり方とそのルールについて，説明をするようにしたい。たとえば，最低平日一日30分，そして休日一日１時間は授業の準備，予習・復習，そして宿題にあてること，毎日１教科ずつ必ず宿題を出すこと，中間・期末考査に向けた計画的な学習のあり方などについて，具体例を入れながら解説する。また，一定期間，あるいは一定量の宿題が未提出の場合には，家庭への連絡と協力依頼をするというルールを周知徹底することも必要であろう。また，「家庭学習の手引き」のような簡単な冊子形式のものを作り，全家庭に配布することも検討してみたい。

(2) 家庭学習用教材の提供

　これまで家庭学習用教材といえば，各家庭が市販の問題集や通信教育教材，あるいは，塾や予備校のオリジナル教材を購入することがほとんどであった。しかしこれからは，すべての子どもに教科の基礎学力から知識を応用する力までをしっかりと身につけさせるために，学校が子どもの実態と学校の指導方針に合わせた「生きた教材」を制作・配布することが必要になる。具体的には，宿題プリントという形式をとることが多いが，以下に紹介するように，学力ポートフォリオや，(1)で検討した家庭学習の手引きのような冊子も，保護者と子どもの両方への教材になるだろう。少し計画的に教材開発をすれば，各教科の基礎習熟プリントや思考力育成プリント（冊子形式で綴じてもよい）などを組織的に作成して活用してもらってもよいだろう。もちろん予算的裏づけがあれば，市販の教材・宿題プリントを学校で購入してもよい。

(3) 個人別学力プロフィールの提供

　各学校単位で受けている学力診断テストの結果を児童生徒一人ひとりにフィードバックするために，教科別の得点や通過率，そして社会的実践力や学びの基礎力の実態などをレーダーチャートにして視覚的にわかりやすく表す工夫をして，保護者会や三者懇談会で提供するようにしたい。その際に，１つの規準として学年平均値や市町村の平均値を併記してもよいだろう。これは，各

家庭での子ども一人ひとりの学習状況に応じた家庭学習の必要性と方向性を示す判断材料になるとともに、学校の各教科の授業改善の方針についての説明責任を果たすことにもつながるので、両者のパートナーシップの必要性を実感できる資料になりやすい。

(4) 学力ポートフォリオの提供

ポートフォリオの活用は、わが国では総合的な学習の時間において、子どもが収集した資料や書き込んだ取材メモ、そして、レポートや感想文などを整理するためのファイルとして広く普及してきたが、教科学習での学びの履歴を残すファイルとしては、まだ十分に活用されていないのが実態である。

そこで、学力ポートフォリオをすべての子どもに1冊ずつもたせて、1年間にわたって複数の教科学習で生み出された多くの資料を整理・保存させておくようにしたい。たとえば、定期考査のテスト、各教科のミニテスト、学習資料プリント、宿題プリント、レポート、学習ガイダンスプリント、宿題提出チェックカード、体育記録シート、定期考査得点記録シートなどを、散逸して紛失しないようにしっかりと保存しておくのである。さらに、宿題プリントやレポートの得点、定期テストの得点、ミニテストの得点などを、継続的に記録してレーダーチャートに自分で書き込み、学力向上の様子を自己診断・反省できるような「学力自己診断シート」なども作成・活用してみるといいだろう。

保護者もそれをみれば、子どもの学力の実態がよくわかり、学校で行っている絶対評価の意義を理解することや、進路指導の根拠を知ることが容易になるだろう。

(5) 学習カウンセリングの提供

とくに中学校での学力低下の問題点は、決して総合的な学習の時間の設置や教科書が薄くなったことによるのではなく、教科担任制の負の側面、つまりほとんどの先生が、悩み多き思春期の生徒に学習面や生活面で相談に乗る時間的な保障が十分にないことに対して、具体的な解決策をこれまでほとんど提供してこなかったことによるのである。

そこで、OECDの国際調査で学力トップレベルのフィンランドでみられる

ように，各学校に設置が義務づけられている学習カウンセラーが，児童生徒の学業上の悩みに答えたり，効果的な勉強の仕方や選択科目の履修の仕方について個別に相談に乗ってくれるシステムを作ることが大切である。そのためには，行政による人事上の措置も必要になるだろう。このようなきめ細かい措置が，児童生徒の家庭学習の習慣化にもつながっていく。

(6) 宿題の定期点検とフィードバック

家庭学習の習慣化を妨げている大きな要因の1つが，「本当に先生は，子どもの宿題をみてそれに応じた指導をしてくれているのだろうか」という保護者側の不安感である。宿題が出ると保護者はそれなりに責任を感じるが，だからこそ，「家庭に丸投げの宿題」や「点検もしてくれない宿題」が出ることに対する不満感も少なくない。

そこで，宿題提出点検シートなどを学力ポートフォリオに入れておいて，保護者と教師が，宿題に関わる子どもの記録と評価をしっかりと点検できるようにして，宿題を通して教師と保護者が連携し合える仕組みを作りたい。

(7) 校内での学力向上委員会の設置

そして最後に，校内に学力向上委員会を設置して，校長，教師代表，保護者代表，地域代表，児童生徒会長の参加を得て，学校の学力向上の取り組みを組織的・継続的に行える仕組みを作りたい。そこに資料として，学力診断テストの結果や学力向上アクションプラン，各教科別の学力向上中期計画，中期計画実施評価結果などをオープンに提示して，活発な議論を行うことが大切である。それぞれの立場から，学力向上への期待を述べるとともに，自らがどのようにして学力向上に取り組むかについての責任を表明する場をもつのである。この五者に温度差があるような学校では，たとえ，総合的な学習の時間を廃止しても，子どもの学力は1年を過ぎればまったく向上しなくなるだろう。

②家庭から学校への協力

(1) 宿題の習慣化

家庭から学校に協力できることとして，まずはじめにあげたいのは，宿題を毎日30分でも定期的にやり遂げる習慣を家庭でしっかりとつけることである。

「子どもの勉強はすべて学校に丸投げ」という保護者も少なくない現状では，それに対する教師の不満もまた払拭することはできない。

そのために，家庭で子どもの学習環境を整えたり，子どもが学習中は静かにしたり，また可能な限りにおいて宿題のつまずき箇所をみてやったりすることが大切である。そうした各家庭での努力が少しでも増えていくように，PTA組織からの働きかけも不可欠である。

(2) 学校での規則とルールの遵守

この点についても，学校側からの不満がますます強くなっているものである。学力低下は，筆者が「学びの基礎力」と名づけた子どもの学習規律や学習習慣の乱れが大きな原因になっている。たとえば，チャイムが鳴っても机に着かない，宿題を忘れてくる，忘れ物が多い，先生や友だちの話を最後まで聞けない，先生や友だちに罵声を浴びせたり暴力をふるう，掃除をさぼる，実験や調査を伴う学習での態度が怠慢である，といった一部の児童生徒の姿は，実は家庭で作られているものである。

わが国では児童生徒の出席停止処分は，諸般の事情からまだ普及していない実情であるために，あくまで学校側の努力によってこのような学びの基礎力の低下を何とか支えているのが実態である。それは，すでに限界を超えつつあるように思える。

もちろん家庭に直接乗り込んでいくことはできないが，少なくとも数多くの機会を通して家庭に広く強く継続的に訴えていくことで，学力向上につながり，そして学校がすべての児童生徒にとって安全で安心できる学習環境になるように，各家庭の保護者に，学校での規則とルールを遵守させるための家庭教育を行うことを確認する契約書にサインさせたり，定期的に課題の大きい児童生徒の保護者に学校から訓告とサポートを行うなど，実質的で効果のある手だてを打つことが不可欠である。

これからの学校は，教室が公共の場であることを再確認して，学びの基礎力が高い子どもの学習権を守る努力を，学びの基礎力が低い子どもへの教育を通してしっかりと実現して欲しいものである。

(3) 家庭学習の習慣化

　これは，宿題とは別に，授業の予習や復習，定期考査やミニテストへの準備，そして，教科別の自主学習のために家庭学習を習慣化させることが，ますます保護者の責任として大切になっている。

(4) 教科学習ボランティアとしての授業参加

　保護者が，子どもの学力向上のために自ら汗をかく努力の1つとして，教科学習ボランティアという仕組みがある。もちろんボランティア活動を通して知り得た児童生徒の学力についての個人情報の守秘義務は，当然果たしてもらうようにしなければならないが，とくに小学校低・中学年の算数や国語については，保護者のサポートが効果的である。つまずきのある子どもへの個別支援や宿題の採点，コース別学習の補助など，小学校生活科や総合的な学習の時間のサポートに加えて，教科学習の支援もお願いしたい。

　また中学校においても，少人数コースや選択教科のコース別学習において，個に応じた指導の場面で担任教師のサポートをするようにしたい。

(5) 学力ポートフォリオの作成協力

　また先に紹介した学力ポートフォリオも，家庭で作成に協力したり，子どもと一緒にみることで，子どもの学習意欲や学習の計画力を高めることに配慮して欲しい。

(6) 学校が主催する学力向上委員会への協力

　これも先に紹介した組織化の手だてであるが，できるだけ多くの保護者に参加してもらいたい。

(7) プロジェクト型宿題や課題解決型宿題への協力

　最後に提案したいのは，新しいタイプの宿題への協力のあり方である。これまで宿題というと，ドリルプリント形式のものがほとんどであった。しかしこれからは，知識を応用する力や，思考力・判断力・表現力までもが，絶対評価のみならず入学試験のペーパーテストや国際学力調査で測られるようになってきたので，プリント形式の宿題の反復練習だけでは，本当の学力は向上しないことがわかってきた。

そこで，地域の図書館で資料を集めてレポートにする宿題や，新聞の切り抜きを集めて自分の考えをまとめる宿題，子ども向け英語ホームページを読んで感想を英文でまとめる宿題，子ども博物館で科学ワークショップに参加した結果をまとめる宿題などのように，子どもの課題解決力やプロジェクト遂行力を育てながら教科学力のなかの思考力・判断力・表現力を同時に高められるような宿題に，保護者も協力しながら取り組むことで，子どもの活用型学力の向上に家庭で協力できるようにしたい。

以上のような学校と家庭との連携のあり方を想定して，今回の基本調査の項目選定を行っている。その結果を診断することによって，両者の連携の程度を評価することができるようになっている。

（3）教師と保護者の総合教育力の向上を促進する学校の経営力

それでは，さらに総合教育力を向上させるための学校経営のポイントについて考えてみよう。以下に検討する4つの学校経営のポイントは，2004年の学力調査の調査項目のなか（学校の経営力）にしっかりと組み込まれている。

なぜこのような学校経営に関する項目を入れたかというと，これからの学校と家庭の総合教育力の向上を実効あるものにするためには，教師の指導方法や家庭でのしつけや支援といったミクロなレベルでの方法論の改善にとどまっていてはならないことに気づいたからである。

学校改善や授業改善をもたらすのは，教師や保護者という人間である。そうであれば，どれほど具体的な改善案を示しても，それを実行するかどうかはそれだけで保障されないのである。しかし逆に，人間は，常に目標をもって組織として計画的に動き，そしてその成果を評価しながら改善をめざした行動を継続していくときに，はじめて目標を高度に達成することができる。いいかえれば，学力向上の取り組みが学校という組織のプロジェクトになったときに，はじめて子どもの学力が向上するといってよい。

したがって，学力向上教育をプロジェクトとして成立させるためには，学校経営のあり方の抜本的な改革が必要である。それは，次のような，継続性，固

有性，公開性，組織性という4点に集約されるだろう。

①学力・教育力向上の中期計画に基づく授業改善（継続性の保障）

一つ目の学校経営の改善ポイントは，学力・教育力向上の取り組みを数年単位で継続していくことである。1年目にできることは限られている。しかし，2年，3年，そして5年と積みあげていくことによって，少なくとも小学1年生が6年生になるまで，そして中学1年生が3年生になるまでを1サイクルとして，中期的な展望に立って学力・教育力向上の取り組みを継続していくことが不可欠である。

しかしながら，わが国の学力向上をねらいとした議論においても，学力向上の指定を受けた学校においても，このような継続的な学力向上計画をしっかりと立てて，少なくとも3年間の学力向上中期計画に基づいて実施した学校経営改善や授業改善，そして教師研修の取り組みは非常に少ない。

いいかえれば，学力向上のPDCA（計画・実施・評価・改善）がどれほど提唱されても，実際には，最後の4段階目のアクションプランの作成と実施をしっかりと中期的に行えている学校は少ない。

それどころか，中期的な見通しも計画もなく，ただ学力診断テストを受けて結果を眺めているだけの学校や，反復ドリルプリントの活用，朝学習の充実，少人数指導や習熟度別指導など，すでに20年以上も前から熱心な学校では取り組まれていて，学校ですぐにでも誰にでも簡単に取り組める仕組みだけが普及して，本格的な学力向上の取り組みには至っていないのが現状である。

残念なことに，このような短期的で限定的な授業改善だけでは，子どもの総合学力というバランスのとれた学力向上はあり得ない。そこで，このような残念な状況をしっかりとした代案とデータをもって改善したいのである。

また，1つの指標として，OECDなどの国際学力調査で再びわが国が上位を占めることを意図して，マスコミや政府，そして一部の大学教授が掲げている目標を達成するためには，たとえば少なくとも最上位に位置するフィンランドが5年以上の継続的な国家的規模での学力向上の取り込みを行ったように，まさにすべての学校において中期的な学力向上のための学校改革や授業改善が

図表 5-2 学校における総合教育力向上の中期段階モデル

```
[研究 1 年度目]
(1)総合学力向上検討委員会の発足
(2)学力診断に基づく学力向上中期計画の立案
(3)各教科等の授業改善計画の作成と提出
(4)教育力診断に基づく教育力向上中期計画の立案
(5)学力向上公開討論会,学校評価,授業評価実施委員会の発足
```

↓

```
[研究 2 年度目]
(1)中期計画と授業改善計画の実施
(2)学力・教育力診断の継続
(3)中期計画の修正と修正案の立案と公開
(4)公開授業研究会の実施
(5)学力・教育力向上評価レポートの作成と公開
```

↓

```
[研究 3 年度目]
(1)各学年および各教科等部会での授業の共同設計の日常化
(2)学力・教育力診断の継続
(3)中期計画の再修正と最終案の立案と公開
(4)公開授業研究会の実施
(5)学力・教育力向上評価レポートの作成と公開
```

出所:田中博之(2005:13)。

実施されなければならないはずである。

それとは逆に,「リテラシー」という知識を応用する力を重視して測るOECDの国際学力テストで高得点をとるために,基礎的な知識の定着をねらいとしてドリルプリントの反復練習と少人数指導を重点的に行っているというのは,「ものさしと手だてのミスマッチ」であり,まったくナンセンスな状況であるといえる。

だからこそ,今,各学校が教員間の温度差を解消して,組織として子どもの学力向上に中期的・計画的・実証的に取り組むことなくして学力向上の成果をあげることなど決してできないというしっかりとした認識に基づいて,学力向

上の本当の姿を実証的に提案する努力が望まれている。

さて、学校での中期的な学力・教育力向上の組織化・計画化は、一般的に図表5-2のような段階を経て進むことが多いだろう。

もちろんこの3年間は、次の3年間の第2次学力向上フェーズからみれば、第1フェーズが終了したにすぎない。おそらく、まだ学力向上に取り組む教員間の温度差は解消していないだろうし、3年サイクルで代わる新旧の管理職の間で継続的な学力向上を可能にする周到な引き継ぎが行われていないかもしれない。また、家庭教育の充実も、一部の熱心な保護者にとどまっているだろう。

しかしこのような組織的で実証的な学校改革が、1つの中学校区で、区内の小学校の協力を得ながら一旦はじまる意義は大きい。その輪を大きく広げるためには、ある意味で、地域の期待の声を大きくすることが効果的であることを申し添えたい。

②各学校での総合教育力向上アクションプランの作成（固有性の保障）

二つ目に大切なポイントは、総合教育力を向上させるプラン（中期計画）は、各学校において作成することである。もちろんこれは、子どもの学力向上プラン（中期計画）を各学校で作成する必要があることと同じ理由である。

それは、子どもの学力実態も教師・家庭・校長の教育力実態も、各学校によって異なるからである。

たとえば、教科学力・社会的実践力・学びの基礎力のどれもが全国平均をバランスよく上回っている学校もあれば、教科学力だけが平均値以上で社会的実践力や学びの基礎力は低い学校がある。その逆に、この3つの学力が、どれも平均値以下の学校もあるし、どれもほぼ平均的にバランスのとれた学校もある。

一方、教育力診断の結果をみても、教師の指導力も家庭の教育力も、学校の経営力もどれもが高い学校もあれば、どれかが高くどれかが低いというアンバランスな学校もある。

今回の学力調査では、このような学力と教育力のプロフィールの学校差が存在していることが証明されたので、その診断結果に基づいて作成される学力向上中期計画も教育力向上中期計画も、自校のプロフィールの固有な実態とその

特色をふまえて個別に作成されなければ意味がないことがわかる。

より詳細に診断結果をみていけば，教科学力といっても，学力の4観点のどれもが平均値以上の学校と，知識・理解の観点では高くても思考・表現の観点では低い学校とでは，効果的な学力向上の手法とその実施手順が異なって当然である。それと同様に，社会的実践力と学びの基礎力でも，それぞれの観点ごとに診断してみると，自校に必要な学力向上の優先順位や重点領域がみえてくる。

しかしながら残念なことに，今日の学力向上のための提案は，そのほとんどが普遍的な価値をもつものとして一般的に語られることが多い。もちろんどの手法やメソッドでも，ある程度の普遍的な効果があるのは当然である。しかしたとえていえば，サイズが近い既製服を着るのと，ジャストフィットのオーダーメイドの洋服を着るのとが異なるように，どの学校でも画一的に同じ学力向上プランを実施するのでは効果が薄くなる。

さらに深く考えれば，同じ学校でも，学年によって子どもも教師も異なるので，学力プロフィールや教育力プロフィールは異なってくる。したがって，学力診断調査と教育力診断調査は，毎年実施して，その学年にフィットした中期計画を作成することも必要になるのである。

そのためにこの章では，各学校での総合教育力の診断と教育力プロフィールの作成を支援するチェックリストを次節以降紹介しているので参考にして欲しい。

③各学校での中期計画と評価レポートの公開（公開性の保障）

三つ目の学校経営革新のポイントは，各学校で可能な程度と範囲において，学力向上と教育力向上をねらいとした中期計画とその実施状況と成果をまとめた「評価レポート」を公開することである。

もちろん公開にあたっては，情報が一人歩きして不要な混乱を引き起こさないように，地域性を考慮したり，保護者の学力向上に関する理解度を考慮することが大切であることはいうまでもない。

しかし公立学校が，国民の税金で運営されている以上，その成果について地

域住民や保護者からの情報公開請求に応えるのは当然のことである。

総合学力と総合教育力の診断結果の絶対値について、ここ2，3年は高い低いにこだわる必要はない。今大切なことは、各学校がいかにして現状の自校の学力実態と教育力実態を的確に診断し、それらを向上させたかという「教育の付加価値」について説明責任を果たし、地域住民と保護者から評価を受けることなのである。

つまり、学力向上と教育力向上は、「現状からのスタート」なくしてはあり得ない。各学校が、その現状を直視することなく、一般的でどこでも採用している手法だけを実施して、学力向上に取り組んでいるふりをすることは、子どものために許されないことである。

今回の総合教育力調査の項目には、このような情報公開の程度についても診断できる項目を入れているので活用して欲しい。

④学校を基盤とした総合教育力の向上（組織性の保障）

最後に、四つ目として、「学校を基盤とした総合教育力の向上」を学校経営革新のキーコンセプトとして提案したい。

なぜこれがキーコンセプトになるかというと、これまでに検討してきた継続性、固有性、そして公開性という3つの経営革新が成立するためには、学校の全教職員と管理職、そして家庭の保護者が、組織として共通の目標と手段をもってアクションを起こすことが不可欠だからである。

その点からみてみると、わが国の学校は、小学校から大学に至るまで組織として動いているところはごく少数である。しかしその少数の学校や大学こそが、そのステイクホルダー（利害関係者）に対して説明責任を果たし信頼を得られている教育機関になっているといえるのではないだろうか。

学校が組織として動くということは、必ずしも、決してみんなの仲がよいとか、会議の数が多いとか、形式的な平等が実現されているとか、あるいは、何ごとも過半数で民主的に決定しているということではない。

逆に、それは、学力向上の目標と判断基準、そして計画が共有化されていることをまず意味しているし、そのために学年や教科で指導案と教材を共通化し

たり，全教員が研究授業を公開して観点別授業評価を行ったり，さらには，管理職や学年主任，そして各教科部会長が提案した学力向上の基本プランを尊重して，その具体化に積極的に取り組むことなどを示している。

いいかえれば，今求められているのは，リーダーシップを認める組織であり，目標達成型の組織であり，そして自己成長する組織である。

そのための具体案として，校内に保護者と学校評議員を入れた学力向上委員会を設置したり，校内組織として学力評価委員会を設けたりすることも必要になるだろう。

各学校においては，このような4点を十分に配慮して作成した本学力調査の「学校の経営力」の診断結果に基づいて，学力向上と教育力向上に関わる経営革新に早急に取り組んでいただくことを願っている。

❷ 教師の指導力を高める

それでは，具体的な質問紙調査項目とその調査結果をみながら，子どもの総合学力の向上に有効な総合教育力のあり方について考えていこう。

まずはじめは，教師の指導のあり方である。私たちは，この教師の指導力を質問紙調査で測るための項目を，6つの下位領域に整理して60項目作成し，全国の小学校教師約600名，そして中学校教師約580名に回答していただいた。その下位領域とは，すでに第1節で紹介したように，⑴学習の土台作り，⑵指導の土台作り，⑶プロジェクト的指導，⑷プログラム的指導，⑸学習ガイダンス，そして，⑹形成的評価と指導の6つである。

そのすべての調査項目と調査結果については，木原（2003：224-237）を参照していただくことにして，この60項目のなかから，子どもの教科学力（国語と算数・数学の合計）スコアとの相関係数が高いものを各下位領域から上位4項目ずつ選んで，合計24項目にして，「教師の指導力」の自己診断チェックシートを作成してみた（巻末資料4を参照）。

この指導力の自己診断チェックシートに含まれた項目のスコアの合計点と，

図表5-3 「教師の指導力」の三層別・領域別にみた子どもの教科総合スコア

教科総合スコア	教師の指導力	下位層	中位層	上位層	上下層差異
学習の土台作り (FS 領域)	小4生 小6生 中3生	47.8 46.7 48.4	49.6 52.5 50.5	51.0 47.2 58.1	3.2 0.5 9.7*
指導の土台作り (FT 領域)	小4生 小6生 中3生	49.3 44.5 50.1	48.0 49.3 48.7	53.4 62.9 68.5	4.0 18.4* 18.3*
プロジェクト的指導 (AS 領域)	小4生 小6生 中3生	44.9 44.0 39.1	48.1 51.0 49.7	57.4 58.6 69.7	12.5** 14.6** 30.6**
プログラム的指導 (AT 領域)	小4生 小6生 中3生	45.2 44.8 53.6	48.2 52.0 50.7	54.0 55.7 51.6	8.7** 10.9** −1.9
学習ガイダンス (NS 領域)	小4生 小6生 中3生	46.4 47.0 50.1	47.4 51.6 49.0	54.7 51.2 66.6	8.3** 4.2 16.4**
形成的評価と指導 (NT 領域)	小4生 小6生 中3生	48.4 42.4 48.9	48.1 52.7 50.2	54.4 45.7 58.9	6.0 3.3 10.0**
教師の指導力 (FAN 総合)	小4生 小6生 中3生	46.8 42.1 49.0	48.3 52.5 49.0	57.7 56.1 63.3	10.9** 14.0** 14.3*

出所:田中勇作 (2005a:77)。　　　　　　　　　　　　(*:5％水準, **:1％水準)

子どもの教科学力,社会的実践力,そして学びの基礎力との関係性をみたものが,それぞれ図表5-3, 5-4, 5-5である。

これらの3つの表は,教師をその指導力スコアによって上位層 (15％)・中位層 (70％)・下位層 (15％) に分けて,それぞれの教師が前年度に担当した子どもたちの教科学力・社会的実践力・学びの基礎力のスコアを整理したものである。なお,教師の区分については,小学校では学級単位,そして中学校では学年単位で行っている。

そうしてみてみると,一部中学校の社会的実践力と学びの基礎力において中

第 5 章　教師・校長・保護者の連携による総合教育力の向上

図表 5-4　「教師の指導力」の三層別・領域別にみた子どもの社会的実践力スコア

社会的実践力スコア \ 教師の指導力		下位層	中位層	上位層	上下層差異
学習の土台作り (FS 領域)	小4生	50.4	49.3	50.5	0.1
	小6生	49.1	49.3	53.5	4.4
	中3生	52.9	51.1	50.5	−2.3
指導の土台作り (FT 領域)	小4生	45.6	50.8	49.7	4.1
	小6生	46.4	49.1	52.5	6.1
	中3生	54.2	51.1	50.4	−3.9
プロジェクト的指導 (AS 領域)	小4生	47.5	50.8	51.1	3.6
	小6生	43.3	49.0	57.4	14.1**
	中3生	48.4	50.7	58.0	9.6*
プログラム的指導 (AT 領域)	小4生	40.9	50.8	52.8	11.9**
	小6生	49.6	47.6	53.3	3.6
	中3生	49.3	50.3	60.8	11.5*
学習ガイダンス (NS 領域)	小4生	43.9	49.1	54.5	10.7**
	小6生	44.6	49.2	53.1	8.5**
	中3生	54.4	50.1	55.2	0.8
形成的評価と指導 (NT 領域)	小4生	47.1	50.5	51.5	4.4
	小6生	46.6	49.7	47.4	0.9
	中3生	50.6	51.6	51.9	1.3
教師の指導力 (FAN 総合)	小4生	48.9	49.1	57.5	8.6*
	小6生	42.6	49.5	59.6	17.0**
	中3生	43.9	52.5	52.0	8.1*

出所：田中勇作（2005a：78）。　　　　　　　　　　　　　　（＊：5％水準，＊＊：1％水準）

位層と下位層の間にわずかながらの逆転がみられるところもあるが，ほぼ全体的にみて，子どもの総合学力と教師の指導力の間には明確な相関関係が存在していることがわかる。とくに教科学力では，どの学年ともに下位層と上位層の開きが大きくなる傾向がある。また，どの学力の領域においても，小学校6年生の学級担任の指導力が，子どもの総合学力に強い影響を及ぼしている。

　全体的に中学校教師の影響力が，他の学年に比較して小さいようにみえるが，それは，おそらく中学校では教科担任制であることから，学年担任団の複数の教師の平均値が計算に組み入れられるために，教師間の差異が薄められている

図表 5-5 「教師の指導力」の三層別・領域別にみた子どもの学びの基礎力スコア

	教師の指導力　　学びの基礎力スコア	下位層	中位層	上位層	上下層差異
学習の土台作り （FS 領域）	小4生 小6生 中3生	49.6 47.4 53.0	50.4 51.1 51.0	50.6 53.4 50.2	1.0 6.1 -2.8
指導の土台作り （FT 領域）	小4生 小6生 中3生	45.3 42.8 52.8	51.3 50.3 51.3	49.3 54.1 49.1	4.0 11.3* -3.7
プロジェクト的指導 （AS 領域）	小4生 小6生 中3生	49.0 41.9 45.6	50.8 50.3 51.0	51.1 56.4 57.0	2.1 14.4** 11.3*
プログラム的指導 （AT 領域）	小4生 小6生 中3生	42.6 50.8 49.0	51.4 48.7 50.5	52.5 53.1 58.5	10.0* 2.3 9.5
学習ガイダンス （NS 領域）	小4生 小6生 中3生	45.7 42.7 54.1	49.3 50.8 50.2	54.7 54.2 54.0	9.0** 11.5** -0.1
形成的評価と指導 （NT 領域）	小4生 小6生 中3生	46.5 48.2 51.9	51.2 50.7 51.0	51.7 44.3 51.3	5.2 -3.9 -0.6
教師の指導力 （FAN 総合）	小4生 小6生 中3生	50.3 43.4 44.0	49.9 50.4 52.5	56.0 60.1 51.0	5.8* 16.7** 7.0*

出所：図表 5-4 と同じ。　　　　　　　　　　　　　　　　（＊：5％水準，＊＊：1％水準）

ことに起因していると思われる。したがって，教師調査を国語と数学の教師に限定して行えば，もう少し強い相関関係がみられたかもしれない。

　次に明らかになったことは，子どもの教科学力と相関関係が最も強かった教師の指導力の領域は，「プロジェクト的指導」であったことである。このなかでもとくに，図表 5-3 にみられるように，中学校3年生の前年度の学年担任団のプロジェクト的指導の影響の強さは，担当した生徒の教科学力の差を下位層と上位層の間で最大30.6ポイント（偏差値換算）も開かせるほどであり，驚くほど大きいことがわかった。

第 5 章　教師・校長・保護者の連携による総合教育力の向上

　ただし，この差は，ほとんど下位・中位層グループと上位層の間で発生していることから，全体の15％の教師による特別な指導形態ととらえることも可能である。しかし，これから新しい学習指導要領によって重点化される活用型学力の育成という新たな教育課題を考慮したときに，こうしたプロジェクト的指導，つまり問題解決的な教科学習を推進することは，このデータからみる限り大変効果的であると思われる。

　もちろん小学校においても，プロジェクト的指導が他の下位領域に比べて，最も子どもの教科学力と相関関係が強いことから，ますます教科指導において問題解決的な学習を取り入れることが必要であることがわかる。

　その次に子どもの教科学力に強い影響を及ぼしているのは，小学校，中学校ともに，「指導の土台作り」という下位領域である。これは，(1)評価規準を明確にした指導計画の作成，(2)コンピュータ教材を用いた授業の工夫，(3)子どものノート指導，(4)研究会への参加や文献研究の習慣などである。つまり，普段の指導を，最新の教育理論に学びながら絶えず改善している教師が教えている子どもの教科学力は高いという明確なイメージが浮かびあがってくる。

　この他にも，多くの項目で，子どもの教科学力との相関関係が明らかになっているので，この指導力の自己診断チェックシートを用いて，自らの指導状況の高まりとバランスのよさを評価するふり返りの時間をもっていただければ幸いである。

⟨3⟩　学校の経営力を高める

　次に，学校（校長）の経営力と子どもの総合学力の関わりについてみてみよう。学校の経営力を診断する項目は，4つの下位領域に整理した合計60項目であり，そのなかから各下位領域において子どもの教科学力スコアとの相関関係が強い上位4項目ずつを選び，合計16項目を用いて，「学校の経営力」の自己診断チェックシートを作成した（巻末資料5を参照）。

　学校の経営力を構成する下位領域は，すでに第1節で紹介したように，(1)校

図表5-6 「学校の経営力」の三層別・領域別にみた子どもの教科総合スコア

	教科総合スコア / 学校の経営力	下位層	中位層	上位層	上下層差異
校長の経営方針	小学校	46.5	50.3	58.2	11.7
（M領域）	中学校	44.7	48.4	57.0	12.2*
組織・体制の連携	小学校	46.5	50.3	58.2	11.7
（O領域）	中学校	45.7	50.7	53.6	8.0†
教育資源の有効活用	小学校	44.6	48.8	62.6	18.0†
（R領域）	中学校	47.5	51.9	46.5	−1.1
教育課程の充実	小学校	43.5	50.4	54.2	10.6
（E領域）	中学校	44.5	49.7	56.8	12.3*
学校の経営力	小学校	43.2	51.3	54.2	11.0†
（MORE 総合）	中学校	44.0	50.2	59.6	15.6*

出所：小林（2005a：114）。　　　　　　　　　　　　　　　　（†：10％水準，＊：5％水準）

長のマネジメント，(2)組織・体制の連携強化，(3)教育資源の有効活用，(4)教育課程の整備・充実という4つである。

また，回答いただいたのは，全国で小学校校長約110名，中学校校長約110名であった。

では図表5-6，5-7，5-8を関連づけながらみていただきたい。

先ほどと同じようにしてみてみると，一部の下位項目で若干の逆転項目があるものの，全体的に，学校（校長）の経営力が高いほど，その学校で学ぶ子どもたちの総合学力は高い傾向にあることがわかった。

これは大変興味深い結果である。つまり，校長先生は普段，もちろん法規上も，子どもたちを直接教えているわけではないのに，校長のリーダーシップと子どもの学力間には，強い相関関係が働いていることがわかったのである。つまり，直接教えてはいなくても，間接的に校長のリーダーシップによって教師集団の指導力が高まり，保護者の意識が高まることによって家庭の教育力があがり，そのことが子どもの学力を押しあげているのである。

たとえていうならば，プロ野球のゼネラルマネージャーがしっかりとしたリーダーシップを発揮できていれば，監督やコーチが組織的にうまく機能して，

図表 5-7 「学校の経営力」の三層別・領域別にみた子どもの社会的実践力スコア

社会的実践力スコア \ 学校の経営力		下位層	中位層	上位層	上下層差異
校長の経営方針 (M領域)	小学校	47.0	51.2	55.9	8.9
	中学校	49.3	49.7	50.3	1.1
組織・体制の連携 (O領域)	小学校	49.3	50.5	51.6	2.3
	中学校	49.1	46.2	59.7	10.7*
教育資源の有効活用 (R領域)	小学校	42.4	50.2	57.0	14.5*
	中学校	45.9	50.3	58.0	12.1
教育課程の充実 (E領域)	小学校	41.7	50.9	54.1	12.3*
	中学校	43.5	50.1	53.1	9.6†
学校の経営力 (MORE 総合)	小学校	45.1	51.7	51.6	6.6
	中学校	44.8	50.7	54.3	9.5†

出所：小林（2005a：115）。　　　　　　　　　　　　　　　　（†：10％水準，＊：5％水準）

図表 5-8 「学校の経営力」の三層別・領域別にみた子どもの学びの基礎力スコア

学びの基礎力スコア \ 学校の経営力		下位層	中位層	上位層	上下層差異
校長の経営方針 (M領域)	小学校	46.3	51.6	52.1	5.8
	中学校	51.1	48.0	50.9	−0.2
組織・体制の連携 (O領域)	小学校	48.4	50.8	50.3	1.9
	中学校	48.4	46.6	59.3	10.9*
教育資源の有効活用 (R領域)	小学校	44.0	49.9	57.0	13.1†
	中学校	49.6	49.9	56.3	6.6
教育課程の充実 (E領域)	小学校	41.7	50.7	53.0	11.3†
	中学校	45.5	49.0	53.7	8.2†
学校の経営力 (MORE 総合)	小学校	45.6	51.7	50.3	4.7
	中学校	44.9	50.2	54.7	9.7†

出所：図表 5-7 と同じ。　　　　　　　　　　　　　　　　　（†：10％水準，＊：5％水準）

優れた選手を獲得するとともに育成することによって，ゼネラルマネージャーが試合を指揮するのでも選手をコーチするのでも，直接試合に出るわけでもないのに，強いチームとなって優勝できるようになるのと似ている。

とくに図表 5-6 を詳しくみてみると，中学校において校長のリーダーシップが最も子どもの教科学力に強い影響を及ぼしていることがわかる。なかでも，

校内の教職員に明確な経営方針と学力向上のビジョンを提示して組織をまとめあげて、バランスのとれた総合的なカリキュラムの刷新を行っている校長のいる学校で学んでいる子どもの教科学力が高い。

これは、すでに本章で述べたように、教科専門の壁に閉じこもりやすく、とくに5教科において講義式の一斉指導が改善されずに、現状維持のままに残されている学校では、子どもの総合学力はおろか、思考力・判断力・表現力といった活用型の教科学力を育てることはできない。そのことが、子どもの教科学力の伸び悩みを引き起こしてしまうのである。この調査結果は、その仮説を見事に証明しているといえる。

ここで提案した「学校の経営力」の自己診断チェックシートを用いて、校長先生をはじめとする管理職の先生や研究部、学年担当の先生方には、ぜひとも自らのリーダーシップのあり方を見直すきっかけにしていただけるよう願っている。

⟨4⟩ 家庭の教育力を高める

では三つ目に、家庭（保護者）の教育力と子どもの総合学力の関係についてみてみよう。

家庭の教育力を診断するための項目として、4つの下位領域に整理して40項目を作成し、そのなかから子どもの教科学力との相関関係が強い各領域の上位5項目ずつを選んで、20項目からなる「家庭の教育力」の自己診断チェックシートを作成した（巻末資料6を参照）。

その下位領域とは、すでに第1節で紹介したように、(1)規律やしつけ、(2)家庭での交流・支援、(3)保護者の学習参画の3つである。つまり、家庭の教育力を、しつけと対話、そして学校参画という3点からとらえて、その高まりとバランスのよさが、子どもの家庭学習の高まりや家庭での子どもの生活習慣の見直しにつながること、そしてそのことが子どもの総合学力の向上につながることを期待したのである。

第 5 章　教師・校長・保護者の連携による総合教育力の向上

図表 5-9　「家庭の教育力」の三層別・領域別にみた子どもの教科総合スコア

	教科総合スコア ＼ 家庭の教育力	下位層	中位層	上位層	上下層差異
規律やしつけ （D領域）	小4生	46.5	50.5	51.3	4.8**
	小6生	46.8	49.6	52.0	5.2**
	中3生	47.2	50.9	52.4	5.1**
家庭での交流・支援 （I領域）	小4生	48.3	50.3	51.3	3.0**
	小6生	46.7	49.3	53.1	6.5**
	中3生	47.8	50.8	54.0	6.2**
保護者の学習参画 （P領域）	小4生	47.7	50.0	52.2	4.5**
	小6生	45.6	49.8	52.3	6.7**
	中3生	47.2	50.9	54.2	7.0**
家庭の教育力 **（DIP 総合）**	小4生	47.4	50.2	52.1	4.6**
	小6生	45.7	49.5	54.2	8.5**
	中3生	46.9	51.2	54.6	7.7**

出所：田中勇作（2005b：93）。　　　　　　　　　　　　　（＊：5％水準，＊＊：1％水準）

図表 5-10　「家庭の教育力」の三層別・領域別にみた子どもの社会的実践力スコア

	社会的実践力スコア ＼ 家庭の教育力	下位層	中位層	上位層	上下層差異
規律やしつけ （D領域）	小4生	48.2	49.8	50.2	2.0*
	小6生	47.9	49.6	51.0	3.2**
	中3生	47.0	49.9	52.5	5.5**
家庭での交流・支援 （I領域）	小4生	48.0	49.8	51.3	3.4**
	小6生	47.7	49.3	52.7	5.0**
	中3生	46.7	50.3	53.0	6.3**
保護者の学習参画 （P領域）	小4生	47.7	49.5	51.9	4.2**
	小6生	47.7	49.6	51.7	4.0**
	中3生	48.3	50.3	51.6	3.3**
家庭の教育力 **（DIP 総合）**	小4生	47.3	49.8	51.5	4.2**
	小6生	46.4	49.7	52.4	6.0**
	中3生	47.3	50.3	53.3	6.0**

出所：田中勇作（2005b：94）。　　　　　　　　　　　　　（＊：5％水準，＊＊：1％水準）

図表5-11 「家庭の教育力」の三層別・領域別にみた子どもの学びの基礎力スコア

	家庭の教育力 学びの基礎力スコア	下位層	中位層	上位層	上下層差異
規律やしつけ （D領域）	小4生 小6生 中3生	47.8 47.7 46.8	49.7 49.8 50.2	50.5 52.0 52.7	2.8** 4.2** 6.0**
家庭での交流・支援 （I領域）	小4生 小6生 中3生	48.4 48.3 47.2	49.6 49.3 50.6	51.2 53.6 52.7	2.9** 5.3** 5.5**
保護者の学習参画 （P領域）	小4生 小6生 中3生	47.4 47.7 48.7	49.5 49.9 50.5	51.8 51.8 51.7	4.4** 4.2** 3.0**
家庭の教育力 （DIP総合）	小4生 小6生 中3生	47.2 46.6 47.4	49.8 49.9 50.7	51.1 52.8 53.2	3.9** 6.2** 5.8**

出所：図表5-10と同じ。　　　　　　　　　　　　　　　　（＊：5％水準，＊＊：1％水準）

それでは、このような質問項目でとらえた家庭の教育力と子どもの総合学力の関係性についてみてみよう（図表5-9, 5-10, 5-11を参照）。

これら3つの表をみると、例外なく家庭の教育力と子どもの総合学力には相関関係があることがわかる。ただし、教師の指導力や学校の経営力ほど強い相関関係ではない。

しかし実際には、このような結果が学力調査の結果から明らかになったからといって、すぐに多くの家庭が、子どもの学力向上のために教育力を高めてくれるとは限らないところに動かしがたい課題があるといえる。

ただしそういっているだけでは現状を改善することにはつながらない。そこで、保護者懇談会やPTA総会、進路説明会や学校便りなどの多くの情報チャンネルを活かして、「家庭学習の手引き」を配布して依頼したり、巻末資料6に載せたような「家庭の教育力」の自己診断チェックシートを使ってもらうなどの地道な努力が必要である。

第 5 章　教師・校長・保護者の連携による総合教育力の向上

◇5◇　総合教育力を伸ばすためのポイントと提言10か条

　では最後に，子どもの学力向上に，いかに総合教育力の高まりが必要であるのかについて，これまでの学力調査の結果をまとめる形で示しておきたい。

　図表5-12をみていただきたい。これは，子どもの教科学力（国語と算数・数学の合計）を偏差値換算して縦軸におき，横軸に8つの総合教育力のタイプをおいて，両者の関係を明らかにした折れ線グラフである。ここでいう8つの教育力タイプとは，教師の指導力，学校（校長）の経営力，そして家庭の教育力の質問紙調査によるスコアを基準として，それが全国平均値以上を○，そして全国平均値未満を×としてグループ化すると，三者ともに教育力スコアに○がつくAタイプから，三者ともに教育力スコアで×がつくHタイプまで，合計8つの教育力タイプが構成される（ただし，グループ化は学校単位ではなく子ども単位で行っている）。

　こうしてグラフ（図表5-12）を作ってみると，小学校，中学校ともに，大人の総合教育力がバランスよく高いAタイプの大人によって教育を受けた子どもの教科学力が最も高くなっていることがわかる。その逆に，総合教育力が教師，保護者，校長の誰においても低いHタイプでは，小学校，中学校ともに，子どもの教科学力は最も低くなっている。

　このことから，子どもの教科学力の向上には，大人の総合教育力がバランスよく高まることが必要であることがわかる。逆に，大人の教育力が教師においても，保護者においても，校長においても低い場合には，子どもの教科学力は伸び悩んでしまう。この両者の差は，小学校において偏差値で5.8ポイント，そして中学校において9.0ポイントになっている。

　この調査結果は，明らかに子どもの学力向上において，学校と家庭の連携による総合教育力の向上が不可欠であることを明確に示している画期的なデータである。

　もう少し詳しくみてみると，次のような興味深い結果も表れてくる。

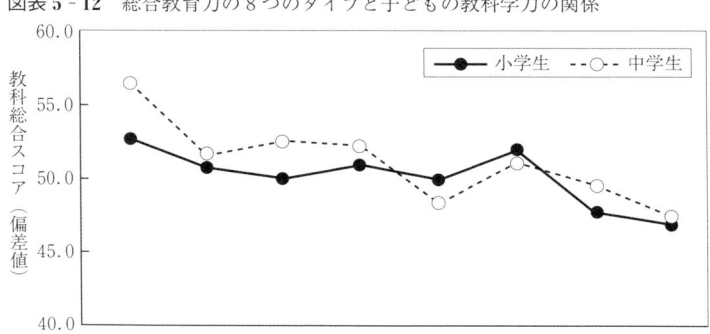

図表5‐12　総合教育力の8つのタイプと子どもの教科学力の関係

パターン	A	B	C	D	E	F	G	H
教師の指導力（FAN）	○	○	○	×	○	×	×	×
家庭の教育力（DIP）	○	○	×	○	×	○	×	×
学校の経営力（MORE）	○	×	○	○	×	×	○	×
小学校スコア	52.7	50.7	50.0	50.9	49.9	51.9	47.7	46.9
中学校スコア	56.4	51.5	52.5	52.2	48.3	51.1	49.6	47.4
小学校%	15.0	7.9	11.0	11.1	10.5	17.2	10.0	17.3
中学校%	22.3	5.5	19.1	5.8	6.5	14.5	8.1	18.3

出所：小林（2005b：134）。

　一つ目は，中学校においては，校長のリーダーシップが子どもの教科学力に強く影響しているということである。それは，タイプAとタイプBの比較，そしてタイプCとタイプEの比較，さらに，タイプGとタイプHの比較をしてみるとわかる。つまり，これらの3つの比較分析では，校長の経営力が全国平均値以上から全国平均値未満になると急激に生徒の教科学力が低くなっているのである。

　その原因はさまざまであろうが，最も大きな要因として考えられるのは，中学校における教科担任制が抱える課題であろう。なぜなら，中学校では教科指導の専門性が高まることと，生徒と教師の相性が多様化することから教科担任制がしかれているが，そのデメリットとして教科間の連携や共同研究体制がとりにくいことが，子どもの学力向上を妨げることが少なくないからである。逆にいえば，異なる教科担任の間で学力向上についての共通の意識や方法論が徹底されてはじめて，また，教科担任と学級担任との間に，家庭での生徒の学習

習慣や生活習慣の見直しや授業中の学習規律の徹底が合意されてはじめて，教科学力と学びの基礎力の向上が十分に生まれることになるからである。

そのためには，校長や研究部のリーダーシップが欠かせないのである。校内の教職員を共通のビジョンのもとに組織として具体的な方法論をもって実践に取り組む集団として動かすのは，組織の長としての校長の学校経営力に他ならない。

そのことの裏返しとして，総合教育力のタイプEをみてみると，中学校において，極端に生徒の教科学力が落ち込んでいることがわかる。つまりこのタイプは，「教師空回り型」といえるもので，中学校においては，どれほど教師が教科指導や生活指導に努力を重ねても，それだけでは生徒の教科学力は伸び悩んでしまうのである。その落ち込みの程度は，総合教育力が最も低いタイプHに迫るほどであるから，どれほど大きいかがわかるだろう。

しかし現状においては，中学校の学力向上策のベストスリーといえば，少人数指導と選択履修の幅の縮小，そして総合的な学習の時間の教科の補充指導へのふり替えであるのだから，科学的な知見からはまったくかけ離れた有効性のない方策にいたずらに取り組んでいることになる。

もう一点注意が必要なことは，小学校においてタイプFで意外にも子どもの教科学力が高いことである。今回の学力調査の結果からは，小学校におけるタイプF，つまり家庭の教育力だけが高いタイプでは，子どもの教科学力は，総合教育力において最も高いタイプAに次いで第2位となっている。

この調査結果をそのまま鵜呑みにしてしまうと，小学校においては，校区の保護者の社会経済的な地位が高い場合には，あまり学校の教師もそして校長も学力向上の施策に積極的に取り組まなくても，子どもの教科学力はもともとかなり高いので大丈夫だという甘い認識が生まれかねない。しかも，このタイプFとタイプD，そしてタイプBを関連づけてみてみると，子どもの教科学力はかえって下がってしまうほどであるから，なおさら子どもの教科学力の向上は家庭と塾に丸投げしておけばよいという結論が正当化されそうな勢いである。

中学校においては，これほど明確な家庭の教育力の有効性を示す結果は出て

いないが，それでも中学校のタイプFの子どもの教科学力もかなり高いことをみてみると，このような誤った認識が広がらないとも限らないので注意が必要である。

このようにして家庭の教育力は，やはり子どもの教科学力の向上に強い影響を与えていることは事実であるが，逆にいえば，教師，保護者，そして校長のなかで最も教育力の向上が困難な大人はといえば，家庭の保護者である。したがって，通常は家庭の教育力の高さに甘えていられるような状況はないものと考えるべきであり，あくまでも，タイプAをめざして学校ぐるみの授業研究と経営改善の取り組みが求められていることに間違いはない。

さて，以上のような基本的な考え方に基づいて，これからの学校と行政に求められる学力向上のための体系的で計画的な施策のあり方について考えてみたい。

（1）学校と行政，家庭ができること

その流れは，次のようなものになるだろう。

①学力向上施策のサイクル
(1) 総合学力調査を各学校で実施する。
(2) 学力向上施策の全体構造を理解する。
(3) 各学校の学力プロフィールに合った学力向上施策を立案する。
(4) 各学校で立案した学力向上施策を保護者に説明して理解を求める。
(5) 学力向上施策を全校で実施する。
(6) その実施状況を把握するとともに学力調査を継続して実施する。
(7) 学力調査の結果を教師，保護者そして地域に公開する。
(8) 新たな施策を立案し学力向上の取り組みを継続する。

これこそが，学校を基盤とした学校改善のための R-PDCA サイクルになる。各地方教育委員会も，各学校でのこうした学力向上のための R-PDCA サイクルを推進するためにさまざまな施策を実施して欲しい。

ではもう少し具体的に，学校と行政，そして家庭でできる学力向上の取り組

み方についてまとめておこう。

②学校でできること
(1) 教科学力の4つの観点にそって子どもの学力をバランスよくとらえて，指導方法の改善を図る。
(2) 教科学力の絶対評価の結果を活かして，子ども一人ひとりの「教科学力プロフィール」に応じて補充学習や，発展学習，習熟度別コースを編成する。
(3) 総合的な学習の時間の教育効果を示す「社会的実践力のプロフィール」による学力診断（社会的実践力編）に基づいて，単元プランや学習活動の見直しを図る。
(4) 学級間の学力格差の実態を把握して，少人数指導やティームティーチング，学級編成のあり方などを見直す。
(5) 保護者に総合的な学力調査の結果について説明をして，その後の学力向上施策に理解と協力を求める。
(6) 学力診断の結果を，一人ひとりの教員の指導力向上のための校内研修に活かす。
(7) 地域と子どもの実態を考慮しながらも，全国平均値とのズレから自校の学力向上施策を客観的な視点で立案する。

③行政ができること
(1) 担当する行政区域の学校の「学力プロフィール」をもとに学力診断を行い，それに基づいて効果的な学力向上施策を立案・実施する。
(2) 教員の自己評価や人事考課に，各学校での学力診断の結果を反映させることにより，教員の力量形成を図る。
(3) 教育委員会主催の各種研修の企画に，学力診断の結果を反映させる。
(4) 学力向上施策の予算化にあたって，学力調査の結果を活かして施策の根拠と正当性を高める。
(5) 教員異動と教員採用にあたって，学力調査の結果を活かして保護者と納税者に納得感のある説明を行う。

④家庭でできること
(1) 「学びの基礎力」を高めるための多様な基礎体験を子どもと一緒に行う。
(2) 学力向上について励ましたり進路について相談に乗るなどして，子どもとの支援的な対話の機会を増やす。
(3) 家庭学習の機会や時間の保障を子どもと一緒に考え実行する。
(4) 早寝，早起き，規則正しい食習慣などについて子どもと一緒に考え実行する。
(5) 学校と協力して学力向上施策に参加する。

このような多面的な学力向上施策を実践に移すためには，総合的な学力調査による実証的なデータと学校の「学力プロフィール」に基づく診断・改善が必要になってくる。

（2）目標達成型思考で「成果を出す学校づくり」をめざす

次に大切なことは，学力と教育力の向上に取り組むために，学校が家庭と連携しながら，「成果を出す学校づくり」を目標に掲げることである。

ここでいう「成果」とは，はっきりとした数値の向上として表れる学力診断結果や教育力診断結果の向上にはじまり，学力向上のための組織作りやその活発な運営，保護者や児童生徒による学校評価や授業評価の結果の向上，そして最終的には，数値としては表しにくいが日常的な観察や経験から実感できる授業改善や子どもの成長などの多様な要素が含まれる。

このようにしっかりとした「成果を出す」ということは，いわゆる「学校の結果責任」を果たすことにつながる。それは，納税者である地域と保護者がこれからの学校に期待する最重要事項である。

しかしながら，これまでの学校は，地域と保護者に説明可能な成果を出すことについては必ずしも積極的ではなかった。逆に，「大きな問題を起こさないようにする」ことや「これまで通りのやり方を踏襲する」ことで十分であると考えてきたのではないだろうか。

もちろん学校安全に関することについては，まず問題発生を未然に防ぐこと

第 5 章　教師・校長・保護者の連携による総合教育力の向上

に最大限の努力を傾けることは当然であるが，子どもの学力向上や学校の教育力向上については，学校が日々の授業を通した教育機関であるにもかかわらず，改革・改善よりも前例踏襲の傾向が強かったことは残念なことである。

　また，確かに学校ごとに地域や児童生徒の実態が異なるために，すべての学校に一律的に同様の成果を求めることに対する抵抗感が大きいのも理解できる。しかし，これからはすでに述べたように，各学校で学力診断や教育力診断を個別的に行い，その実態に応じた学力・教育力向上計画を立案・実施することが求められている。したがって，少なくともすべての学校が「一律に」ではなく，各学校において「個別に」成果を出すことが不可欠であるという期待が広がるであろう。

　そこで，「成果を出す学校づくり」という大きな課題に取り組むときに，まず大切になることは，「問題対応型思考」から「目標達成型思考」に，すべての教職員と児童生徒，そして保護者が切り替えることである。

　問題対応型思考とは，何かはっきりとした教育問題が起きたときに，その対応策を検討して実行に移そうとする消極的な思考様式である。逆にいえば，それは，保護者や地域，そして行政から指摘や批判を受けるほどの大きな教育問題が起きなければ，前例や慣習に従って教育を行っていればよいという安心感につながりやすい。その結果，「学力が低いのは子どもと家庭の責任である」といった考え方や，「教育力の向上は教師間の温度差や価値観が違う以上難しい」といったあきらめにつながってはいないだろうか。

　それとは逆に，目標達成型思考とは，とくに大きな教育問題が起きていなくても，「こんな新しい教育がしてみたい」「これほどの成果を生み出す教育を実践してみよう」「子どもにこのような力をつけて成長していって欲しい」という新たな目標を掲げて，その実現に取り組もうとする積極的な思考様式である。そこには，しっかりとした成果意識が共有されていて，成果の評価と診断も重視されている。

　もちろん，このような思考様式を際限なく続けていくことは，関係者に高いエネルギーを要求するために実際には限られた教育資源のなかでは困難なこと

である。しかし，すべての教職員と児童生徒，そして保護者が，この目標達成型思考に基づいて中期的な見通しのもとに行動することなくして，学力向上も教育力向上もあり得ないのである。

さらに考えるならば，この目標達成型思考こそが，今日の数多くの教育問題を解決する糸口になるといってよい。なぜなら，問題対応型思考では，問題解決の方法を実践するのが後手後手になり，いつも対症療法的で根本的な問題解決になりにくいのに対して，目標達成型思考では先手必勝の考えに基づき，「楽しくてわかりやすい授業」や「支え合い認め合う学級づくり」を率先して行うことで，問題発生そのものを減少させていくことができるからである。

そのためには，教職員や保護者の意識改革を促すことはもちろんのこと，本書で数多く提案してきたように，学力向上の R-PDCA サイクルをしっかりと校内で動かすことが必要になってくる。

それは一言でいえば，「学力低下の悩みを授業改善と自己成長の喜びに変える」ための取り組みである。学力向上の R-PDCA サイクルは，義務感から行うものではなく，このような教育的な達成感を得るための努力目標としてとらえるようにしたい。

（3）プロジェクト型学校経営を動かす

目標達成型思考をもつことができれば，次の課題は，それを活かして，プロジェクト型学校経営を行うことである。

すでに第1節で，子どもの学力向上と学校の教育力向上のためには，学校がビジョンを共有した組織として機能することの必要性を述べた。ここではそれをさらに進めて，学校が学力向上と教育力向上を校内プロジェクトとして動かしていくときにこそ，その効果が表れることを強調しておきたいのである。

しかしながらこれまでの学校経営は，プロジェクト型であるよりも，事務処理型，形式平等型，組織固定型であることの方が多かったのではないだろうか。

つまりそのような組織では，与えられた予算を学年で均等割にして配分したり，目標やビジョンを提示するよりも前例を踏襲することが重視されたり，あ

るいは，組織の構造や機能を固定的にとらえたりする傾向が強かった。そのために，新しい事業や教育方法に取り組むことに対して抵抗感が強く，「学校は変われない」「学校は時代の最後端だ」「学校の保守性と閉鎖性が子どものチャレンジ精神を奪っている」といった世間の評価が定着しつつあることは残念なことである。

　それとは逆に，プロジェクト型学校経営を行っている学校では，次のような組織運営上の特色がみられる。

(1)　学校の特色ある教育プランを提出することで計画的・意図的に特別予算を獲得することができる。
(2)　校内研究の組織が，その時点での目標に対応して，柔軟かつ敏速に設置・変更・改廃されている。
(3)　従前の校務分掌や学校行事で重要性が低いものについては，大胆に削減や縮小の対象とする。
(4)　校内組織の設置期間や会議の設定時間・開催回数が，あらかじめ決められている。
(5)　プロジェクトの達成目標が明示されて，教職員間のみならず，児童生徒と保護者の間で共有化されている。
(6)　新規プロジェクトの提案が教師から生まれることが多く，学校全体でそれを活かそうとする肯定的な雰囲気がある。
(7)　それぞれのプロジェクトにかける予算の重点配分を行っている。
(8)　プロジェクトに参加するメンバーは，学年・教科・経験年数の壁を超えて選ばれている。必要に応じて外部からメンバー（保護者・学識経験者など）を招聘している。
(9)　プロジェクトの開始と解体の判断は，多様な資料やデータから得た評価結果に基づいている。
(10)　プロジェクトの進捗状況や成果に関するレポートを刊行・公開し，その後はそのプロジェクトの推進組織を解体している。

　このようなプロジェクト型学校経営の手法について，管理職だけでなくすべ

ての教職員が理解して，実践する力量を育てることが急務である。

（4）教育行政の企画実践力が総合教育力を育てる

さらに大切な課題は，教育行政の学力向上と教育力向上にかける取り組みのあり方である。

それは，次のような8点にまとめられるだろう。

(1) 担当する行政区域の各学校が「教育力プロフィール」をもとに行った自主的な教育力診断の結果を尊重し，それに基づいて効果的な教育力向上施策を立案・実施する。

(2) 学力診断と教育力診断を行い，その結果とそれに基づく中期計画（学力・教育力向上アクションプラン）を報告した学校に対しては，特別教育予算の配分や少人数加配教員の増員を認める。

(3) 教育委員会主催の各種研修・講座の企画に，教育力診断の結果を反映させる。

(4) 教育力向上施策の予算化にあたって，教育力調査の結果を活かして施策の根拠と正当性を高める。

(5) 区域内の学校のコミュニティー・スクール化を推進し，各学校が自律的・主体的に教員採用と教員異動を行うことによって学校の教育力を計画的に高められるように，教員異動の公募制や教員人事におけるFA制度の導入を積極的に推進する。

(6) 保護者や児童生徒による学校評価と授業評価を積極的に推進するための施策を立案・実施する。

(7) 各学校において，学力向上検討委員会を設置したり，学力向上研究推進校の指定を受けて公開授業研究会を開催したりすることに対して，十分な予算上の配慮を行う。

(8) 各学校における学力・教育力向上の取り組みについての資料と情報を集約して，毎年「学力・教育力向上成果報告書」を公開する。

このような多様な施策を計画的に実施できる教育行政の下では，学校も意欲

的に学力向上と教育力向上に取り組めるようになるだろう。つまり，これからは，教育行政においても，問題対応だけでなく，このように積極的な施策の立案と実践を行う企画実践力が求められているといえる。

こうして今後は，大人の総合教育力向上のために教育行政も組み入れた総合的な教育政策の立案と実施が必要になることから，教師，校長，家庭，地域，そして教育行政が子どもの総合学力の向上にむけて，現状の取り組みを自己評価し，さらなる改善の方向をバランスよく生み出すモデルとして，巻末資料7にあげた「学力向上施策の体系モデル」を作成したので参考にして欲しい。なお，この資料は，木原俊行氏の提案した「総合施策体系モデル」を参考にして，現代的課題を含めて改訂したものである（木原，2003）。記して感謝したい。

ただしあくまでも，教育力診断は，教師と家庭による自己診断・自己評価の形で行われるものであることから，教育行政が直接実施するよりも，各学校での自己点検・自己評価の一環として行われたものを尊重し，その結果を活かして各学校の教育力向上の取り組みを支援するような施策の立案・実施・評価を中心にすることが大切である。

（5）総合教育力向上のための提言10か条

では最後に，本章の成果をわかりやすく集約する形で，「総合教育力向上のための提言10か条」をあげておきたい。各学校においては，ここで提案した10個の配慮事項を活かして，学力向上と教育力向上を推進していただければ幸いである。

■ 総合教育力向上のための提言10か条

(1) 教師と家庭，学校の三者は，子ども一人ひとりの学力向上のために，教師の指導力，家庭の教育力，そして学校の経営力という3つの力からなる総合教育力を向上させることが必要である。

(2) 各学校において，教師・家庭・学校の教育力プロフィールは異なっている。そのため，各学校は，総合教育力の調査結果に基づいて，総合教育力向上のための施策を計画・実施・評価・改善・報告することが大切である。

(3) 教師は，子どもの総合学力を高めるために，学習と指導の土台作り，プロジェクト的指導，プログラム的指導，学習ガイダンス，そして形成的評価など，多様な指導方法を実践することが必要である。

(4) 教師は，子どもの総合学力を高めるために，教科学力の基礎・基本の定着だけでなく，思考力や表現力の育成，そして自信と自尊感情の向上に関わる教育をバランスよく実施することが必要である。

(5) 教師は，子どもの教科学力を高めるために，スキルなどの習熟を徹底する「指導的側面」と，考える活動を促す「支援的側面」のバランスがとれた指導を行うことが大切である。

(6) 家庭は，子どもの総合学力を高めるために，家庭での規律やしつけ，交流と支援，そして学びへの参画など，多様な教育を実践することが大切である。

(7) 教師，家庭，そして学校は，子どもの総合学力を高めるために，パートナーシップを発揮して相互に連携し合うことが大切である。

(8) 学校の全教職員は，子どもの総合学力を高めるために，相互に連携・協働して組織として活躍し，カリキュラムの計画と改善，そして教育資源の整備と有効活用を行うことが大切である。

(9) 学校は，学力向上の成果意識や学校への満足度において，家庭との認識のズレを小さくするために，学力向上に関わる教育活動や調査結果について，積極的に情報公開を行うことで説明責任を果たすことが大切である。

(10) 校長は，子どもの総合学力を高めるために，しっかりとした学力向上プランと教育力向上プランを作り，それを計画的に実施することが必要である。

第 5 章　教師・校長・保護者の連携による総合教育力の向上

* 　教師の指導力，学校の経営力，そして家庭の教育力に関する詳細な質問項目と調査結果データについては，巻末資料 8・9・10 を参照のこと。
* 　なお，この章で用いたデータや資料は，共同研究者である田中勇作氏と小林洋氏の以下の論文に依った。記して感謝したい。
- 小林洋「学校の経営力と教師の指導力との関係」田中博之・木原俊行・大野裕己監修『総合教育力の向上が子どもの学力を伸ばす』ベネッセ教育総研，2005 年 a，109-122 ページ。
- 小林洋「『総合教育力』構築の大切さ」田中博之・木原俊行・大野裕己監修『総合教育力の向上が子どもの学力を伸ばす』ベネッセ教育総研，2005 年 b，134-137 ページ。
- 田中勇作「教師の指導力と子どもの総合学力との関係」田中博之・木原俊行・大野裕己監修『総合教育力の向上が子どもの学力を伸ばす』ベネッセ教育総研，2005 年 a，72-85 ページ。
- 田中勇作「家庭の教育力と子どもの総合学力との関係」田中博之・木原俊行・大野裕己監修『総合教育力の向上が子どもの学力を伸ばす』ベネッセ教育総研，2005 年 b，90-97 ページ。

引用・参考文献

木原俊行「子どもと学校の実態把握に基づく学校改革のプランづくり」田中博之・木原俊行監修『豊かな学力の確かな育成に向けて』ベネッセ教育総研，2003 年，224―237 ページ。

田中博之「子どもの総合学力を育てる『総合教育力』の構想と課題」田中博之・木原俊行・大野裕己監修『総合教育力の向上が子どもの学力を伸ばす』ベネッセ教育総研，2005 年。

田中博之・木原俊行・大野裕己監修『総合教育力の向上が子どもの学力を伸ばす』ベネッセ教育総研，2005 年。

田中博之・木原俊行・大野裕己監修『学力向上ハンドブック』ベネッセ教育研究開発センター，2007 年 a。

田中博之・木原俊行・大野裕己監修『「読解力」を育てる総合教育力の向上にむけて』ベネッセ教育研究開発センター，2007 年 b。

田中博之・木原俊行・大野裕己監修『学力向上のための基本調査 2008　授業と結びつけた家庭学習充実のための取り組みの在り方を探る』ベネッセ教育研究開発センター，2008 年。

第6章
PISA型読解力を育てる指導と経営のあり方

　では最後に，PISA型読解力というこれからの活用型学力を向上させるための効果的な指導法と学校経営のあり方を，科学的なデータを用いて明らかにしてみたい。

　そこで，PISA型読解力を育てる指導法と学校経営の手法，そして家庭教育のあり方を確かめるために，筆者が代表を務める総合学力研究会（事務局：ベネッセ教育研究開発センター）は，2006年に全国の5,600名を超える小・中学生と，1,250名近い小・中学校の教師，230名ほどの校長，そして4,870名ほどの保護者にご協力を得て，総合学力調査と呼ぶ全国レベルでの学力調査を実施したのである（詳細は，田中他，2007を参照）。

　実際にこのような大規模な調査を日本の大人や子どもを対象として実施することで，PISA型読解力を育てる方法の有効性が日本の学校のなかで確かめられるというメリットが生まれる。

　まず，この総合学力調査の基本的な枠組みは，以下のようになっている。
(1)　教科学力調査（小学校5年生向け国語・算数，中学校2年生向け国語・数学）
(2)　読解力調査（PISAの読解リテラシー調査の類題を出題する共通テスト）
(3)　児童生徒質問紙調査（学習状況，社会的実践力，学びの基礎力，総合学級力に関わるアンケート調査）
(4)　校長の学校経営力調査（アンケート調査）
(5)　教師の指導力調査（アンケート調査）
(6)　家庭の教育力調査（アンケート調査）

調査を実施したのは，2006年2月である。

調査結果の詳細やアンケート調査の項目例については，田中他（2007）を参照していただきたい。総合学力との相関が強い代表的な項目については，図表6-1から図表6-8，および巻末資料11にあげている。

この章では，この総合学力調査（ベネッセ教育研究開発センター実施）で明らかになった，読解力調査の結果と各種アンケート調査の結果の関係性の分析から，PISA型読解力を高めるうえで効果的な授業での指導法と学校経営手法の条件について検討してみることにしたい。そして，とくに効果的である指導法には，フィンランド・メソッドとの共通点が多いことを指摘したい。なお，PISA型読解力の定義とフィンランド・メソッドの詳細については，田中（2008）に詳しいので参照していただければ幸いである。

① 教師の指導力が子どもの PISA型読解力を育てる

まずはじめに明らかにしたいのは，教師が行うどのような日々の指導のあり方が，子どものPISA型読解力の育成につながるかということである。

私たち総合学力研究会では，PISA型読解力の育成に有効と思われる指導法を60個ほど想定して，それを教師向けのアンケート調査の項目にして，全国の500名程度の小・中学校の先生に尋ねてみた。

それぞれの指導状況を問う項目について，「まったくあてはまらない」「あまりあてはまらない」「まああてはまる」「とてもあてはまる」という4件法で答えてもらい，小学校ではその先生のクラスの児童の読解力テストのクラス平均点を，そして中学校ではその先生が属する学年の生徒の読解力テストの平均点を算出して，それぞれの反応ごとの平均点の差を折れ線グラフにしてみやすくしてみた。

その結果，次のような項目で，教師の指導法と子どものPISA型読解力の間にはっきりとした関係性が発見できたのである（フィンランド・メソッドの30項目については，巻末資料12を参照のこと）。

第 6 章　PISA型読解力を育てる指導と経営のあり方

① 「新聞や雑誌記事等の幅広い素材を用いて，現代的な課題や社会事象を含めた知識や語彙を豊かにさせる工夫をしている」クラスのPISA型読解力は高い

　まず紹介したいのは，現代的な社会事象について新聞や雑誌記事等を教材として用いることの有効性である。フィンランド・メソッドでは，これを「複数の資料の活用」と「社会問題を取りあげる」という2つの点で重視している。

　さらに筆者がフィンランド・メソッドの秘訣を探るべく訪れたヘルシンキ大学附属小学校のメルヴィ・ヴァレ先生のクラスでは，毎週，新しい新聞記事を学級に貼り出して，現代的な課題や最近起きた出来事を紹介して，さらに本を読んだり新聞で調べたりできるような工夫をしていた（メルヴィ・ヴァレ先生の実践の詳細については，田中，2008を参照）。

　ではそのデータを，図表6－1でみて欲しい。

　図表6－1では，以下同様に，縦軸にそのクラス（小学校5年）や学年（中学校2年）のPISA型読解力の平均偏差値を位置づけている。

　そうすると，まず小学校5年においては，驚くほどにほぼ一直線のグラフとなっていて，多様な最新の情報を用いて現代的な諸問題について考えさせる授業をしているほど，子どもたちのPISA型読解力が高いことがわかる。中学校では，途中やや一定に留まるところもあるが，この指導メソッドについて「とてもあてはまる」と答えた先生に教えてもらった児童生徒と，「まったくあてはまらない」つまり教科書で決められたことだけを副教材などを使わずに教えてもらった児童生徒の間で，PISA型読解力の偏差値の平均点は10点前後も違ってくるのである。これは，大変大きな違いである。1つの指導法だけでみたときに，これほどの学力差が出ることは珍しいからである。

　たとえば，わが国ではまだ国語科において，教科書教材から発展して，新聞記事や雑誌記事などの最新の情報を組み合わせて用いることは少ないし，社会科の現代史や公民的分野においても，最新の情報や資料を用いることはほとんどないことから，ここまでしっかりと教材研究をしている教師の指導力が，最も子どものPISA型読解力の育成に効果があるといえる。

　今後は，教科学習だけでなく総合的な学習の時間においても，たとえば環境

図表 6-1　新聞や雑誌記事の活用と読解力の関係

新聞や雑誌記事等の幅広い素材を用いて，現代的な課題や社会事象を含めた知識や語彙を豊かにさせる工夫をしている。

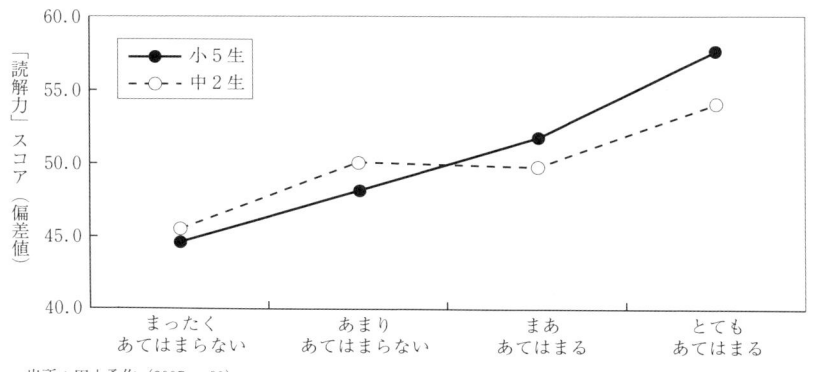

「読解力」スコア（偏差値）

- 小5生
- 中2生

| | まったくあてはまらない | あまりあてはまらない | まああてはまる | とてもあてはまる |

出所：田中勇作（2007a：89）。

問題やグローバル社会の問題，あるいは科学技術と人間の福祉の関係などを扱うときには，たんにエコ活動や会社訪問といった小さな体験活動をさせておくだけでなく，こうした資料活用に関わる指導法をしっかりと組み込んで，最新の資料の読み取りに基づく思考や討論の活動を位置づけた単元構成を工夫するよう配慮したい。

②「文章や資料を読ませる際は，何のために読むのか，読んでどうするのかを子どもたちにいつも意識させるようにしている」クラスの PISA型読解力は高い

これは，文章や資料を読むときの目的意識や，読んで得られた情報や推測，伝達内容を活かす見通しをもたせることの効果をみるための設問である。つまり，読み手の目的に応じて情報を意図的に取り出す力や，読み取った内容を思考や討論，そして表現へとつなげていく問題解決的な資料活用力を育てるための指導メソッドである。

では，このような指導をよく行っているクラスとそうでないクラスとで，子どもの PISA型読解力にはどのような学力差が生じているだろうか（図表6-2参照）。

図表6-2からは，中学校において学力差は出ていないが，小学校5年にお

第 **6** 章　PISA型読解力を育てる指導と経営のあり方

図表6-2　読解活動の目的の意識化と読解力の関係

文章や資料を読ませる際は，何のために読むのか，読んでどうするのかを子どもたちにいつも意識させるようにしている。

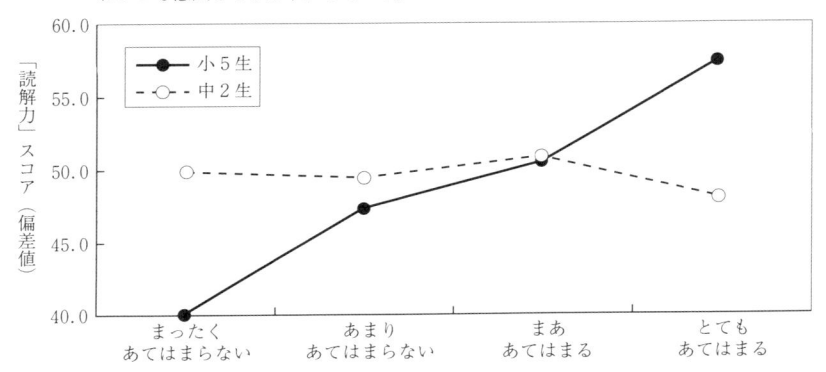

「読解力」スコア（偏差値）

凡例：●—— 小5生　○--- 中2生

横軸：まったくあてはまらない／あまりあてはまらない／まああてはまる／とてもあてはまる

出所：図表6-1と同じ。

いては，偏差値で最大17点もの PISA型読解力の差が生じていることはまさに驚きである。

　もちろん中学校においても，このような目的意識や情報活用の見通しをもたせる工夫は不必要であるとはいえないが，とくに小学校においては，ただ漫然と文章を読んだり資料をみたりして，先生の質問に機械的に答えていくだけの受動的な読みだけでは，PISA型読解力は育たないことを意味している。

　つまり，自ら文章や資料の読みを主体的に行って，それを討論や表現にどう活かすかを問題解決的な思考力を使って自ら考え出す力が必要であることを示している。小学校では，このような主体的で問題解決的な読みの力を育てることが PISA型読解力の育成に効果的であることがわかった。

　この点は，フィンランド・メソッドのなかでは，「問題解決的な学習の設定」と「資料の先読み」という2点で大切にしている。

　③「国語科でなされている『読解指導』の内容や方法を，他の教科指導でも応用・適用する」クラスの PISA型読解力は高い

　これは，2007年12月に中央教育審議会が，次期学習指導要領の改訂で，「全ての教科における言語活動の充実」を大切にするという「審議のまとめ」を公

図表6-3　国語科の読解指導を他教科に応用することと読解力の関係

国語科でなされている「読解指導」の内容や方法を，他の教科指導でも応用・適用する。

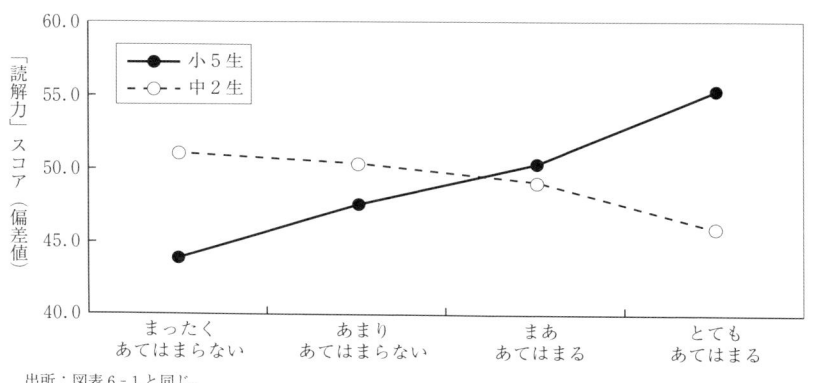

出所：図表6-1と同じ。

表したことと関連している。

　つまり，PISA型読解力の育成において大切になる「言葉の力」，つまり問題解決の目的や方法に応じて読み，書き，聞き，話す力を，国語科だけではなく，算数・数学科，社会科，理科などでも育てることで，子どもの問題解決的な総合言語力を育てることがこれからの教育課程の中心課題になるわけである。

　図表6-3をみていただきたい。残念なことに，これも中学校においては指導の効果を見出すことはできないが，小学校においては，最大で10点以上もの読解力の学力差が生じていることがわかる。

　中学校において指導効果が見出されなかった理由は，推測の域を出ないが，決してこの指導法が中学生に必要がないというわけではなく，「国語科で」という設問の表現が，従来の文学作品の客観的な読み取りに限定されてとらえられたからなのかもしれない。とくに理科や社会科，そして数学科のような論理的で実証的な言語力を必要とする教科において，国語科の文学作品の読み取りに関わる指導方法を取り入れることの逆効果を予想したことが，仮説とは異なる調査結果につながったのかもしれない。

　しかし小学校では，最近の国語科教科書の改訂により，論理的に考えたり討

論したりする単元や，自分の考えを調べた結果に基づいてレポートや新聞形式でまとめる単元，そして，1枚の絵という非連続型テキストを用いて想像される世界を問題解決型の物語文にして創作する単元など，ある意味でフィンランド・メソッド的な PISA 型読解力を育てる国語教育を想定した教材が増えていることから，それを他教科に応用・発展させる教科横断的な指導法をよく行っているクラスで，子どもたちの PISA 型読解力が高まっていることは当然のことであろう。

このようにして，国語科で用いられている豊かで多様な指導方法が，他教科においてもそれぞれの教科特性に応じて活かされることになれば，小学校でも中学校でも，さらに一層 PISA 型読解力の向上が期待されるのである。

フィンランド・メソッドとの関連でいえば，「複数の教科で読解力を育てる指導を行う」という項目がこのことと関係が深い。

④「授業中のノートのとり方や整理の仕方，ノートを活用した予習・復習の方法を説明し，適宜ノート指導をする」クラスの PISA 型読解力は高い

これも残念ながら，データ上は小学校のみで指導の効果がみられた項目である。この項目についても，ノート指導をよくしているクラスとほとんどしていないクラスとの間には，偏差値で10点以上の PISA 型読解力の学力差がみられた（図表略）。

ノート指導は，たんに文字をきれいに書く練習や箇条書きで整理しながら書く練習になるだけでなく，重要な学習内容を抜き出す判断力や自分なりのわかり方や解き方を生み出す思考力，さらに，自分の考えや意見を簡潔に書く表現力などを育てるうえで，大変効果的な指導法になる。

ただしその際に大切なことは，教師の授業中の板書をそのまま丸写しさせるタイプのノート指導だけでなく，単元の終了時やテスト前に自分なりに学習内容を再編集してまとめさせる練習をさせることがより大切である。

つまり，自分の頭のなかを自分で整理する力を育てるためにノート指導を行えば，主体的な思考力に基づいた総合言語力としての PISA 型読解力が育つのである。

フィンランド・メソッドにはこのノート指導に直接的に関わる項目を入れてはいないが，フィンランドでは小学校でも中学校でも，個人やグループで理科や社会科で学んだことを新聞形式でまとめさせたり，グラフや写真を貼り込んだミニレポートにしてまとめさせたりして，クラスの壁に掲示することが多い。これは，形のうえではノートではないが，自分の考えと自分の言葉で学習内容を再編集させるという指導メソッドと同様の効果をねらってのことである。
　そこで，フィンランド・メソッドにおいては，「異なる形式のテキストを複合して学習内容をまとめさせる」ことを大切にしているので，田中（2008）を参照して欲しい。
　⑤「教科指導や総合学習等で，問題解決の場面や課題を導入し，問題解決の一連のプロセスを子どもにたどらせる」クラスのPISA型読解力は高い
　さらに，PISA型読解力という力の特色について考える際に，最も大切な指導上の条件である，問題解決的な学習という点でも統計的に有意な効果が証明されたので紹介したい（図表略）。
　この項目については，小学校において肯定側，つまり「とてもあてはまる」と「まあまあてはまる」とに回答した教師が教えているクラスの読解力の偏差値による平均点は56.2点であったのに対して，その逆に否定側は48.3点というように7.9点もの学力差が生じていて，統計的にみても1％未満の水準で有意差が出ている。
　一方中学校においては，肯定側と否定側で4.3点の学力差は生じているが，10％未満までの統計的な有意差は出なかった。
　このことから，学力差の大きさに程度はあるものの，やはりPISA型読解力を育てるためには，最終的には，問題解決的な学習場面をしっかりと設定して，そのなかに情報の取り出しから，その解釈，そして自分なりの仮説や視点からの熟考や評価，そして自分の言葉を用いた表現という一連の問題解決的なプロセスをふむことが必要であることがわかった。
　フィンランド・メソッドでも，「既有の知識・技能を活用させる問題解決的な学習を設定する」ことを大切にしている。

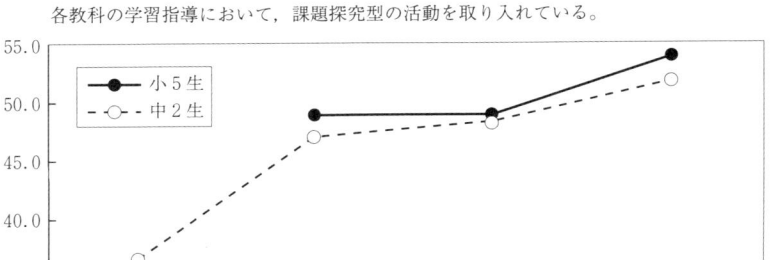

第 6 章 PISA型読解力を育てる指導と経営のあり方

図表6-4 課題探究型の活動と読解力の関係

各教科の学習指導において，課題探究型の活動を取り入れている。

出所：田中勇作（2007b：114）。

⑥「各教科の学習指導において，課題探究型の活動を取り入れている」クラスの PISA型読解力は高い

上記の設問項目⑤と類似のものとして，さらに次に紹介する「各教科の学習指導において，課題探究型の活動を取り入れている」という項目も調査用紙に入れておいた。それへの回答と，その教師が担当した児童生徒のPISA型読解力の関係性をみてみることにしたい（図表6-4参照）。

この項目において，小学校では，肯定的に回答した教師が受けもっている児童とそうでない児童との間には，偏差値でPISA型読解力の平均値が4.8点の差があった。また，中学校では，その差が小さくなり1.6点となり統計的に有意差はなくなる。しかし，図表6-4にみられるように，中学校において，この設問項目に対して「まったくあてはまらない」と回答した教師が担当する学年の生徒のPISA型読解力の平均値は，偏差値で36点程度しかなく，極端に大きな学力課題をもつことがわかった（小学校では，「まったくあてはまらない」と回答した教師はなかった）。

このことから，中学校においては，課題探究型（問題解決型）の指導法がPISA型読解力の育成に与える効果は現時点では小さいものの，ほぼ小学校と同様に，「自ら課題を設定して，主体的に情報を収集して思考を練りあげ，よ

りよく問題を解決する力」を育てる指導法が必要であることがわかる。

　逆にいえば，中学校では，こうした課題探究型（問題解決型）の授業を取り入れない場合には，PISA型読解力の育成は非常に困難になるので注意が必要である。中学校ではややもすると，教師による一斉指導や講義式の授業形態が多くなりがちなので，授業改善を考えるにあたってこの点にはくれぐれも留意したい。

　⑦「各教科の学習指導において，グループでの協働や話し合い，交流等の要素を取り入れている」クラスのPISA型読解力は高い

　フィンランド・メソッドのなかでもとくに重要な指導法は，小集団での討論や意見交流によって，自分の考えを高めたり，表現作品の練りあげを行うことである。とくに，PISA型読解力に含まれる思考力・判断力・表現力といった高次な学力は，一人で下を向いて鉛筆と消しゴムを使って考えたり覚えたりする学習だけでは身につかない。

　いいかえれば，思考力・判断力・表現力といった高次な学力は，いわば「社会的学力」と呼べるものであり，他者との相互評価や意見交流を通して，違いを認めたり，レベルの高いものに触れたり，あるいは応援やアドバイスをもらって意欲を高めることによってこそ，その向上が可能になるものである。

　したがって，PISA型読解力に代表される社会的学力は，グループ討論や意見交流などを通した小集団学習が必要になる。もちろん，2人での対話やクラス全体での話し合いも小集団学習の類似タイプなので，いつも多様なサイズのグループ討論を授業に取り入れることが大切である。

　フィンランド・メソッドでもこの点を重要視して，「個別学習，小集団学習，一斉学習を組み合わせる」ことをよく行っている。

　さて，このような社会的交流や社会的コミュニケーションに関わる指導法は，実際の全国調査の結果からは，PISA型読解力の向上に対してどのような効果が認められただろうか。

　図表6-5をみていただきたい。

　まず小学校においては，肯定側と否定側では，5.8点もの大きな平均値の差

第 **6** 章　PISA型読解力を育てる指導と経営のあり方

図表 6 - 5　グループ学習の指導と読解力の関係

各教科の学習指導において，グループでの協働や話し合い，交流等の要素を取り入れている。

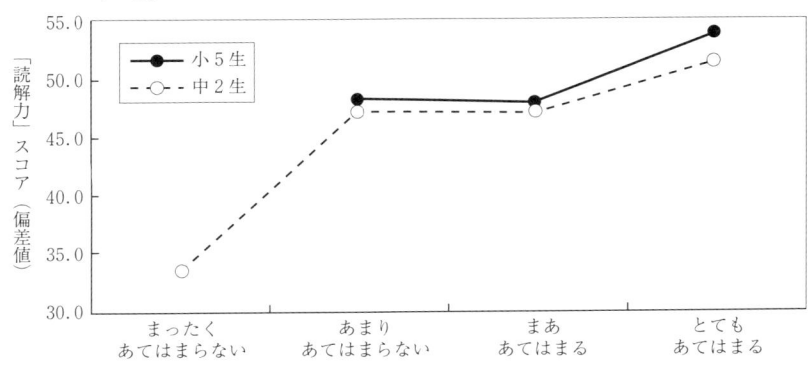

出所：図表 6 - 4 と同じ。

がみられて，統計的にも 5 ％未満で有意差が出ている。中学校では，同様に集計して分析すると，ほとんど平均値に差はない。しかし，図表 6 - 5 をみる限り，この項目に「まったくあてはまらない」と答えた教師が担当した生徒のPISA型読解力の平均値は偏差値換算で 34 点程度しかなく，非常に大きな課題があることがうかがえる。

このことから，中学校においては，小集団を活かした指導法が PISA型読解力の育成に与える効果は現時点では小さいものの，ほぼ小学校と同様に，小集団を育て活用する指導法が必要であることがわかった。

⑧「図書館等の利用やコンピュータ利用環境が充実している」クラスの PISA型読解力は高い

次にもう少し中学校においても大きな学力差が生じている項目についてみてみることにしよう。

それは，図書館利用とコンピュータ利用の充実度である（図表略）。

たとえば，「公共の図書館や博物館，美術館などの文化施設の活用を促している」という設問項目や，「インターネットの利用環境やパソコンのコンテンツの充実に努めている」という設問項目に肯定的に回答した教師が教えている

学年の中学生は、そうでない生徒に比べて、それぞれ偏差値で7.6点と6.6点のPISA型読解力の学力差がみられた。そしてとくに前者には、5％水準で統計的な有意差もみられた。

小学校においては、図書館などの利用については、学力差は認められなかったものの、コンピュータの利用環境の充実に関しては、肯定的に回答した教師が担当している児童のPISA型読解力の平均値は、そうでない児童と比較して、偏差値で6.0点もの学力差があり、さらに5％水準で有意差がみられた。

これは、フィンランド・メソッドにおいて重視している「多様な資料の活用」や「資料の制作」、そして「家庭での読書習慣の形成」と共通した指導法である。

つまり、子どものPISA型読解力の向上のために必要な指導法は、図書などの連続型テキストを読んでそこから情報を取り出すだけでなく、博物館での実物をみて得られる情報の取り出しや美術館での絵画などの非連続型テキストを用いた情報の取り出しまでを含んだ、多様な情報の目的的な取り出しを行わせることなのである。

⑨「言葉遣いや話す・聞くルールを定めている」クラスのPISA型読解力は高い

もう1つ、とくに中学校で顕著な結果が出ている項目についてみてみよう。

それは、「教師の日常の授業での言葉遣いや話す・聞くルールを定め、校内の言語環境の精錬を図っている」というやや難しい項目である。

小学校においては、やや逆転した結果になっているところが気になるが、中学校においては、肯定的に回答した教師が担当している生徒のPISA型読解力の平均点とそうでない生徒の平均点を比較すると、偏差値で5.1点ものひらきがあるが、統計的にはようやく10％未満の水準でのみ有意差がみられた（図表略）。

これは、フィンランド・メソッドでは「思考と表現の型を教える」という大変重要な指導法であるが、必ずしも今回の全国調査の項目としては、そのような設問の意図が正確に受け取られなかったように思われる。つまりこの項目は、授業秩序や授業中の学習規律のような態度として受け取られた可能性がある。

第 6 章　PISA型読解力を育てる指導と経営のあり方

あるいは，小・中学校ともに，まだこのタイプのフィンランド・メソッドが十分に普及していないことや設問項目の文章表記に改善の余地があることも，その原因として考えられる。

どのような理由にせよ，中学校において授業中のコミュニケーション・ルールの徹底は，教師に提示されたテキストと思考・表現の型を用いて，小集団で常に協力しながら問題解決を行うためには，必要不可欠であることがわかった。

⑩「批判的に読み，相手を納得させる文章を書かせている」クラスのPISA型読解力は高い

最後に検討したいのは，文字言語を用いたPISA型読解力を育成するために大切な「読むことの指導」と「書くことの指導」（一部，書いたことに基づいて話すことを含む）をどのようにすればよいのかについてである。

この点についての設問項目は2つあって，「書かれたことを無条件に受け容れるだけでなく，その内容や論旨を評価・吟味して，批判的に読むというような指導を取り入れている」と「読み手や聞き手を意識して，相手が納得するように文章を書かせたり，発表させたりする」である。

では，これらの項目の調査結果についてみてみると，前者の「読むことの指導」に関わる項目については，小学校と中学校でそれぞれ，肯定側と否定側で3.4点と4.0点のPISA型読解力の学力差が認められるが，統計的な有意差はほとんどなかった（図表略）。

また，後者の「書くことの指導」においては，小学校と中学校でそれぞれ，肯定側と否定側で3.0点と3.2点のPISA型読解力の学力差が認められるが，統計的な有意差はほとんどなかった。

厳密な水準での統計的な有意差は認められなかったにしても，全国調査において5,600名を超える小・中学生を対象として行った大規模調査で，「まあああてはまる」といった曖昧な表現への回答を含めたうえで，3ポイントから4ポイントの差が，肯定側と否定側でつくということは，やはりフィンランド・メソッドの有効性が検証できたといってよいのではないだろうか。

つまり，PISA型読解力の育成においては，ただ漫然と思いついたことや表

面的な言葉上の意味だけをとらえて読んだり書いたりするだけでなく，批判的に読む力や，効果的な表現技法と説得力あるデータや根拠を活用して相手を説得するために書く力を育てることが大切なのである。

ただしここで批判的になるということは，書き手の文章について揚げ足取りをしたり，意図的に中傷・歪曲したり，根拠のない悪口をいうことではなく，文章をよく吟味して，その価値を評価したり，可能性と限界を指摘したり，さらには改善の視点を提示するために読むということなのである。

たとえば，「解釈，熟考，評価」や「間違った箇所の訂正」「相互評価による練りあげ」「なぜ？　を問う」「仮説・根拠・仮定を考えさせる」，そして「作品批評や技法の評価」などの項目が総体として，この批判的に読む力と説得力ある文章を書く力につながっている。

以上で，全国調査から明らかになったフィンランド・メソッドの有効性を示す指導ポイントの10項目を整理して検討してきたが，1つだけ残念な結果となっていることも合わせてみておきたいと思う。

それは，今回の全国的な総合学力調査2006においては，PISA型読解力が最終的な目標としてあげている「社会参加」，つまり学んだことを社会に向けて発信したり，地域の人びとのために役立てたり，あるいは，地域の人びととコミュニケーションや交流活動を実践するといった発展的な活動を促す指導と子どもたちのPISA型読解力との間には，しっかりとした関係性が見出せなかったのである。

たとえば，今回の調査には，次の3つの社会参加を促す指導法についての設問項目を組み入れていた。

(1)「総合学習等において，実社会や日常生活に関わるテーマや題材を扱い，実際の場面で体験・実感する機会を取り入れている。」
(2)「学校で学んだことを，家庭や身の回りの事象に応用したり，試したりするような課題や機会を用意している。」
(3)「学習の成果を地域社会に向けて発信したり，地域社会の抱える課題への解決提言を目標としたプロジェクト学習を取り入れたりしている。」

第 6 章　PISA 型読解力を育てる指導と経営のあり方

　これらの 3 項目の調査結果については，小学校においてのみ肯定的に回答した教師が教えている児童の PISA 型読解力が，否定的に回答している教師が教えている児童に比較して，それぞれ 3 点程度のプラスの学力差を生じているものの，明確な統計的有意差はみられない。一方中学校では，ほとんど学力差がないか，あるいはわずかなマイナス傾向にある。
　まさにこの 3 つの項目が想定している指導法こそが，PISA 型読解力の究極のねらいであり，その獲得場面になるといえる。
　しかしこのような残念な結果となったことは，これらの 3 項目の設問内容をたんに社会参加体験をこなすといった消極的なイメージでとらえられてしまったか，あるいは，いまだわが国の学校教育では，このような社会参加的な学習のなかに，しっかりとした PISA 型読解力を育てる指導を組み入れることが日常化していないことが，その理由として考えられる。
　そこで今後は，このような社会参加的な学びのなかに PISA 型読解力を育てる指導を明確に位置づけるとともに，その指導効果を調査することが必要になるだろう。

❷ 校長の学校経営力が子どもの PISA 型読解力を育てる

　では次に校長のリーダーシップと，子どもの PISA 型読解力の育ちとの関わりについてみてみることにしよう。
　もちろん校長は直接子どもたちを指導するわけではないから，あくまでも学校という組織の長として，すべての教員が PISA 型読解力の育成に向けて努力する環境作りや方針作り，そして教員の意欲の向上や専門的な力量形成について指導性を発揮することが求められる。
　なぜなら，PISA 型読解力はすでに指摘しているように，思考力・判断力・表現力を含む高次な学力であると同時に，すべての教育課程に関わって教科横断的な指導が必要とされる総合的な学力であるために，すべての教員が学年や

図表6-6　校長の学校経営状況と小学5年生のPISA型読解力のスコア

カテゴリー	設問番号	設問	肯定群	否定群	差異	検定
教育重点目標の設定	問8-3	「読解力」育成を,自校の「目指す子ども像」や重点目標に組み込んでいる。	54.8	48.5	6.3	5％未満
ICT環境の充実・活用	問8-14	インターネットの利用環境やパソコンのコンテンツの充実に努めている。	53.0	46.3	6.7	5％未満
全体計画の策定	問8-7	「読解力」向上のために各教科や総合的な学習の時間,特別活動における指導内容や方法を明らかにしている。	55.9	48.1	7.8	1％未満
各種学習指導法の導入	問8-18	「総合的な学習の時間」や各教科での課題探究型の学習を充実させている。	55.4	49.5	5.9	5％未満
	問8-21	パソコンや紙などいろいろなメディアで自分の作品や考えを表現する活動を重視している。	53.5	47.3	6.2	5％未満
保護者との連携	問8-11	保護者に対して,「読解力」向上のために家庭でできる支援を求めている。	55.8	49.3	6.5	5％未満

出所：田中勇作（2007b：121）。

教科にかかわらず，継続的で計画的な実践研究を行うことが，その育成のために不可欠な条件になるからである。

このような実践研究における継続性や計画性は，やはり校長のリーダーシップがなければ簡単に生み出されるものではない。

そこで，今回の全国的な総合学力調査2006においては，全国230名程度の小・中学校の校長先生に質問紙調査を依頼し，その学校の児童生徒のPISA型読解力と校長のリーダーシップとの関係を明らかにすることをねらいとしてみた。

図表6-6および6-7は，その調査結果のなかから，とくに顕著な結果を示している項目に限定して，小学校と中学校とを分けて整理したものである。ま

第 **6** 章　PISA型読解力を育てる指導と経営のあり方

図表6-7　校長の学校経営状況と中学2年生のPISA型読解力のスコア

カテゴリー	設問番号	設　問	肯定群	否定群	差異	検　定
中学校において顕著な学力差が認められた項目						
教育重点目標の設定	問8-3	「読解力」育成を,自校の「目指す子ども像」や重点目標に組み込んでいる。	52.9	47.9	5.0	10％未満
	問8-5	「読解力」育成のために求められる学力観について,校内で共通理解を図っている。	54.3	48.4	5.9	10％未満
	問8-6	「読解力」が育ちやすい学級経営のあり方や子どもへの接し方についての共通理解を図っている。	57.6	48.6	9.0	5％未満
公共文化施設の有効利用	問8-13	公共の図書館や博物館,美術館などの文化施設の活用を促している。	54.2	46.6	7.6	5％未満
各種学習指導法の導入	問8-18	「総合的な学習の時間」や各教科での課題探究型の学習を充実させている。	53.4	47.9	5.5	10％未満
	問8-19	朝読書やNIE活動において,要約・紹介するなどの「読解力」向上につながるような活動を工夫している。	51.6	46.6	5.0	10％未満
	問8-21	パソコンや紙などいろいろなメディアで自分の作品や考えを表現する活動を重視している。	54.1	44.8	9.2	1％未満
	問8-22	作品や発表内容について相互に建設的な批判を伴う深い批評をし合うことを重視している。	56.6	47.2	9.5	1％未満
研修・授業研究の機会	問8-9	「読解力」育成の指導力向上のために,校内研修や授業研究の機会を設定している。	54.7	47.9	6.8	10％未満

出所：図表6-6と同じ。

た詳細な結果については，田中他（2007）を参照して欲しい。

　この2つの図表を参考にして，子どものPISA型読解力の育成を促進する校長のリーダーシップのあり方について考えてみたい。

　ではまず，肯定的な回答をした校長が所属する学校の子どもたちのPISA型読解力の平均値（偏差値）が，小・中学校ともに共通して高かった項目をみてみると，まず「読解力の育成を教育目標として設定している」こと，次に「課題探究型の学習を充実させている」こと，そして「いろいろなメディアを用いた自己表現活動を重視している」ことの3つであることがわかった。さらに，統計的な有意差はないが，肯定群と否定群の間で6ポイント以上の大きな学力差がみられたかどうかを含めて考えると，「ICT環境の充実・活用」もここにあげることができる（図表略）。

　先の教師の指導法に関わる項目との共通点も多いが，さらに，校長のリーダーシップとして特徴的なことは，やはり学校という組織の構成メンバーである教師が，共通の教育目標に向けて努力するように配慮することが求められているのである。

　そして実際に校長が推進すべき教育のあり方としては，PISA型読解力の育成のためには，「課題探究型の学習」と「メディアを用いた自己表現活動」という方向性がしっかりとみえてきた。やはり，PISA型読解力は，筆者が定義するように，「問題解決的な総合言語力」であることと一致しているだけでなく，さらにPISA型読解力は，いわゆる従来の文章の客観的な読みだけを示すものではなく，そこからさらに発展して，自分の言葉で自分の考えを再編集して表現することの必要性を示している。また，「いろいろなメディア」という意味には，連続型テキストだけではなく，非連続型テキストも活用して表現させることの大切さを含んでいるととらえることが大切である。

　校長は，こうした具体的な教育のあり方の方向性をしっかりと全教師にわかりやすく伝えて，全校でPISA型読解力の育成のための教育が計画的に行われるように配慮しなければならない。

　では次に，とくに小学校において効果的なリーダーシップ項目についてみて

第 6 章　PISA型読解力を育てる指導と経営のあり方

みると，それは，「読解力向上のための全体計画の策定」と「保護者への支援の依頼」という2つの項目であった（ICT環境の充実・活用を除く）。

前者は，おそらく小学校が単一の教科専門ではないために，各教科や総合的な学習の時間などで，それぞれの教科特性や課題探究型学習の特徴に応じた指導内容や指導方法をすべて一人で開発することが困難であるために，学校研究を通して明らかになった成果を全教員で共有化する工夫が必要になるからだろう。

さらに後者については，小学校の児童がPISA型読解力の基盤となる学びの基礎力の多くを家庭で身につけることが，発達段階的に望ましいことを示している。

たとえば，これまでの教師の指導法に関わる調査結果とも関連するが，読書習慣の習得，図書館利用，博物館の利用，インターネットやテレビ，新聞などからの情報収集，親子コミュニケーションを通した現代社会の課題についての理解と自分なりの意見の明確化，ノートの整理，宿題以外の家庭学習など，枚挙にいとまがないほどである。

こうした多くの学びの基礎力を育てるには，小学校の4年生くらいから家庭での保護者などからの意図的な働きかけ，つまり家庭の教育力が必要になる。ただし，それを家庭に任せきりにしてしまうのではなく，学校から適宜，たとえば学校便りや学年通信，保護者懇談会，PTA総会などの多くのチャンネルを用いて保護者への協力依頼を継続することが大切である。

フィンランド・メソッドで大切にされている「家庭学習との連携」という項目は，このことと大いに関連があるが，実際には，この項目はメルヴィ・ヴァレ先生が筆者に直接教えてくれたことなのである。

この家庭教育との連携というフィンランド・メソッドに関して，校長のリーダーシップ項目として全国調査によりその効果が実証されたことは，大変興味深いことである。

では，とくに中学校において効果的なリーダーシップ項目についてみてみると，それは，「学力観や学級経営についての共通理解」と「図書館等の公共文

化施設の活用」「朝読書や NIE の工夫」「相互批評の重視」，そして「校内研修や研究授業の設定」という 5 つの項目であった（ICT 環境の充実・活用を除く）。

　この 5 項目についても，中学校らしさが出ていて興味深い（図表略）。

　一つ目の「共通理解」については，中学校が教科担任制であることから，たとえ全教科で言語力の育成や PISA 型読解力の育成という目標を掲げたとしても，具体的な授業のあり方は教科専門の知識をもつ各教師に委ねられることになるため，逆に，学力観や学級経営のあり方についてはすべての教師が共通認識をもつようにしておかないと，研究が各教科でバラバラとなり，まとまりのある成果をあげにくくなるからである。こうした教科担任制の問題点を克服しようとして校長がリーダーシップを発揮している学校は，やはりしっかりとした成果をあげている。

　二つ目と三つ目の項目は，これまでに何度も指摘したように，多様なテキストを読み取る力を育てるために必要となるものである。中学校では，やはりとくに 5 教科の指導において，連続型テキストで，さらに教科書という単一のジャンルを中心とした資料を用いることが多く，それ以外の形式のテキストを用いる機会が少ないため，校長のリーダーシップのもとに，多様なテキストを活用した教育実践を推進している学校で，生徒の PISA 型読解力が向上するのだろう。

　すでに指摘してきたように，こうした多様なテキストを用いた教育のあり方は，まさにフィンランド・メソッドと呼ぶことができる。そして，さらにここでは新しく，「相互批評の重視」という四つ目の項目が，校長のリーダーシップ項目として効果的であることがわかった。これについても，まさに子ども同士の対話を通した作品や考えの練りあげというフィンランド・メソッドなのである。

　わが国の中学校では，小学校の授業と比較して，生徒同士の対話や討論を中心とした授業が極端に少なくなることが，PISA 型読解力における生徒の思考力・判断力・表現力といった高次な学力の向上を妨げている。したがって，校長のリーダーシップにより，授業秩序や学習規律が守られにくい中学校において

ては困難なことであるが，子ども同士のコミュニケーションを活性化する授業を推進することによって，生徒のPISA型読解力が高まることは十分に推測されることである。

最後の五つ目の項目も，中学校の特性が見事に表れている。中学校では，クラブ指導や生徒指導，そして進路指導などの大変さから，小学校のように活発な授業研究や校内研修をもちにくいことは確かである。そのため，校内での研修や研究が行われる場合にでも，優先順位としてどうしても生徒指導に関わる事案が多くなる。

そこで，そのような課題が山積するなかでも，授業改善に取り組み，生徒の日常で多くの比重を占める授業をわかりやすく興味深いものに変えていくことで，生徒指導上の問題を低減しようとしている学校では，それに応じた学力の向上がみられるものである。このデータは，こうした経験則を十分にデータによって裏づけるものであり，教科専門に閉鎖しがちな中学校教師が，PISA型読解力の育成による授業改善という共通テーマに沿って実践研究を始めることの大切さを示しているといえるだろう。

◇3◇ 家庭の教育力が子どものPISA型読解力を育てる

では三つ目の教育力として，保護者による家庭の教育力のあり方と子どものPISA型読解力との関連性はどうなっているだろうか。これまでと同様にして，私たち総合学力研究会が実施した総合学力調査における保護者調査と子どものPISA型読解力調査との相関関係の分析から両者の関係のあり方についてみてみることにしたい。そしてそのことを通して，子どものPISA型読解力を育てる家庭の役割を明らかにするとともに，学校から家庭の教育力を高める働きかけをどのようにすればよいのかについての視点を探っていきたい。

PISA型読解力の結果が世界トップレベルであるフィンランドでは，学校教育のあり方が，社会的構成主義に基づく思考力・判断力・表現力を育てる授業にシフトしたことが成功要因になっているだけでなく，実は，保護者による家

庭教育のあり方が日本のそれと大きく異なっていることがよく指摘されている。

　最も大きなフィンランドの家庭教育の特徴は，読書のあり方とそれを進める地域図書館の役割である。つまり，フィンランドの子どもたちは，学校の国語科教科書の教材を読むだけでなく，同じ作家が書いた物語を発展的に読んだり，地域図書館で借りてきたさまざまなジャンルの本を読んだりしている。しかも北欧の特徴である長い夜や白夜を避けるためにカーテンを閉め切った部屋のなかで，子どもたちはよく本を読む習慣がある。

　二つ目の特徴は，学校から出される宿題が，日本のように算数・数学科と国語科の基礎学力の定着を図るためのドリルプリントだけでなく，たとえば算数科では絵と文章で文章題を作ったり，国語科では物語の下書きを書いたりしてくるような思考・表現型であるために，家庭では保護者がそうした子どもの問題解決的な宿題を応援していることである。

　そして三つ目の家庭教育の特徴は，保護者と子どもが読書をしたり，テレビや新聞で見たり聞いたりしたことについて，よくコミュニケーションをしているということである。その際には，ただ感想を述べ合うだけではなく，「なぜ？」という問いや「なぜなら」という理由づけを考えるのである。そのようにして論理的に積みあげのある会話を家庭で豊かに行うことによって，子どもたちは幼少の頃から家庭で多くの時間を使って，自ら考えて自分の言葉で表現する力を身につけていく。

　このような子どもの思考力や表現力を育てる家庭教育の習慣化が，PISA型読解力で求められている高次な思考力・判断力・表現力と一致しているために，フィンランドの子どもたちがPISA調査において学力世界一になったことは多くの識者が指摘するところである。

　そこで，日本でもこれからの家庭教育のあり方を考えるうえで，こうしたフィンランド式の家庭教育はまだまだ少数であるにしても，実際に日本の家庭の教育のあり方と子どものPISA型読解力との間に相関関係が存在しているかどうかを調査によって明らかに示すことが必要であると考えた。

　巻末資料11に，私たち総合学力研究会が2006年に実施した総合学力調査にお

ける家庭の教育力と子どものPISA型読解力の結果との相関関係を整理した表をあげておいた。保護者に協力してもらったアンケート調査の項目は，本書の第5章で紹介した「家庭の教育力調査」の項目を一部改訂したものを用いた。

　この資料からわかったことは，保護者による家庭の教育力と子どものPISA型読解力との間にははっきりとした相関関係がみられたことである。つまり，家庭の教育力が高いほど子どものPISA型読解力は高いという結果が出たのである。

　具体的な項目をみてみると，「規律やしつけ」の領域では，「宿題は，必ずやり終えるように言っている」や「ふだんから計画的に学習するように言っている」，そして「ふだんから本や事典類にふれさせるようにしている」という項目で，小学校5年・中学校2年ともに明確な有意差が出ている。

　次に「家庭での交流・支援」の領域では，「興味・関心のあることを自分で調べたり，勉強するようにすすめている」や「子どもといっしょに本を読んだり，読んだ本の感想を話し合ったりしている」「子どもといっしょに，美術館や博物館に行ったことがある」，また「新聞に書かれていることについて，子どもとよく話をする」や「子どもといっしょにパソコンを使ったり，インターネットで何かを調べたりする」という項目で，小学校5年・中学校2年ともに明確な有意差が出ている。

　そして「保護者の学びへの参画」の領域では，ほとんどの項目で関係性がみられるが，とくに「授業の手伝いをするボランティアをやりたいと思う」や「教育に関する講演会などにはできるだけ参加するようにしている」，「教養を身に付けたり資格を取るために学習や習い事をしている」という項目で，小学校5年・中学校2年ともに明確な有意差が出ている。

　驚くべきことに，このような調査結果は明らかに日本の家庭においても，フィンランドと同様に，①本や新聞をよく読ませる，②読んだことについて親子で話し合う，そして，③家庭でも興味のあることを自分で調べさせる，といった3つのポイントを押さえた教育を行うことによって，子どものPISA型読解力の向上に大きな効果を発揮する可能性が高まることがわかった。この3

つのポイントは，子どものPISA型読解力の育成をねらいとして，家庭の教育力を高めるこれからの学校教育のあり方を明確に示してくれている。

　もちろん，ここでもこの調査はあくまでも両者の相関関係を示しているだけであり，因果関係まで保障しているわけではないことに注意して欲しい。

4　PISA型読解力指導に関する自己診断チェックシート

　以上のような総合学力調査で明らかになったPISA型読解力を向上させる指導法を整理して，それぞれの学校での指導状況を自己診断するためのチェックシートを，総合学力研究会の田中勇作氏（ベネッセ教育研究開発センター主任研究員）が作成しているので，ここに引用して紹介しておきたい（図表6-8）。

　すべての項目に4点がつくことが最初の目標ではない。まずはじめに，どの項目が提案する指導法に弱く，どの指導法に課題があるのかを発見し，その改善へ向けての計画や見通しをもって，日々の授業改善の取り組みに意図的に活かしていくことである。

　もちろん，教師一人ひとりの指導状況の自己診断にも活用できるし，それを集計して学年や学校全体での自校のフィンランド・メソッドの実施状況の総括的な評価ツールとして用いることもできる。

　このようなしっかりとした事実と証拠に基づく授業改善を推進する契機になれば幸いである。

第 **6** 章　PISA型読解力を育てる指導と経営のあり方

図表 6 - 8　PISA型読解力指導に関する自己診断チェックシート

□あなたが，授業や特別活動などを指導される際に実践していることとして，次のようなことはどの程度あてはまりますか？
　①〜⑳のそれぞれについて，右の１〜４の中から一つ選んで○をつけてください。

	とても あてはまる	まあ あてはまる	あまり あてはまらない	まったく あてはまらない

① 教科書や板書では伝えにくい内容を，パソコン等による映像を用いるなどして，分かりやすく提示している。………　4 ── 3 ── 2 ── 1

② 教科指導において，多くの資料や素材から一つの結論を導き出したり，限られた資料や素材から色々な考えや意見をふくらませたりする。………　4 ── 3 ── 2 ── 1

③ 教科指導や総合学習等で，問題解決の場面や課題を導入し，問題解決の一連のプロセスを子どもにたどらせる。……　4 ── 3 ── 2 ── 1

④ 社説や小論文のような論理的な文章をモデルとして示し，その構造や展開，形態等を模倣したり，参考にしたりして，文章を書かせる。………　4 ── 3 ── 2 ── 1

⑤ 書かれたことを無条件に受け容れるだけでなく，その内容や論旨を評価・吟味して，批判的に読むというような指導を取り入れている。………　4 ── 3 ── 2 ── 1

⑥ 教科指導や総合的な学習において，自分の経験や知識から，予想を立てさせたり，自分なりの解釈をさせたりする。………　4 ── 3 ── 2 ── 1

⑦ IT機器を，情報の収集・分析や思考のツールとして取り入れて，課題探究の過程で積極的に活用させている。……　4 ── 3 ── 2 ── 1

⑧ 毎時の授業に，意見を書く，まとめる，論ずる等の活動の時間を計画的に組み込む。………　4 ── 3 ── 2 ── 1

⑨ 調べたり考えたりしたことを，パソコン等を使って他者に効果的に伝える方法を指導している。………　4 ── 3 ── 2 ── 1

⑩ 国語科でなされている「読解指導」の内容や方法を，他の教科指導でも応用・適用している。………　4 ── 3 ── 2 ── 1

⑪ 文章や資料を読ませる際は，何のために読むのか，読んでどうするのかを子どもたちにいつも意識させるようにしている。………　4 ── 3 ── 2 ── 1

⑫ クラス内での話し合いや発表の機会を積極的に設けるとともに，ふだんから何でも話し合える人間関係を築くように努めている。………　4 ── 3 ── 2 ── 1

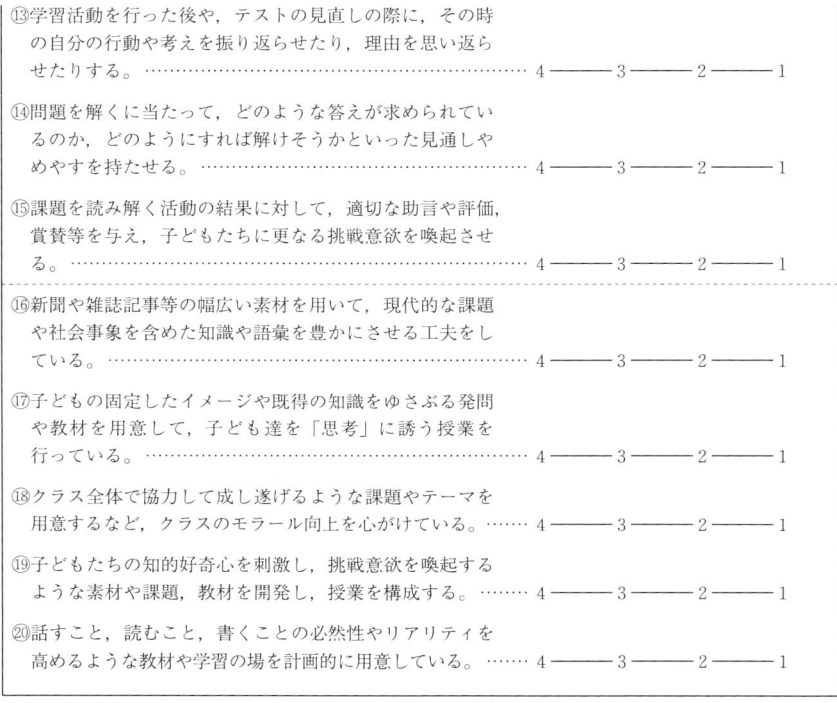

⑬学習活動を行った後や，テストの見直しの際に，その時の自分の行動や考えを振り返らせたり，理由を思い返らせたりする。……………………………………………… 4 ── 3 ── 2 ── 1

⑭問題を解くに当たって，どのような答えが求められているのか，どのようにすれば解けそうかといった見通しやめやすを持たせる。……………………………………… 4 ── 3 ── 2 ── 1

⑮課題を読み解く活動の結果に対して，適切な助言や評価，賞賛等を与え，子どもたちに更なる挑戦意欲を喚起させる。……………………………………………………………… 4 ── 3 ── 2 ── 1

⑯新聞や雑誌記事等の幅広い素材を用いて，現代的な課題や社会事象を含めた知識や語彙を豊かにさせる工夫をしている。……………………………………………………… 4 ── 3 ── 2 ── 1

⑰子どもの固定したイメージや既得の知識をゆさぶる発問や教材を用意して，子ども達を「思考」に誘う授業を行っている。…………………………………………………… 4 ── 3 ── 2 ── 1

⑱クラス全体で協力して成し遂げるような課題やテーマを用意するなど，クラスのモラール向上を心がけている。……… 4 ── 3 ── 2 ── 1

⑲子どもたちの知的好奇心を刺激し，挑戦意欲を喚起するような素材や課題，教材を開発し，授業を構成する。……… 4 ── 3 ── 2 ── 1

⑳話すこと，読むこと，書くことの必然性やリアリティを高めるような教材や学習の場を計画的に用意している。……… 4 ── 3 ── 2 ── 1

出所：田中勇作（2007a：107）。

5　PISA型読解力向上のための提言10か条

では最後に，「学力向上のための基本調査2006」（総合学力調査）によって得られた知見を整理することによって，PISA型読解力向上のための提言10か条を作成してみたので紹介しておきたい。

どの項目も，今回の総合学力調査で得られたデータの裏づけがある。つまり，科学的な根拠をもとにして作られた読解力向上のための教育指針であるといってよい。これを参考にして，各学校で，子どもたちの読解力向上のための教育が広く行われるようになることを，総合学力研究会のメンバー一同，心から願っている。

第6章 PISA型読解力を育てる指導と経営のあり方

■PISA型読解力向上のための提言10か条

　読解力向上のための視点は多数考えられるが，今回の調査を通して改めて重要性が明らかになったのは，特に以下の諸点である。

⑴　読解力の向上には，教科学力だけでなく，社会的実践力と学びの基礎力を含めた，子どもの総合学力を高めることが必要である。

⑵　読解力の向上のためには，読解の基本的指導，論理的思考の訓練・演習，表現活動の指導という3つの指導法を，各学校の実態に応じてバランスよく実施することが大切である。

⑶　文学だけでなく，自然，社会，人間に関する本や資料を，幅広く読ませることが読解力の高まりにつながる。

⑷　とくに，新聞や雑誌記事などの素材を用いて，現代的な課題や社会事象について知識や語彙を豊かにさせることが大切である。

⑸　各教科および総合的な学習の時間で，課題探究型の活動を行わせることが，子どもの読解力向上につながる。

⑹　文章や資料を読ませる際には，何のために読むのか，そして読んでどうするのかといった，読解の目的や活用についても考えさせることが大切である。

⑺　グループで読んだことについて討論させたり，批評会や話し合いによる交流活動をさせたりして総合学級力を高め，学び合う集団を形成することが大切である。

⑻　ICTを活用して，教材提示や思考支援，そして表現活動に取り入れることが，読解力の向上につながる。

⑼　子どもの読解力向上のためには，学校と家庭が連携して，豊かな取り組みや働きかけを行うことが必要である。

⑽　学校での読解力向上のための基盤整備を含めた総合教育力の育成が，子どもの読解力向上につながる。

* なお，この章で用いたデータや資料は，共同研究者である田中勇作氏の以下の論文に依った。記して感謝したい。
- 田中勇作「教師の指導状況と子どもの『読解力』」田中博之・木原俊行・大野裕己監修『「読解力」を育てる総合教育力の向上にむけて』ベネッセ教育研究開発センター，2007年a，88-108ページ。
- 田中勇作「学校組織としての取り組みと子どもの『読解力』」田中博之・木原俊行・大野裕己監修『「読解力」を育てる総合教育力の向上にむけて』ベネッセ教育研究開発センター，2007年b，113-124ページ。

引用・参考文献

田中博之・木原俊行・大野裕己監修『「読解力」を育てる総合教育力の向上にむけて』ベネッセ教育研究開発センター，2007年。

田中博之『フィンランド・メソッドの学力革命』明治図書，2008年。

巻末資料

巻末資料1　社会的実践力に関する設問と回答結果 …………………………………211
巻末資料2　学びの基礎力に関する設問と回答結果 …………………………………212
巻末資料3　英国バートン学園の保護者憲章 …………………………………………214
巻末資料4　「教師の指導力」の自己診断チェックシート …………………………216
巻末資料5　「学校の経営力」の自己診断チェックシート …………………………218
巻末資料6　「家庭の教育力」の自己診断チェックシート …………………………220
巻末資料7　学力向上施策の体系モデル ………………………………………………221
巻末資料8　教師の指導力（FAN）に関する設問と回答結果（抜粋） ……………222
巻末資料9　学校の経営力（MORE）に関する設問と回答結果（抜粋） …………223
巻末資料10　家庭の教育力（DIP）に関する設問と回答結果（抜粋） ……………224
巻末資料11　「家庭の教育力」に関する項目の肯定・否定と子どもの「読解力」など
　　　　　　との関係 ……………………………………………………………………225
巻末資料12　フィンランド・メソッドとつけたい力の整理表 ………………………226

巻末資料出所一覧　227

巻末資料

巻末資料1　社会的実践力に関する設問と回答結果

回答件数：小学5年生 1,705件　　中学2年生 2,002件
1. とてもあてはまる　2. まああてはまる　3. あまりあてはまらない　4. まったくあてはまらない

カテゴリー	設問番号	サブカテゴリー	設問	小5 (%) 1 とても	2 まあ	3 あまり	4 まったく	その他	無回答	中2 (%) 1 とても	2 まあ	3 あまり	4 まったく	その他	無回答
社会的実践力に関する設問	問4①	課題設定力	身のまわりのことや自分が体験したことから、もっと調べてみたいことを見つけることができる。	12.9	47.2	34.5	5.4	0.0	0.0	10.5	36.5	42.8	10.1	0.0	0.0
	問4②	企画実践力	自分が調べてみたいことについて、そのための計画を立てることができる。	11.5	39.8	40.4	8.3	0.0	0.0	6.4	29.2	49.4	15.1	0.0	0.0
	問4③	調査研究力	調べてわかったことをもとに、自分なりの考えを持つことができる。	17.5	47.8	29.2	5.5	0.0	0.0	13.5	43.7	35.8	7.0	0.0	0.0
1 問題解決力	問4④	作品制作力	調べたことや考えたことを、文や絵などにまとめることができる。	22.8	42.2	27.5	7.5	0.0	0.0	12.2	38.2	38.1	11.4	0.0	0.0
	問4⑤	思考力	筋道を立てて、ものごとを考えることができる。	9.5	43.0	39.4	8.2	0.0	0.0	9.6	38.4	44.8	7.1	0.0	0.0
	問4⑥	判断力	大切なことを決めるときに、しりごみしたり、人の意見に流されたりすることがある。	10.4	41.9	37.8	9.9	0.0	0.0	13.8	47.3	31.2	7.7	0.0	0.0
	問4⑦	自己表現力	自分の考えや意見を相手にわかりやすく伝えることができる。	8.5	42.3	40.8	8.4	0.0	0.0	5.9	37.2	48.6	8.2	0.0	0.0
	問4⑧	コミュニケーション力	大人や初めて会った人とでも、はずかしがらずに話ができる。	24.2	32.7	31.8	11.3	0.0	0.0	17.7	33.9	35.3	13.0	0.0	0.0
	問4⑨	メディアリテラシー	電子メールを使ったり、インターネットに書きこみをしたりするときは、きまりを守ったり、相手の気持ちを考えたりしている。	34.7	35.1	14.5	14.6	0.0	0.0	37.8	40.7	12.4	8.0	0.0	1.0
	問4⑩	情報活用力	調べたことを、コンピュータを使ってまとめたり、発表したりすることができる。	17.9	34.0	31.7	16.2	0.0	0.1	15.1	32.6	37.4	14.9	0.0	0.0
2 社会参画力	問4⑪	協調性	意見のちがう人とも協力し合うことができる。	19.5	49.2	25.8	5.5	0.0	0.0	14.5	47.1	31.0	7.4	0.0	0.0
	問4⑫	トラブル解決力	もめごとが起こったときには、間に立ってまとめ役になることができる。	11.7	30.7	41.9	15.6	0.0	0.0	7.6	28.3	44.6	19.5	0.0	0.0
	問4⑬	社会対応力	テレビのニュースや新聞などを見て、最近の社会のできごとをよく知っている。	22.4	40.2	28.1	9.2	0.0	0.0	19.2	41.1	32.3	7.5	0.0	0.0
	問4⑭	共生力	お年寄りや障害のある人に、自分から進んで手助けをしたことがある。	20.9	31.0	32.4	15.6	0.0	0.0	13.8	28.7	36.9	20.6	0.0	0.0
	問4⑮	社会貢献	社会がかかえる課題について、どうすればよいかを考えることがある。	15.1	26.6	35.7	22.5	0.1	0.2	12.9	26.8	36.8	23.4	0.0	0.0
	問5①	公共性	学校や社会のルールを守り、マナーを大切にしている。	23.5	57.8	16.2	2.5	0.0	0.0	18.9	56.1	22.6	2.4	0.0	0.0
	問5②	社会参加	自分が住んでいる地域の活動や行事に進んで参加している。	29.4	33.0	27.7	9.8	0.0	0.0	11.4	27.9	39.6	21.1	0.0	0.0
3 豊かな心	問5③	責任感	自分がやらなければならないことは、責任を持ってやりぬくようにしている。	30.3	48.3	19.1	2.2	0.0	0.0	29.7	48.5	18.7	3.1	0.0	0.0
	問5④	勇気・熱意	むずかしいことでも、失敗をおそれずに取り組んでいる。	19.5	42.8	31.3	6.3	0.0	0.0	12.6	41.4	40.0	6.0	0.0	0.0
	問5⑤	思いやり	家族を尊敬し、大切にしている。	55.2	33.5	9.0	2.1	0.0	0.0	29.5	44.9	20.1	5.5	0.0	0.0
	問5⑥	創造的態度	いつも新しいアイディアを考えたり、工夫したりしている。	21.7	38.5	31.0	8.7	0.0	0.1	14.3	32.7	43.5	9.5	0.0	0.0
	問5⑦	楽しむ力	楽しいことを見つけることが得意である。	37.4	37.7	20.0	4.9	0.0	0.1	30.2	36.0	27.3	6.5	0.0	0.0
	問5⑧	バランス感覚	自分とちがう意見も大切にしている。	21.8	47.4	25.4	5.2	0.0	0.0	14.1	46.1	34.1	5.6	0.0	0.0
	問5⑨	礼儀・マナー	「ありがとう」「ごめんなさい」が自然に言える。	50.9	34.5	12.0	2.5	0.0	0.0	30.4	46.2	19.6	3.9	0.0	0.0
4 自己成長力	問5⑩	成長動機	自分の力をできるだけ伸ばしたいと思う。	62.4	27.2	7.9	2.5	0.0	0.1	69.2	22.2	6.9	1.7	0.0	0.0
	問5⑪	自己コントロール力	イライラしているときでも、まわりの人の意見を聞くことができる。	11.2	39.1	35.2	14.4	0.0	0.0	9.9	34.2	40.1	15.8	0.0	0.0
	問5⑫	自己評価力	どんなことが自分に向いているのかを知っている。	29.1	34.4	25.5	10.9	0.0	0.1	20.3	29.2	35.9	14.6	0.0	0.0
	問5⑬	自信・自尊感情	自分はまわりの人からみとめられていると思う。	8.5	38.5	38.5	14.3	0.0	0.1	3.6	33.0	45.1	18.2	0.0	0.0
	問5⑭	自己実現力	将来の夢や目標を持っている。	62.2	19.8	10.8	7.1	0.0	0.0	42.5	25.9	18.5	13.2	0.0	0.0
	問5⑮	進路決定力	将来やってみたい仕事について、家族と話をすることがある。*	40.1	23.2	19.5	16.8	0.0	0.5	17.0	27.2	36.9	18.9	0.0	0.0

注：* 中2の設問は、「希望する進路について、自分でよく調べている」。

巻末資料2 学びの基礎力に関する設問と回答結果

回答件数：小学5年生 1,705件　　中学2年生 2,002件

1. とてもあてはまる　2. まああてはまる　3. あまりあてはまらない　4. まったくあてはまらない

カテゴリー		設問番号	サブカテゴリー	設問	小5 (%)						中2 (%)					
					1 とても	2 まあ	3 あまり	4 まったく	その他	無回答	1 とても	2 まあ	3 あまり	4 まったく	その他	無回答
A「豊かな基礎体験」に関する質問	1 直接体験	問1①	自然体験	自然の中で遊んだり、活動したりする。	24.4	47.5	24.6	3.4	0.0	0.1	14.5	37.5	37.8	10.1	0.0	0.0
		問1④	生活体験	家で決まった自分の仕事（そうじ、犬の散歩など）をする。	38.4	35.7	18.5	7.3	0.0	0.1	29.3	35.0	25.0	10.7	0.0	0.0
		問1②	文化体験	美術館や博物館に行く。	4.8	20.5	47.7	26.9	0.0	0.1	1.4	9.3	33.9	55.4	0.0	0.0
		問1⑩	文化体験	演劇・音楽・バレエなどの舞台を実際に見る。	8.1	18.5	36.9	36.4	0.0	0.1	5.6	12.3	24.8	57.3	0.0	0.0
		問1⑤	対人体験	先生や家族以外の大人と話をする。	35.5	36.9	21.5	6.0	0.0	0.1	23.0	35.4	30.2	11.4	0.0	0.0
		問1⑥	対人体験	弟妹以外の年下の子どもと話したり、いっしょに遊んだりする。	40.2	35.9	16.8	7.0	0.0	0.1	17.5	31.6	28.5	22.4	0.0	0.0
	2 メディア体験	問1⑦	新聞との接触	新聞のニュース記事を読む。	16.3	36.9	31.8	14.8	0.0	0.1	15.0	35.2	32.1	17.7	0.0	0.0
		問1⑧	インターネットへの接触	インターネットを使って何かを調べる。	31.0	27.3	22.5	19.1	0.0	0.2	34.9	27.0	19.6	18.0	0.1	0.6
		問1⑨	手紙	友だちや知り合いに手紙やはがきを書く。	22.8	25.5	34.0	17.7	0.0	0.1	23.4	19.7	24.7	32.3	0.0	0.0
		問2	読書	この1ヶ月間に読んだ本の数（※注1）	34.3	21.1	39.6	4.9	0.0	0.1	9.7	10.7	59.2	20.3	0.0	0.0
	3 他者との支え合い	問3①	友だちとの支え合い	自分の考えや気持ちを理解してくれる友だちがいる。	42.8	42.6	12.4	2.2	0.0	0.1	36.8	48.4	11.8	2.9	0.0	0.0
		問3②	家族との支え合い	家族は自分のことを気にかけてくれていると思う。	53.4	36.6	7.7	2.3	0.0	0.1	38.0	46.6	11.9	3.5	0.0	0.0
		問3③	家族との支え合い	学校でのできごとなどを自分から家族に話す。	43.5	32.2	18.8	5.4	0.0	0.1	29.1	34.1	25.9	11.0	0.0	0.0
		問3④	教師への信頼	学校の先生は、自分のことをみとめてくれていると思う。	16.9	49.9	26.6	6.5	0.0	0.2	8.0	43.8	36.7	11.4	0.0	0.0
	4 基本的生活習慣	問3⑥	食習慣	朝食は毎日食べるようにしている。	78.8	13.1	6.0	2.1	0.0	0.1	77.0	12.4	7.3	3.2	0.0	0.0
		問3⑦	自律的行動	朝、自分で起きることができる。	29.5	34.5	24.2	11.7	0.0	0.1	33.1	31.6	24.3	11.0	0.0	0.0
		問3⑮	生活リズム	夜おそくまで、だらだらと起きていることがある。	25.1	33.5	25.2	16.1	0.0	0.1	35.1	36.8	20.2	7.8	0.0	0.0
B「学びに向かう力」に関する質問	1 感じ取る力	問3⑧	知的好奇心	ふだんから「ふしぎだな」「なぜだろう」と感じることが多い。	26.9	37.4	28.5	7.2	0.0	0.1	26.2	37.5	30.3	6.1	0.0	0.0
		問3⑨	感性の豊かさ	本やドラマなどを見て、人の生き方に感動することがある。	26.5	35.4	24.8	13.3	0.0	0.1	36.5	33.5	21.4	8.5	0.0	0.0
	2 学習動機	問6①	学ぶ楽しさ	勉強していて、おもしろい、楽しいと思うことがよくある。	25.5	46.6	21.0	6.8	0.0	0.1	11.0	36.4	38.0	14.5	0.0	0.0
		問6③	学習の役立ち感	勉強して身につけた知識は、いずれ仕事や生活の中で役に立つと思う。	50.4	33.7	12.4	3.4	0.0	0.1	21.8	33.9	30.5	13.8	0.0	0.0
		問6④	学習活動の充実感	勉強して何かがわかるようになっていくことはうれしい。	55.5	30.7	11.1	2.7	0.0	0.1	48.8	33.5	13.4	4.2	0.0	0.0
		問6⑤	学力向上心	勉強をして、もっと力や自信をつけたいと思う。	50.4	33.4	12.9	3.2	0.1	0.1	44.2	37.1	13.9	4.7	0.0	0.0
	3 自己効力感	問3⑩	自己肯定感	自分は、やればできると思う。	36.1	45.8	15.0	3.0	0.0	0.1	28.3	45.9	20.7	5.0	0.0	0.0
		問3⑭	自己有能感	友だちからみとめられるような得意なことがある。（※注2）	32.6	32.3	25.3	9.7	0.0	0.1	4.8	32.4	49.3	13.4	0.0	0.1
		問3⑪	達成経験	ものごとをやりとげたときのよろこびを味わったことがある。	59.2	29.3	9.3	2.1	0.0	0.1	55.5	33.2	9.1	2.1	0.0	0.0
	4 自己責任	問6⑦	自助努力	努力をして、苦手な教科も得意になるようにしたい。	59.4	28.9	9.2	2.4	0.0	0.1	54.6	31.1	9.9	4.3	0.0	0.0
		問6⑧	自助努力	成績が悪かったときは、自分の努力が足りなかったからだと思う。	59.6	29.3	8.5	2.5	0.0	0.1	65.9	24.9	6.3	2.9	0.0	0.0
		問6⑨	自己強化力	がんばって勉強したときは、自分をほめたい気持ちになる。	35.6	35.4	18.0	10.9	0.0	0.1	32.3	35.8	21.6	9.9	0.0	0.0
		問6②	失敗を活かす力	勉強で同じまちがいをくり返さないように気をつけている。	38.4	44.2	14.3	3.0	0.0	0.1	21.3	46.5	26.8	5.4	0.0	0.0

巻末資料

カテゴリー	設問番号	サブカテゴリー	設問	小5 (%) 1 とても	2 まあ	3 あまり	4 まったく	その他	無回答	中2 (%) 1 とても	2 まあ	3 あまり	4 まったく	その他	無回答
C「自ら学ぶ力」に関する質問	問8①	1 学習スキル ノートの取り方	黒板に書かれたことは、きちんとノートに書いている。	47.7	38.8	10.7	2.5	0.0	0.2	71.0	23.4	4.2	1.4	0.0	0.0
	問8②	ノートの取り方	絵や図などを使って、わかりやすくノートをまとめている。	24.4	40.0	28.4	7.0	0.0	0.2	27.4	38.0	28.0	6.6	0.0	0.0
	問8③	学び方の工夫	友だちや先生から聞いた勉強のやり方を参考にしている。	35.2	44.6	15.9	4.0	0.1	0.3	22.9	39.5	28.6	8.9	0.0	0.0
	問8⑥	テストへの対応	テストでまちがえた問題は、やり直している。	37.5	34.4	20.0	7.9	0.0	0.2	16.2	32.9	33.6	17.3	0.0	0.0
	問8④	2 学習定着の方略 反復方略	新しく習ったことは、何度もくり返し練習している。	11.3	35.5	41.2	11.8	0.0	0.2	5.6	23.8	51.4	19.1	0.0	0.0
	問8⑩	精緻化方略	授業で習ったことを、自分なりにわかりやすくまとめている。	19.4	31.1	35.5	13.8	0.1	0.2	9.4	27.8	40.5	22.2	0.0	0.1
	問8⑪	体制化方略	授業で習ったことはそのまま覚えるのではなく、その理由や考え方もいっしょに理解している。	16.5	36.0	34.9	12.4	0.0	0.2	11.6	31.3	41.0	16.0	0.0	0.0
	問8⑤	体制化方略	授業で習ったことをふだんの生活と結びつけて考えている。	13.2	38.5	37.0	11.0	0.0	0.3	5.4	18.7	46.8	29.0	0.1	0.0
	問6⑩	3 学習計画力 学習状況の評価	それぞれの教科の内容を自分がどれくらい理解できているかわかっている。	20.6	45.2	26.6	7.5	0.0	0.1	16.5	42.2	33.8	7.5	0.0	0.0
	問6⑥	学習目標・課題の認識	今の自分にとって、どんな勉強をしなければならないかを、よくわかっている。	33.5	40.5	21.1	4.8	0.1	0.1	25.7	33.9	30.0	10.4	0.0	0.0
	問7⑥	学習計画の立案	ふだんから計画を立てて勉強している。	12.2	27.5	39.6	20.6	0.0	0.2	4.4	14.3	42.9	38.3	0.1	0.0
	問8⑦	4 自宅学習習慣 宿題の習慣	宿題はきちんとやっている。	59.7	28.1	9.9	2.1	0.0	0.2	34.7	37.9	21.3	6.0	0.0	0.0
	問8⑨	復習の習慣	授業で習ったことは、その日のうちに復習している。	7.7	23.1	45.1	23.8	0.0	0.2	2.9	12.3	45.9	38.7	0.1	0.0
	問8⑧	自主的な学習	家族に言われなくても、自分から進んで勉強している。	26.0	36.2	26.9	10.7	0.0	0.2	17.2	31.8	33.0	17.8	0.1	0.0
	問8⑫	自主的な学習	興味を持ったことは、自分で進んで調べたり勉強したりしている。	29.7	36.8	24.3	8.8	0.1	0.3	21.7	33.6	30.9	13.8	0.0	0.0
	問9①	学習時間	学校の授業以外に1日どれくらい勉強するか（月から金）（※注3）	22.1	22.9	47.0	7.3	0.0	0.7	24.8	29.0	34.2	12.0	0.0	0.0
	問9②	学習時間	学校の授業以外に1日どれくらい勉強するか（土・日・休み）（※注3）	13.8	19.6	47.3	18.7	0.0	0.6	18.4	24.5	35.1	21.9	0.0	0.1
D「学びを律する力」に関する質問	問7①	1 学習継続力 積み上げる力	何ごとに対しても、こつこつ努力している。	19.5	49.0	27.1	4.2	0.0	0.2	9.8	38.2	43.0	8.9	0.0	0.0
	問7②	克己心	自分のなまけ心に負けないようにしている。	20.8	48.7	26.1	4.2	0.0	0.2	11.8	41.7	37.6	8.7	0.0	0.0
	問7③	遂行力	わからないことはそのままにせず、わかるまでがんばっている。	26.1	44.2	25.0	4.6	0.0	0.2	13.3	36.2	41.7	8.8	0.0	0.0
	問7④	2 学習のけじめ 意識の切り替え	勉強するときはしっかり勉強し、遊ぶときはしっかり遊んでいる。	34.4	41.5	19.6	4.3	0.1	0.1	19.0	35.0	35.1	10.8	0.0	0.0
	問7⑤	集中力	勉強するときは、他のことに気を取られないで集中している。	12.1	40.6	36.6	10.4	0.1	0.1	7.9	29.6	43.9	18.6	0.0	0.0
	問7⑧	注意力	授業中ぼうっとして、大事な事を聞きのがしてしまうことがある。	16.6	38.1	34.8	10.2	0.1	0.2	17.5	41.1	31.1	10.3	0.0	0.0
	問7⑨	注意力	見直しをしないで、うっかりまちがえてしまうことがある。	24.7	45.1	24.1	5.9	0.0	0.2	32.3	44.9	18.7	4.1	0.0	0.0
	問7⑦	3 学習環境の整備 学習時の姿勢	正しい姿勢で机に向かって勉強している。	12.0	33.9	37.7	16.2	0.0	0.2	9.3	23.2	41.1	26.4	0.0	0.0
	問7⑩	身の周りの整理	テレビをつけたり、音楽をかけたりしたまま勉強している。	27.6	24.2	22.4	25.5	0.0	0.4	34.2	26.6	16.4	22.8	0.0	0.0
	問7⑪	学習への準備	必要なものをきちんとそろえてから勉強を始めている。	41.6	34.2	17.9	6.0	0.0	0.4	35.3	36.5	21.9	6.2	0.0	0.1
	問7⑫	4 授業への構え 授業への準備	ふだんから遅刻や忘れ物をしないようにしている。	45.6	35.0	15.2	3.8	0.0	0.4	45.9	32.8	15.9	5.3	0.0	0.1
	問7⑬	積極的な参画	授業を熱心に受けている。	16.4	51.6	26.4	5.2	0.1	0.4	16.8	48.1	28.8	6.2	0.0	0.1
	問3⑫	聞き話す構え	人の話は、最後まできちんと聞いている。	20.4	56.7	20.5	2.3	0.0	0.2	18.2	53.6	25.3	2.9	0.0	0.1
	問3⑬	聞き話す構え	相手の目を見て、はっきりと話している。	12.8	50.7	31.4	5.0	0.1	0.1	14.4	43.9	36.3	5.3	0.0	0.1

注1：1…6冊以上，2…4〜5冊，3…1〜3冊，4…0冊
注2：中2の設問は、「自分の意見や行動は、周りの人に良い影響を与えていると思う」。
注3：1…2時間30分以上，2…1時間30分〜2時間，3…30分〜1時間，4…ほとんどしない

巻末資料3　英国バートン学園の保護者憲章

保護者憲章

（英国バートン学園　2007〜2008）
※　14歳から19歳までを対象とした総合制中等学校

1. 学園が生徒に提供すること
   - 守秘義務を守り，偏りのない情報，アドバイス，ガイダンスを提供する。
   - 生徒と相談や同意のうえで，学習内容を決定する。
   - 学習対象と個人目標を合意して設定する。
   - 入学時に生き生きとして有用な体験プログラムを提供し，生徒ができる限り早く授業と学園生活に慣れるようにする。
   - 個別指導教員を配置し，定期的な個人指導が受けられるようにする。
   - 生徒との話し合いに基づいて個別学習計画を実施する。
   - 学期に2回は，教科学力と実技能力の評価をする。
   - 各単元の開始時点で，基礎スキルとキー・スキルを評価する。
   - 学習スタイルを評価し，可能なときにはそれに応じて教え方を個別化する。
   - 小集団に対するきめ細かな指導と集団の一員として学ぶ機会を提供する。
   - 学習障害をもつ学習者に対して追加的支援と必要な調節を行う。
   - 必要に応じて，生徒の言語的・数的能力を向上させる。
   - 出席状況を調査し，無断欠席については生徒と保護者に連絡をする。

2. 学園が保障する安全な環境
   - リスク評価：すべての授業で，健康と安全の要求水準を守る。
   - 郊外での訪問学習や実習に関する包括的なリスク評価。
   - 生徒からの非開示請求があった個人情報に関する守秘義務（子どもの保護に関する責任を，警察やその他の外部機関と協同で教職員が果たすために必要である場合は除く）。
   - 保護者との連絡は学校が直接保護者に対して行う。ただし，生徒からの要求があった場合にはこの限りではないが，そのような要求があったことは保護者に通知する。
   - 生徒の個人所有物についての点検は，生徒の同意の下に行う。ただし，同意が拒否された場合には，その生徒が18歳未満であれば保護者または警察に通知することがある。
   - 学園は，生徒の個人所有物の紛失および損傷に対しては責任を負わない。生徒は，個人所有物を校内に放置してはならない。保護者は，生徒の個人所有物に対して保険をかけておくことを勧める。

3. 生徒が行うべきこと
   - 事前に正当な理由を学園に通知する場合を除き，すべての授業に出席すること。
   - すべての宿題の締め切り前の提出について責任をもつこと。
   - 盗作することなく宿題や制作物の提出をすること。
   - 試験委員会ならびに顕彰委員会の規則に従うこと。
   - 校内での活動中においては常にマナーを守って行動し，他の生徒や訪問者の学習や仕事の妨害をしないこと。
   - 授業中には他の生徒の妨害になるような携帯電話の使用はしないこと。また，学習資料セン

ターでは許可なく携帯電話を使用してはならない。
- 学園の「機会均等方針」に従い、学園の他の生徒を尊重すること。また、暴力的で侮辱的であり、または、性的・民族的ハラスメントになる言葉を使ったり、ジェスチャーや行為をしたりしないこと。
- 学園の「薬物アルコール指針」を守り、学園内にアルコールや非合法物質を持ち込まないこと。
- 常に学生証明カードを携帯すること。
- どのような代金でもすぐに支払うこと。
- 授業や他の学園の諸活動の改善のために、自己の学習体験についての意見を述べること。
- 早めに授業を終えて教室を出るときは、学園にその理由を報告すること。
- 学園の「コンピュータ・インターネット・電子メール活用指針」を遵守すること。
- 健康と安全のためのルールや規則、そして火災避難手順を守ること。
- とくに実習活動中においては、自分の健康と安全、さらに友だちや教職員、訪問者の健康と安全に影響を与える病状について、学園に報告すること。
- 学園の環境、建物、設備を大切に使うこと。
- 許可された場所でのみ飲食をすること。
- 学園の「禁煙方針」を遵守すること。

4．学園側から保護者に提供すること
　以下の明確で簡潔な情報
- 単元案　・週時間割　・授業参観日
- 家庭学習時間　・評価の方法と資格付与のあり方
- 進級可能性

　その他に保護者ができること
- ご子息の学業成績に関する定期的な報告を受け取る。
- 適切な追加的支援の特徴とその入手可能性に関する情報を要求すること。
- 毎年開催される「保護者の夕べの会」に招待されること。
- 授業と関連付けられた課外活動とその代金についての広報を受け取ること。
- 適切な表彰・顕彰団体に応募するための情報を学園から得ること。

5．学園が保護者に期待すること
- ご子息のパフォーマンスに影響を与える現状の変更や学園外で経験した困難について学園に報告すること。
- ご子息が自律的に学習を進めたり、潜在的可能性を開花させるために、生徒が自立した学習者になるように支援すること。
- 住所や電話番号の変更について学園に文書で連絡すること。
- 不可避である場合に文書で事前通知することなく、通常の学業期間中に家族で旅行などに出かけたりしないこと。
- 1週間に12時間を超えてアルバイトをさせないこと。

6．その他
- すべての「保護者の夕べの会」に出席するよう努力することが大切です。
- 保護者の方が離婚または別居された場合には、学園はご子息の在学権を維持するために相談に乗ります。
- 授業への欠席や早退の届けは生徒の義務ですが、保護者も届けを出させるよう協力してください。

巻末資料4　「教師の指導力」の自己診断チェックシート

あなたは学校の教師として，日頃，授業や指導における取り組みについて，以下のことはどの程度あてはまりますか？
　①～㉔のそれぞれについて，右の1～4の中から一つ選んで○をつけてください。

	とても あてはまる	まあ あてはまる	あまり あてはまらない	まったく あてはまらない
①本物に触れ，感動を体感するような機会や体験を豊富に用意している。	4	3	2	1
②公共心や規範について考えさせたり，身に付けさせたりするための実践指導の機会を設けている。	4	3	2	1
③ペア学習やグループ学習等の形態を柔軟に取り入れて，子ども同士が学び合い，教え合う活動の充実に取り組んでいる。	4	3	2	1
④定期的に面談や意識調査などを行い，子ども一人ひとりの実態や個性を客観的に把握し，個を生かす学習集団作りに取り組んでいる。	4	3	2	1
⑤各単元における学習目標と評価規準を明確にした上で，目標達成に必要な具体的な教材や活動を指導計画に組み込んでいる。	4	3	2	1
⑥教科書や板書では伝えにくい内容を，パソコン等による映像を用いるなどして，分かりやすく提示するようにしている。	4	3	2	1
⑦多様な解答例や模範となるノート等を，クラスで回覧したり，掲示したりしている。	4	3	2	1
⑧セミナーや研究会に自主的に参加したり，教育関連の書籍を読むなどして，教師としての資質・技能を高めることに努めている。	4	3	2	1
⑨教科指導の中にプロジェクト学習の要素を導入して，課題探究型の授業実践に取り組んでいる。	4	3	2	1
⑩IT機器を，情報の収集・分析や思考のツールとして取り入れて，課題探究の過程で積極的に活用させている。	4	3	2	1
⑪調べたり考えたりしたことを互いに伝え合うことで，新たな気づきを得たり，思考を練り上げたりする活動を重視している。	4	3	2	1

巻末資料

⑫複数教科の関連する内容を総合的に取り扱うなど，合科的な指導を試みている。……………………… 4 —— 3 —— 2 —— 1

⑬生活や社会との関わりを意識させて，子どもの関心・意欲・態度をより高次な事象にまで高めさせる指導を行っている。……………………… 4 —— 3 —— 2 —— 1

⑭グラフの読み取り等に関わる算数の知識や技能を先取りして指導し，社会や理科等での資料活用の能力をより確かなものにしている。……………………… 4 —— 3 —— 2 —— 1

⑮「課外での学習」も単なる自習に終わらせずに，学習結果を指導者が点検・評価している。……………… 4 —— 3 —— 2 —— 1

⑯計算や漢字の習得が不十分な子どもへの指導に際しては，当該の学年にこだわらずに，学年をさかのぼって指導をしている。……………………… 4 —— 3 —— 2 —— 1

⑰望ましい学習法やノートの取り方，調べ学習の方法などを随時指導し，個別に相談にのっている。………… 4 —— 3 —— 2 —— 1

⑱「学習のてびき」などを作成し，望ましい学習方法や授業に臨むルールなどを指導している。……………… 4 —— 3 —— 2 —— 1

⑲IT機器の扱い方や，情報収集の仕方，レポートのまとめ方等のスキルに関するハンドブックを作成し，子どもに活用させている。……………………… 4 —— 3 —— 2 —— 1

⑳単元ごとの評価規準や評価の場面，方法等について，子どもたちに具体的に示し，学習への意識づけをしている。……………………… 4 —— 3 —— 2 —— 1

㉑振り返りノートなどで，毎時間の自分の学習状況や成果を振り返らせ，つまずきや成長に気づかせるようにしている。……………………… 4 —— 3 —— 2 —— 1

㉒自己評価の観点や方法，目的を理解させるとともに，自己評価力の育成に取り組んでいる。……………… 4 —— 3 —— 2 —— 1

㉓評価規準や判断基準を活用しながら，子どもと一緒に学習の成果と今後の課題を確認している。………… 4 —— 3 —— 2 —— 1

㉔課題探究等の長期にわたる活動では，中間報告や自己評価の場を設けて，今後の活動の見直しやアドバイスを行っている。……………………… 4 —— 3 —— 2 —— 1

巻末資料5 「学校の経営力」の自己診断チェックシート

あなたは学校の管理職として，学力向上に向けて，自ら実行したり，教職員に指示や働きかけたりしていることとして，次のようなことはどれくらいあてはまりますか？（あなた自身を含む教職員が自発的に提案して採用されていることも含めてお考えください。）

①～⑯のそれぞれについて，右の4～1の中から一つ選んで○をつけてください。

	とても あてはまる	まあ あてはまる	あまり あてはまらない	まったく あてはまらない
①学力調査などの結果から，学校全体の学力の傾向や子ども間の差異などを把握している。	4	3	2	1
②各学年・クラスの課題をもつ子どもの状況を把握している。	4	3	2	1
③研究授業を年に複数回実施し，授業改善の研究を推進している。	4	3	2	1
④研究紀要やホームページなどで研究成果を公開している。	4	3	2	1
⑤教科ごと，学年ごとに学習の統一的な評価規準・判断基準を作成して学校全体で共有していくこと。	4	3	2	1
⑥学力向上や授業改善につながりそうな教師のアイデアや意見を積極的に取り上げて，実践を通して効果を確かめていくこと。	4	3	2	1
⑦小・中学校間で，育てたい力を協議し，学校段階ごとの達成目標を作成して，共通理解を深めること。	4	3	2	1
⑧家庭学習の進め方や保護者への協力依頼事項などを「家庭学習の手引き」として配付し，保護者との連携を強めること。	4	3	2	1
⑨優れた指導のノウハウを伝える場やしくみを作ること。	4	3	2	1
⑩教室や廊下の掲示物は，見やすさや内容を工夫して貼ること。	4	3	2	1
⑪保護者や地域の人に指導補助のボランティアやゲストティーチャーとして協力してもらうこと。	4	3	2	1
⑫よりわかりやすい授業のためにコンピュータを積極的に活用すること。	4	3	2	1

⑬学習技能（表現力，論理的思考力，情報活用力等）の学年間の連続性や系統性が考慮されたカリキュラムを作成すること。…………………………………………… 4 —— 3 —— 2 —— 1

⑭教科において，基礎・基本習得のための学習と問題解決的な学習のバランスのとれたカリキュラムを作成すること。…………………………………………… 4 —— 3 —— 2 —— 1

⑮年度末にカリキュラム評価を実施し，改善に生かすこと。…………………………………………………… 4 —— 3 —— 2 —— 1

⑯子ども同士の学び合いやグループ学習を授業の中に計画的に導入すること。………………………………… 4 —— 3 —— 2 —— 1

巻末資料6 「家庭の教育力」の自己診断チェックシート

> このプリントは，あなたのご家庭における教育的な働きかけがどのような傾向・特徴を持っているかを発見していただくためのチェックリストです。
> 各項目において，「正解（こうあるべきもの）」というものはありません。ありのままの状況をお答えください。

□あなたの家庭でのお子様へのしつけや教育，および，あなた自身についてお答えください。
　①～⑳のそれぞれについて，右の1～4の中から一つ選んで○をつけてください。

	とても あてはまる	まあ あてはまる	あまり あてはまらない	まったく あてはまらない
①テレビを見る時間やゲームをする時間を制限している。	4	3	2	1
②約束したことや自分の言動に責任を持つように言っている。	4	3	2	1
③早寝早起きなど，規則正しい生活をするように言っている。	4	3	2	1
④他の人に迷惑がかかることをしないように言っている。	4	3	2	1
⑤食器の後片付けなど，自分のことは自分でするように言っている。	4	3	2	1
⑥将来の夢の実現のために，今どんなことをすることが大切なのかいっしょに考えるようにしている。	4	3	2	1
⑦子どものよいところをできるだけ認めて自信を持たせるようにしている。	4	3	2	1
⑧学校で習ったことが社会に出て役立った話を聞かせたことがある。	4	3	2	1
⑨子どもから将来の夢や目標について話をよく聞いている。	4	3	2	1
⑩興味・関心のあることを自分で調べたり，勉強したりするようにすすめている。	4	3	2	1
⑪学校通信や学級通信にはいつも目を通すようにしている。	4	3	2	1
⑫授業参観には毎回参加するようにしている。	4	3	2	1
⑬授業の手伝いをするボランティアをやりたいと思う。	4	3	2	1
⑭地域の行事や活動にできるだけ子どもと参加するようにしている。	4	3	2	1
⑮ゲスト・ティーチャーとして授業に参加したことがある。	4	3	2	1
⑯子どもといっしょに本を読んだり，読んだ本の感想を話し合ったりしている。	4	3	2	1
⑰新聞に書かれていることについて，子どもとよく話をする。	4	3	2	1
⑱子どもといっしょに，美術館や博物館に行ったことがある。	4	3	2	1
⑲教育に関する講演会などにはできるだけ参加するようにしている。	4	3	2	1
⑳教養を身に付けたり資格を取るために学習や習い事をしている。	4	3	2	1

巻末資料

巻末資料7　学力向上施策の体系モデル

A. 学校

授業づくりと指導の工夫／学校経営の整備／研修の充実

- 教科と道徳の連携
- 自己成長発表会
- ポートフォリオ評価
- プロジェクト学習
- 地域コミュニティづくり
- 総合的な学習の系統化
- 職業観育成・進路学習
- ボランティア活動
- GTの登用
- 授業前後補充学習
- 考査前放課後補充学習
- 習熟度別学習
- 無学年制
- 少人数指導
- 総合的な学習予算の拡充
- ITコーディネータ派遣
- 国際交流プログラム
- 海外ホームステイプログラム
- 地域ボランティアプログラム
- 山村留学
- 夏休みキャンプ

〈社会的実践力〉／〈教科学力〉／〈学びの基礎力〉

- 学習ガイダンス
- 活用型の学び
- 反復練習
- ICT活用
- 問題解決的な学習
- 本の読み聞かせ
- 信頼の学びづくり
- 対話と賞賛
- ものづくり
- ノート指導
- ICTスキル訓練
- 学習規律の徹底
- 読書タイム
- 体験活動
- 早寝・早起き・朝ご飯
- 家庭学習の手引きの発行
- 図書館セミナー
- 夏休み補充学習
- 学力向上委員会
- 研修の充実
- 放課後補充学習
- 家庭学習の手引きの発行

B. 家庭・地域

地域教育協議会の運営

- テレビニュース・新聞記事の講読
- 学校行事への参画
- 総合的な学習への参画
- 読書感想文
- 親子読書
- 文化施設の訪問
- 自然探索
- 塾
- 家庭教師
- ICTサポーター
- 子供会活動
- 通信制御

C. 教育行政

学力調査の実施と活用

学校評議員制度の確立

巻末資料8　教師の指導力（FAN）に関する設問と回答結果（抜粋）

有効回答件数：小学校教師　約600件　　中学校教師　約580件
1. とてもあてはまる　2. まああてはまる　3. あまりあてはまらない　4. まったくあてはまらない

設問のカテゴリー		設問番号	設問	小学校（%）				中学校（%）			
				1とても	2まあ	3あまり	4まったく	1とても	2まあ	3あまり	4まったく
学習の土台作り（FS）	基礎体験の充実	問3①	本物に触れ、感動を体感するような機会や体験を豊富に用意している。	8.6	61.5	29.9	0.0	11.5	45.5	42.0	1.0
	人間力の育成	問3④	どの子どもにも将来への夢や希望を持たせ、その実現への努力を積極的に支援している。	18.9	63.1	17.9	0.2	24.2	62.2	13.2	0.3
		問3⑤	公共心や規範について考えさせたり、身に付けさせたりするための実践指導の機会を設けている。	24.0	61.7	14.1	0.2	20.1	60.0	19.4	0.5
	学び合う集団形成	問3⑦	ペア学習やグループ学習等の形態を柔軟に取り入れて、子ども同士が学び合い、教え合う活動の充実に取り組んでいる。	35.2	54.1	10.6	0.2	30.7	44.8	22.9	1.6
		問3⑧	定期的に面談や意識調査などを行い、子ども一人ひとりの実態や個性を多面的に把握し、個を生かす学級集団作りに取り組んでいる。	9.0	48.6	39.8	2.7	15.3	48.4	32.3	4.0
	学習習慣の形成	問3⑪	家庭学習計画表などにより、予定と実績を自分で管理させ、家庭における学習習慣の形成に取り組んでいる。	8.5	32.2	43.7	15.7	13.8	44.6	34.1	7.5
	学習の構え・けじめの形成	問3⑪	始業のチャイムがなったら静かに着席する、授業と関係ないものは持ってこないなど、学習のルールについて指導を徹底している。	56.1	40.2	3.5	0.2	59.8	36.9	3.3	0.0
指導の土台作り（FT）	教材研究・単元計画の精緻	問4②	各単元における学習目標と評価規準を明確にした上で、目標達成に必要な具体的な教材や活動を指導計画に組み込んでいる。	9.8	68.4	21.4	0.3	19.9	63.2	16.6	0.3
	板書・発問・提示の工夫	問4④	子どもの実態や興味・関心を踏まえた発問や課題を投げかけて、どの子どもも授業に参画できるようにしている。	29.4	65.0	5.6	0.0	27.0	64.6	8.1	0.4
		問4⑥	教科書や板書では伝えにくい内容を、パソコン等による映像を用いるなどして、分かりやすく提示するようにしている。	5.8	30.2	54.3	9.6	8.7	23.0	49.9	18.3
	学習環境の整備	問4⑧	多様な解答例や模範となるノート等を、クラスで回覧したり、掲示したりしている。	11.9	39.5	39.8	9.2	7.5	30.4	44.3	17.8
	教育へのコミット	問4⑪	セミナーや研究会に自主的に参加したり、教育関連の書籍を読むなどして、教師としての資質・技能を高めることに努めている。	17.9	60.6	20.7	0.8	20.8	46.6	28.6	4.1
		問4⑫	教師であることに誇りと自信を持って日々の指導にあたっている。	29.5	58.4	11.8	0.3	32.4	54.9	11.8	0.9
	教師間の連携	問4⑬	教師間で「授業の進め方」を協議・作成するなどして、学年や学校としての指導の統一性を高める取り組みを展開している。	23.7	57.0	18.7	0.7	20.2	55.0	23.0	1.7
プロジェクト的指導（AS）	体験・作業	問6①	日常の教科指導や学習の中に、体験的な活動や作業活動を随所に取り入れている。	20.5	67.7	11.3	0.5	23.6	52.5	22.1	1.8
	課題探究	問6⑥	教科指導の中にプロジェクト学習の要素を導入して、課題探究型の授業実践に取り組んでいる。	6.4	45.6	42.2	5.8	9.3	35.3	44.5	10.9
		問6⑧	IT機器を情報の収集・分析や思考のツールとして取り入れて、課題探究の過程で積極的に活用している。	7.1	35.8	49.5	7.6	10.6	32.1	43.4	13.9
	表現・表出	問6⑨	調べたり、考えたりしたことを、パソコン等を使って他者に効果的に伝える方法を指導している。	4.6	32.7	49.7	13.0	11.1	34.5	37.8	16.5
	交流・協業	問6⑩	調べたり、考えたりしたことを互いに伝え合うことで、新たな気づきを得たり、思考を練り上げたりする活動を重視している。	23.6	63.5	12.2	0.7	20.4	55.1	21.6	3.0
	総合的な学習との関連	問6⑬	教科の指導・学習を通して獲得した知識や技能を、総合的な学習の中で発展・応用させる取り組みをしている。	11.5	58.0	26.7	3.8	10.6	46.3	35.9	7.1
		問6⑮	複数教科の関連する内容を総合的に取り扱うなど、合科的な指導を試みている。	11.5	47.5	32.3	3.7	6.3	30.9	46.2	16.6
プログラム的指導（AT）	少人数指導	問5①	少人数指導などを通して、一人ひとりの子どもとの関わりの時間と頻度を増やし、きめ細かな指導を展開している。	42.7	50.8	5.6	0.2	41.5	44.5	11.1	2.8
	習熟度別指導	問5⑥	習熟度別指導においては、コース別の指導・学習を行う意義や目的を常に明らかにし、子どもの意識が硬直化しないようにしている。	36.8	49.8	11.5	2.0	26.5	50.0	18.7	4.7
	発展的な内容の指導	問5⑨	生活や社会との関わりを意識させて、子どもの関心・意欲・態度をより高める教材にまで高めさせる指導を行っている。	8.4	52.8	37.0	1.7	11.6	52.0	34.5	1.8
	課外での指導	問5⑪	グラフの読み取り等に関わる算数の知識や技能を先取りして指導し、社会や理科での資料活用の能力をより確かなものにしている。	4.9	42.6	47.4	5.1	8.7	35.7	42.3	13.3
		問5⑫	「課外での学習」も単なる自習に終わらせずに、学習結果を指導者が点検や評価をしている。	19.6	50.8	24.2	5.5	12.8	36.9	34.2	16.1
	定着その他	問5⑭	計算や漢字等の習得が不十分な子どもへの指導に際しては、当該の学年にこだわらずに、学年をさかのぼって指導している。	25.9	55.2	17.6	1.4	18.2	46.9	26.7	8.2
学習ガイダンス（NS）	学習の見通し付け	問7①	この授業・単元を通して、何ができる・分かるようになるのかを子どもに明示している。	21.4	64.1	13.5	1.0	34.7	57.8	7.5	0.0
	学び方の指導	問7④	望ましい学習法やノートの取り方、調べ学習の方法などを随時指導し、個別に相談にのっている。	17.9	60.5	20.8	0.8	21.6	50.3	26.7	1.4
		問7⑤	「学習のてびき」などを作成して、望ましい学習方法や授業に臨むルールなどを指導している。	6.7	39.3	47.0	7.0	23.2	44.7	26.1	6.0
		問7⑥	IT機器の扱い方や、情報収集の仕方、レポートのまとめ方等のスキルに関するハンドブックを作成して、子どもに活用している。	1.8	17.6	49.9	30.6	3.7	15.9	46.5	33.9
	評価規準の共有	問7⑨	単元ごとの評価規準や評価の場面、方法等について、子どもたちに具体的に示し、学習への意識づけをしている。	5.7	39.7	45.5	9.1	20.7	53.4	22.3	3.7
	学習の意義理解	問7⑪	これからの社会や仕事で求められる知識や技能について説明するなどして、子どもたちに教科学習の意義について伝えている。	11.1	58.9	27.7	2.3	21.8	58.8	18.6	0.9
形成的評価と指導（NT）	振り返り指導	問8①	振り返りノートなどで、毎時間の自分の学習状況や成果を振り返らせ、つまずきや成長に気づかせるようにしている。	13.6	52.0	31.0	3.4	16.1	37.5	38.2	8.1
		問8②	自己評価の観点や方法、目的を理解させるとともに、自己評価力の育成に取り組んでいる。	11.4	51.3	34.5	2.7	15.9	51.5	28.6	4.0
	点検とフォロー	問8⑥	評価規準や判断基準を活用しながら、子どもと一緒に学習の成果と今後の課題を確認している。	4.7	42.7	47.7	4.7	8.2	47.0	40.9	3.8
	形成的評価	問8⑦	小単元ごとに学習の到達状況をチェックし指導する時間を、指導計画の中にきちんと位置づけている。	10.3	49.1	36.3	4.4	14.4	45.0	36.7	3.9
		問8⑧	課題探究等の長期にわたる活動では、中間報告や自己評価の場を設けて、今後の活動の見直しやアドバイスをしている。	9.1	55.2	31.5	4.2	8.2	44.0	40.6	7.2
	定着・習熟	問8⑩	授業中や宿題で、ドリルや反復練習を行うなどして、知識や技能の定着と習熟を図っている。	62.6	34.2	2.7	0.5	33.1	52.3	12.1	2.5

注：設問番号にアミをかけたものは、本文中で総合スコアの算出に用いた項目（以下も同様）。

巻末資料

巻末資料9　学校の経営力（MORE）に関する設問と回答結果（抜粋）

有効回答件数：小学校校長　約110件　　中学校校長　約110件

1. とてもあてはまる　2. まあまああてはまる　3. あまりあてはまらない　4. まったくあてはまらない

設問のカテゴリー		設問番号	設問	小学校 (%)				中学校 (%)			
				1とても	2まあ	3あまり	4まったく	1とても	2まあ	3あまり	4まったく
マネジメント (M)	校長の経営方針	問3①	学力向上に向けたビジョン（方針）や考え方を教職員に示している。	60.0	37.3	2.7	0.0	44.1	48.6	7.2	0.0
	学力向上の推進基盤作り	問3④	学力調査などの結果から、学校全体の学力の傾向や子どもの差異などを把握している。	46.8	39.6	12.6	0.9	45.5	49.1	5.4	0.0
	学校、子ども、保護者の実態把握	問3⑤	各学年・クラスの課題をもつ子どもの状況を把握している。	43.2	51.4	5.4	0.0	37.5	58.0	4.5	0.0
	教職員に対する指導関与・管理・育成	問3⑦	学校の教育目標達成のために教師一人ひとりの指導力の向上に関わる達成目標を各教師との話し合いを通して決めている。	13.5	44.1	36.9	5.4	12.5	37.5	45.5	4.5
		問3⑨	校内の研究授業などに参加して、授業改善に関して具体的に助言している。	46.8	49.5	3.6	0.0	39.4	51.4	9.2	0.0
	教育資源の整備・充実	問3⑭	教育行政に対して、必要な人員の確保や施設・設備の整備、予算確保について積極的に交渉している。	39.6	43.2	16.2	0.9	38.4	50.0	11.6	0.0
		問3⑮	地域の人材や学生ボランティアを、学校教育の充実のために活用している。	30.6	52.3	15.3	1.8	15.5	40.0	40.0	4.5
	研究・実践の推進	問3⑯	研究授業を年に複数回実施し、授業改善の研究を推進している。	81.1	17.1	0.9	0.0	58.6	35.1	4.5	1.8
		問3⑰	研究紀要やホームページなどで研究成果を公開している。	44.1	35.1	18.0	2.7	32.4	36.9	24.3	6.3
	保護者・地域への説明責任	問3⑱	育てたい力や達成目標、目標実現の施策について保護者にわかりやすく説明している。	29.7	58.6	10.8	0.9	23.4	61.3	15.3	0.0
組織・体制 (O)	内部の組織体制・連携	問4①	教職員の指導力向上のために学校全体の年間研修計画を作成すること	39.6	52.3	5.4	2.7	40.1	52.3	42.3	5.4	0.0
	教職員の指導力・資質の向上	問4②	教師一人ひとりについて、目標達成のための育成・研修プログラムを作成すること	5.4	37.8	47.7	9.0	2.7	33.0	58.0	6.3
	教職員の連携・協働の強化	問4③	一人ひとりの子どもの状況を学年担任団全体で共有し、意思統一を図りながら指導すること	36.4	53.6	10.0	0.0	28.7	58.6	5.4	0.0
		問4④	教科ごと、学年ごとに学習の統一的な評価規準・判断基準を作成して学校全体で共有していくこと	38.7	52.3	9.0	0.0	42.9	49.1	8.0	0.0
	職場の風土作り	問4⑧	学力向上や授業改善につながりそうな教師のアイデアや意見を積極的に取り上げて、実践を通じてその効果を確かめていくこと	41.4	45.0	13.5	0.0	30.4	55.4	14.3	0.0
	学校間連携	情報交換	問5①	小中学校間で、互いの指導内容や子どもの状況について、情報交換する場を設けている。	23.4	52.3	21.6	2.7	33.9	53.6	11.6	0.9
		合同の活動	問5②	小中学校間で合同の研究授業を行っている。	18.9	30.6	36.9	13.5	25.0	26.8	33.9	14.3
		教育ビジョンづくり	問5⑤	小中学校間で、育てたい力を協議し、学校段階ごとの達成目標を作成して、共通理解を深めている。	6.3	26.1	43.2	24.3	8.9	33.0	42.9	15.2
	保護者・地域との連携	保護者への情報公開と説明責任	問6①	子どもの学力や生活の実態調査の結果を保護者に公開し、教育の在り方を共に考える材料にすること	25.0	58.0	15.2	1.8	27.0	58.6	13.5	0.9
		保護者の声の反映	問6④	学校の教育ビジョンや計画づくりに保護者の声を取り入れるために、保護者にアンケートを実施し、話し合いの場を設けたりすること	34.8	45.5	18.8	0.9	20.7	53.2	22.5	3.6
		家庭学習の支援と保護者の啓発	問6⑦	家庭学習の進め方や保護者への協力依頼事項などを「家庭学習の手引き」として配付し、保護者との連携を強めること	13.4	31.3	46.4	8.9	13.5	41.4	39.6	5.4
			問6⑧	各教科等の評価規準や判断基準を保護者に公開し、子どもの家庭学習に対する保護者の支援を促すこと	8.9	39.3	39.3	12.5	17.1	41.4	35.1	6.3
			問6⑩	成績表（通知表）を保護者と子どもにとってわかりやすいものにするために、表現の工夫や副表の作成を行うこと	30.4	52.7	14.3	2.7	31.5	55.9	12.6	0.0
教育資源 (R)	人・物・情報の教育的活用	指導ノウハウの伝承	問4⑦	優れた指導のノウハウを伝える場やしくみを作ること	19.8	55.9	24.3	0.0	12.6	59.5	27.9	0.0
		保護者・地域の教育力の活用	問6⑩	保護者や地域の人に指導補助のボランティアやゲストティーチャーとして協力してもらうこと	35.7	43.8	17.0	3.6	7.2	48.6	38.7	5.4
		授業へのIT活用	問7⑩	よりわかりやすい授業のためにコンピュータを積極的に活用すること	18.8	54.5	25.9	0.0	7.2	54.1	35.1	3.6
	施設・設備の有効活用		問8①	学校のオープンスペースや廊下、空き教室、パソコン等の施設や設備を有効に活用すること	35.5	53.6	10.9	0.0	30.0	54.5	14.5	0.9
			問8②	教室や廊下の掲示物は、見やすさや内容を工夫して貼ること	35.5	60.0	4.5	0.0	30.9	61.8	7.3	0.0
	教室内の清掃・整理整頓		問8③	教室の棚や子どもの机の中を整理・整頓させること	24.5	65.5	8.2	1.8	30.6	59.5	9.9	0.0
教育課程 (E)	カリキュラムの設計と実践	総合的なカリキュラム編成	問7①	学習技能（表現力、論理的思考力、情報活用力等）の学年間の連続性や系統性が考慮されたカリキュラムを作成すること	22.3	55.4	21.4	0.9	16.2	61.3	21.6	0.9
			問7②	教科学習と総合的な学習の時間の連携が考慮されたカリキュラムを作成すること	23.2	63.4	12.5	0.9	19.0	57.7	23.4	0.0
			問7⑤	教科において、基礎・基本習得のための学習と問題解決的な学習のバランスのとれたカリキュラムを作成すること	37.5	52.7	8.9	0.0	30.0	60.9	9.1	0.0
			問7⑥	学校教育全体としてキャリア教育（望ましい勤労観・職業観等の育成等）に体系的に取り組めるようなカリキュラムを作成すること	5.4	27.7	58.9	8.0	17.1	61.3	20.7	0.9
		育てたい力と評価規準・判断基準	問7⑦	子どもに育てたい力を多面的・総合的に捉えること	27.7	60.7	9.8	1.8	21.6	65.8	12.6	0.0
		カリキュラム評価	問7⑫	カリキュラム評価に関して保護者や子どもによる評価を生かすこと	8.9	44.6	38.4	8.0	8.1	48.6	37.8	5.4
			問7⑬	年度末にカリキュラム評価を実施し、改善に生かすこと	35.7	50.0	12.5	1.8	19.8	67.6	12.6	0.0
		授業改善の基本方針	問7⑪	宿題を学校できちんと点検し指導できる体制をとること	25.9	56.3	17.0	0.9	31.5	56.8	10.8	0.9
			問7⑰	子ども同士の学び合いやグループ学習を授業の中に計画的に導入すること	42.0	49.1	8.9	0.0	30.6	60.4	9.0	0.0

注：上の設問は、学力向上への校長の活動や働きかけについて、校長に対して問うている項目である。

巻末資料10　家庭の教育力（DIP）に関する設問と回答結果（抜粋）

有効回答件数：小学生保護者 約3,840件　　中学生保護者 約2,490件
1. とてもあてはまる　2. まあまああてはまる　3. あまりあてはまらない　4. まったくあてはまらない

設問のカテゴリー			設問番号	設問	小学校（%）				中学校（%）			
					1とても	2まあ	3あまり	4まったく	1とても	2まあ	3あまり	4まったく
規律やしつけ（D）	生活習慣と社会性の育成	基本的な生活習慣	問5①	早寝早起きなど，規則正しい生活をするように言っている。	45.2	46.2	8.2	0.4	32.6	53.5	12.6	1.3
			問5②	朝食は毎日しっかり食べるように言っている。	69.3	27.5	3.0	0.1	60.0	33.4	5.3	1.4
			問5③	食器の後片付けなど，自分のことは自分でするように言っている。	46.7	42.2	10.4	0.7	37.6	44.7	15.9	1.8
			問5④	テレビを見る時間やゲームをする時間を制限している。	27.0	42.9	26.5	3.5	15.9	41.3	35.7	7.0
		社会性の育成	問5⑤	約束したことや自分の言動に責任を持つように言っている。	50.0	45.3	4.3	0.4	44.1	49.7	5.7	0.5
			問5⑦	相手の立場を尊重し，自分と違う考え方も大事にするように言っている。	39.9	50.9	8.9	0.3	41.3	49.7	8.3	0.6
	学習習慣の確立	宿題やテストへの対応	問5⑧	宿題は，必ずやり終えるように言っている。	65.4	29.4	4.5	0.6	43.3	40.7	13.3	2.7
			問5⑨	むずかしい問題でも，投げ出さないでじっくり考えるように言っている。	42.0	48.8	8.7	0.5	27.7	53.2	16.8	2.3
		自主的学習の尊重	問5⑩	子どもが意欲を示したことは年齢に関係なく挑戦させている。	34.6	49.0	15.9	0.5	28.9	49.5	20.3	1.3
			問5⑪	ふだんから計画的に学習するように言っている。	23.9	47.6	26.4	2.2	26.4	50.7	20.3	2.7
		学びの基礎力	問5⑫	学校で習ったことが社会に出て役立った話を聞かせたことがある。	18.8	43.6	32.6	5.0	19.5	42.6	33.0	5.0
			問5⑬	やりはじめたことは最後までやり遂げるように言っている。	44.8	47.6	7.3	0.3	36.9	53.0	9.3	0.8
			問5⑭	よく確かめてかん違いや思い込みをなくすように言っている。	32.8	49.6	16.9	0.8	28.1	53.0	17.3	1.6
家庭での交流・支援（I）	認知的活動の誘導・支援	基本的スタンス	問6①	子どもに言うだけでなく，自ら手本を示すようにこころがけている。	12.2	66.2	21.0	0.6	10.7	64.3	24.1	0.9
			問6②	子どもの意見や判断を尊重して，できるだけ口出ししないようにしている。	7.2	53.7	37.4	1.7	9.0	57.1	32.1	1.7
			問6③	子どもに，自分自身の成長や変化に気づかせるようにしている。	11.6	54.7	32.8	0.9	9.4	55.1	33.9	1.6
			問6⑧	子どものよいところをできるだけ認めて自信を持たせるようにしている。	33.9	56.0	10.0	0.2	28.6	59.1	11.5	0.7
		子どもの目標づくり支援	問6⑤	子どもから将来の夢や目標について話をよく聞いている。	21.1	47.2	29.6	2.1	22.5	48.5	26.2	2.7
			問6⑥	将来の夢の実現のために，今どんなことをすることが大切なのかをいっしょに考えるようにしている。	18.3	44.7	34.0	3.0	26.1	50.1	21.7	2.0
			問6⑦	興味・関心のあることを自分で調べたり，勉強するようにすすめている。	21.4	53.2	24.2	1.2	19.0	53.3	26.1	1.5
			問6⑨	働くことの大切さや尊さをいっしょに考えるようにしている。	31.1	50.9	17.0	0.9	27.0	52.5	19.4	1.1
			問6⑩	自分の子どものころの夢や，その実現のためにがんばった話を聞かせたことがある。	19.9	38.3	35.9	5.8	19.3	40.0	35.4	5.2
			問6⑪	成績表（通知表）を見て，子どもとこれからの目標について話をしている。	18.2	48.7	29.6	3.6	22.2	53.0	22.6	2.2
	体験的活動の誘導・支援	豊かな体験活動	問6⑫	子どもといっしょに本を読んだり，読んだ本の感想を話し合ったりしている。	11.3	33.2	47.4	8.1	7.5	25.7	51.9	14.9
			問6⑬	新聞に書かれていることについて，子どもとよく話をする。	9.3	35.7	46.5	8.4	11.2	38.0	43.8	7.0
			問6⑭	子どもが小さいころから，自然の中で，家族いっしょに遊んだり，活動したりする経験を積んできている。	24.7	43.0	28.7	3.6	23.0	43.0	29.4	4.6
			問6⑮	子どもといっしょに，美術館や博物館に行ったことがある。	22.5	36.9	27.6	12.9	17.9	37.0	31.2	13.9
			問6⑰	子どもといっしょにパソコンを使ったり，インターネットで何かを調べたりする。	22.1	33.5	26.9	17.6	18.4	33.6	29.6	18.4
			問6⑱	子どもに家庭の中の仕事で頼りにしてまかせている役割がある。	29.1	37.8	28.2	4.9	21.6	33.3	36.3	8.7
学校への参画（P）	学校教育活動への参画	学校発信への関心	問7①	学校通信や学級通信にはいつも目を通すようにしている。	65.0	31.8	2.9	0.3	53.6	37.8	7.2	1.4
		授業参観の参加状況	問7②	授業参観は毎回参加するようにしている。	57.6	28.5	11.5	2.4	31.0	32.9	29.1	7.0
		学校行事への参加状況	問7④	授業の手伝いをするボランティアとして参加したことがある。	8.7	17.3	18.7	55.3	3.1	9.1	18.7	69.1
			問7⑤	保護者会やPTA総会で，学校への希望や意見を発言する。	4.2	15.7	38.5	41.6	3.3	13.2	40.3	43.1
		学校への協力・参画意向	問7⑥	授業の手伝いをするボランティアをやりたいと思う。	6.0	24.0	41.4	28.5	3.6	16.4	44.0	36.0
			問7⑦	ゲストティーチャーとして授業に協力したいと思う。	3.5	12.1	44.0	40.4	2.3	9.5	42.5	45.7
	保護者自身の学習行動	教育動向への関心	問7⑧	教育についてのテレビ番組を見たり，新聞・雑誌の記事に目を通すようにしている。	20.5	50.0	23.5	6.1	17.8	53.0	24.0	5.2
			問7⑨	教育に関する講演会などにはできるだけ参加するようにしている。	4.8	19.7	49.2	26.3	5.9	25.8	48.4	20.0
		生涯学習への参画	問7⑩	教養を身に付けたり資格を取るために学習や習い事をしている。	10.9	20.8	32.4	35.9	10.0	22.1	34.6	33.2

巻末資料

巻末資料11 「家庭の教育力」に関する項目の肯定・否定と子どもの「読解力」などとの関係

領域	設問番号	設問内容	群	読解力 小5 偏差値	読解力 小5 検定	読解力 中2 偏差値	読解力 中2 検定	教科総合, 学びの基礎力, 社会的実践力の有意差 小5	教科総合, 学びの基礎力, 社会的実践力の有意差 中2
規律やしつけ（D）	問4-1	早寝早起きなど、規則正しい生活をするように言っている。	肯定	50.2	*	50.3	**	○	○
			否定	48.5		48.0			
	問4-6	相手の立場を尊重し、自分と違う考え方も大事にするように言っている。	肯定	49.9		50.2	*		○
			否定	50.7		48.1			
	問4-9	宿題は、必ずやり終えるように言っている。	肯定	50.3	**	50.3	**	○	○
			否定	46.2		47.7			
	問4-10	むずかしい問題でも、投げ出さないでじっくり考えるように言っている。	肯定	50.3		50.3	**	○	○
			否定	48.2	*	47.9			
	問4-11	子どもが意欲を示したことは年齢に関係なく挑戦させている。	肯定	50.2		50.4	**		○
			否定	49.1		48.5			
	問4-12	ふだんから計画的に学習するように言っている。	肯定	50.7	**	50.4	**	○	○
			否定	48.0		48.6			
	問4-17	人が言うことや本に書いていることをうのみにしないで、自分でよく調べたり考えたりするように言っている。	肯定	49.9		50.4	**		○
			否定	50.2		49.2			
	問4-19	ふだんから本や事典類にふれさせるようにしている。	肯定	51.5	**	51.3	**	○	○
			否定	46.8		48.1			
家庭での交流・支援（I）	問5-1	子どもを一人の人格・個性をもった人間として尊重している。	肯定	50.0		50.2	*		○
			否定	49.8		47.5			
	問5-7	将来の夢の実現のために、今どんなことをすることが大切なのかいっしょに考えるようにしている。	肯定	50.0		50.3	*		○
			否定	50.2		49.1			
	問5-9	興味・関心のあることを自分で調べたり、勉強するようにすすめている。	肯定	50.7	**	50.5	**	○	○
			否定	47.9		48.7			
	問5-13	子どもと話をするときは、できるだけ正しい言葉遣いをこころがけている。	肯定	50.5	*	50.2			
			否定	49.3		49.8			
	問5-18	子どもといっしょに本を読んだり、読んだ本の感想を話し合ったりしている。	肯定	51.2	**	51.6	**	○	○
			否定	49.0		49.2			
	問5-19	新聞に書かれていることについて、子どもとよく話をする。	肯定	51.2		50.6	**		○
			否定	48.8		49.2			
	問5-20	子どもが小さいころから、自然の中で、家族いっしょに遊んだり、活動したりする経験を積んできている。	肯定	50.1		50.3	*		○
			否定	50.0		49.4			
	問5-22	子どもといっしょに、美術館や博物館に行ったことがある。	肯定	51.0	**	50.9	**	○	○
			否定	48.3		48.7			
	問5-23	子どもといっしょにパソコンを使ったり、インターネットで何かを調べたりする。	肯定	51.5	**	51.0	**	○	○
			否定	47.8		48.6			
保護者の学びへの参画（P）	問6-1	学校通信や学級通信にはいつも目を通すようにしている。	肯定	50.2	*	50.4	**	○	○
			否定	48.0		46.1			
	問6-3	授業の手伝いをするボランティアとして参加したことがある。	肯定	51.5	**	51.1	*	○	○
			否定	49.5		49.8			
	問6-4	保護者会やPTA総会で、学校への希望や意見を発言するようにしている。	肯定	51.3		50.7			
			否定	49.7		49.9			
	問6-5	授業の手伝いをするボランティアをやりたいと思う。	肯定	51.5	**	51.5	**	○	○
			否定	49.5		49.6			
	問6-6	教育に関する講演会などにはできるだけ参加するようにしている。	肯定	51.6		51.6			
			否定	49.2		49.1			
	問6-7	教養を身に付けたり資格を取るために学習や習い事をしている。	肯定	51.1	**	50.8	**	○	○
			否定	49.5		49.1			

注：各設問に対して「とてもあてはまる」「まああてはまる」と回答している保護者を肯定群、「あまりあてはまらない」「まったくあてはまらない」と回答している保護者を否定群とし、それぞれの群に属する保護者の子どもの「読解力」スコア（偏差値）の平均と、両群の差の検定結果を示す。「**」「*」は、それぞれ両群の差が、1％水準、5％水準で統計的に有意であることを表す。○印は、教科総合、学びの基礎力、社会的実践力すべてについて同様に両群の差が有意なものを示す。設問番号に網かけしている項目は、小5・中2に共通して、すべての学力領域で有意な差が認められる項目を表す。

巻末資料12 フィンランド・メソッドとつけたい力の整理表

領域		メソッド	つけたい力
1. カリキュラム編成		① 算数、国語、社会等の複数の教科を横断して読解力を育てる指導を行う。 ② ドラマ科やプロジェクト学習週間等を設定して表現力や課題解決力を育てる。	・読解力 ・表現力、課題解決力
2. 単元構成		① 既有の知識・技能を活用させる問題解決的な学習を設定する。 ② 読む・書く・聞く・話すという四言語活動を関連づけて取り入れる。 ③ 情報の取り出し・解釈・熟考・評価を変換させながら表現をさせる。 ④ 音声言語と文字言語を変換させながら表現をさせる。 ⑤ 個別学習、小集団学習、一斉学習を組み合わせる。	・問題解決力 ・総合言語力 ・調査研究力 ・モード変換力 ・協力性、協調性
3. 家庭学習との連携		① 家庭での親子読書や地域図書館の利用を促す。 ② 作文やレポート、問題づくり等の課題発展型の宿題を出す。	・読書習慣 ・表現力、思考力
4. 指導方法	(1) 多様な資料の活用	① 複数の資料を比較・総合して結論を出させる。 ② 資料の先読みや資料の間違った箇所の訂正をさせる。 ③ 生活の中身近な教材や社会問題を学習内容として取り上げる。	・比較分析力 ・先を読む力、修正力 ・生活に活かす力
	(2) 型の提示と活用	① 思考と表現の型を教えて個別性に活用させる。 ② 思考して表現する常に主題を意識化させる。 ③ 内容理解でなくつけていく作品批評や創作技法の評価を行わせる。	・基礎学力を活かす力 ・主題把握力 ・作品評価力
	(3) 共同的集団づくり	① サークルタイムや相互評価を通して考えの深化や表現の練り上げを行う。 ② 学習規律のあり方をグループで考えさせてルールを守らせる。 ③ 宿題の答えを合わせグループや班題の作品発表を学級全体で行わせる。	・討論力、相互評価力 ・学習規律 ・協力性、協調性
	(4) 表現活動の重視	① 多様な表現活動をさせる（パンフレット劇、書き換え、条件作文等）。 ② 即興表現を行わせて豊かな発想力や表現力を育てる。 ③ 異なる形式のテキストを組み合わせてまとめさせる（レポート、新聞）。	・表現力 ・即興表現力 ・総合表現力
	(5) 思考の活性化	① カルタを用いて自分の考えや創作物に自ら論理的に答えるようにする。 ② 常に「なぜ？」を問い、それに自ら論理的に答えるようにする。 ③ 資料の裏にある仮説・根拠・仮定を考えさせる。	・発想力、関係構造化力 ・論理的思考力 ・洞察力、推察力
	(6) 自分づくり	① 常に自分の言葉で考えて、自分の考えを論理的に表現させる。 ② 自らの調査や実験等で収集したデータを元にして資料を作成させる。 ③ 自己成長や学習力向上の軌跡を振り返らせて自尊感情を育てる。	・自ら考える力 ・主体的な資料作成力 ・自信、自尊感情
	(7) 個に応じた指導	① 朝の始業前に課題のある子に対して補充指導を行う。 ② 授業中、課題達成力の違いに応じて異なる学習課題を与える。 ③ 一人ひとりのレベルに応じた学び方を育成する。	・基礎学力、自尊感情 ・基礎学力、自尊感情 ・学び方のスキルと態度

巻末資料出所一覧

巻末資料1 小林洋「『生きる力』の自己評価の現状」田中博之・木原俊行監修『豊かな学力の確かな育成に向けて』ベネッセ教育総研，2003年，63ページ。

巻末資料2 小林洋「『学びの基礎力』の自己評価の現状」田中博之・木原俊行監修『豊かな学力の確かな育成に向けて』ベネッセ教育総研，2003年，50-51ページ。

巻末資料3 http://www.burton-college.ac.uk/

巻末資料4 田中博之・木原俊行・大野裕己監修『学力向上ハンドブック』ベネッセ教育研究開発センター，2007年，添付CD-ROM，第4章。

巻末資料5 田中博之・木原俊行・大野裕己監修『学力向上ハンドブック』ベネッセ教育研究開発センター，2007年，添付CD-ROM，第4章。

巻末資料6 田中博之・木原俊行・大野裕己監修『学力向上ハンドブック』ベネッセ教育研究開発センター，2007年，添付CD-ROM，第4章。

巻末資料7 木原俊行「多面的な実態把握から学力向上を目指した『トータルデザイン』へ」田中博之・木原俊行・大野裕己監修『総合教育力の向上が子どもの学力を伸ばす』ベネッセ教育総研，2005年，229ページを一部改変。

巻末資料8 小林洋「教師への調査結果から見た指導力発揮の現状と課題」田中博之・木原俊行・大野裕己監修『総合教育力の向上が子どもの学力を伸ばす』ベネッセ教育総研，2005年，33ページおよび36-37ページ。

巻末資料9 小林洋「学力向上に向けた『学校の経営力』の現状と課題」田中博之・木原俊行・大野裕己監修『総合教育力の向上が子どもの学力を伸ばす』ベネッセ教育総研，2005年，66-67ページ。

巻末資料10 小林洋「保護者の『学校への満足度』と『家庭の教育力』発揮の現状」田中博之・木原俊行・大野裕己監修『総合教育力の向上が子どもの学力を伸ばす』ベネッセ教育総研，2005年，53ページ。

巻末資料11 小林洋「『家庭の教育力』と子どもの『読解力』との関係」田中博之・木原俊行・大野裕己監修『「読解力」を育てる総合教育力の向上にむけて』ベネッセ教育研究開発センター，2007年，130ページ。

巻末資料12 田中博之『フィンランド・メソッドの学力革命』明治図書，2008年，37-38ページ。

おわりに
──学力向上のトータルデザイン──

　本書を書き終えて，今再び強く心に残るのは，バランス教育の大切さである。
　1つの学力から授業づくりの原則を導き出すのではなく，自分が慣れ親しんだ好みの指導法を中心にして授業を組み立てるのでもない。子どもの豊かな学力を構想して，その豊かさを保障するためにバランスのとれた多様な指導法を年間指導計画のなかで組み合わせて授業を作るとともに，朝学習・授業・日常指導，放課後の補充指導，そして家庭教育の支援に至る自校の全教育課程を，本書で提案する総合学力モデルに基づいて作り替えていく作業が，21世紀に生きる子どもたちを育てるためにどうしても必要であるという確信がある。

　そこで，本書のおわりの言葉として，「学力向上のトータルデザイン」という標語を掲げておきたい。トータルデザインとは馴染みのない用語かもしれない。それは，全体計画，あるいは完全設計というような意味である。つまり，自校の教育課程の一部だけを作るのでも，あるいは重点化した教科だけをしっかりと研究するのでもなく，数年かけて，一人ひとりの教師の力量形成を組み込みながら，自校のすべての教育活動をすみずみまでバランスよく作り替えていく試みである。

　そのような全体計画と全教育課程の再編成なくして，子どもの総合学力を育てることはできない。それは，確かに高いエネルギーと全教職員による組織的な学校改善の取り組みを必要とするために，必ずしも容易なプロジェクトであるとはいえない。逆に，そこには，校長や研究主任のリーダーシップが欠かせないし，家庭教育力の向上や，教育行政のさらなる条件整備も必要になってくる。

　それを1，2年ではなく，3年から5年かけて中長期的にしっかりとしたビジョンをもってぶれることなく継続していかなければならないのだから，並大

抵な努力でなし得ることではない。

　しかしそれしか，真の意味での学力向上はあり得ないのである。

　したがって本書で提案した「総合学力モデルに基づく学力向上のトータルデザイン」，そして「豊かな学力の確かな育成」というコンセプトと方法論は，小・中学校の授業改善と学校改革の基本モデルになるだけでなく，それを推進するためのすべての教育活動のバックボーンとなるべきものと考えている。

　たとえば，まず何といってもわが国の教員養成系大学や教員養成を目的とする学部における教員養成教育の改善は，まさにこのモデルに基づいて行われる必要がある。

　また，国の教育振興整備計画や都道府県・市区町村の教育委員会の教育施策の策定・立案においても，総合学力モデルに基づいた教育行政のトータルデザインが求められる。

　その意味で，本書で提案した「総合学力モデルに基づく学力向上のトータルデザイン」という理論モデルは，21世紀の教育理論として普遍的な価値をもつものと信じる。この理論によって，ようやく教育のあり方が，ある時代の流行や価値観によって揺れ動き，バランスを欠いて性急で短期間のうちに再修正を余儀なくされるような短命の教育実践を無駄に作り続けてしまうことがなくなるだろう。

　そして，この理論に基づいて豊かな教育を展開できる学校の学びを修了した子どもたちこそが，21世紀社会を主体的に生き抜き，そして豊かに作りあげていくことができるだろう。

　指針や方向性がみえない時代といわれて久しい。しかし，子どものための教育は，それを甘んじて受けることはできない。ぜひとも多くの学校で，「豊かな学力の確かな育成」，そして「学力向上のトータルデザイン」をスローガンとして，新時代の本物の学力向上に取り組んでいただくことを願って筆をおくことにしたい。

索　引

あ行

アクションプラン　154
新しい学力観　102
新しい基礎学力　39
R-PDCA モデル　30
生き方の構想力　73
イギリスの保護者憲章　93
生きる力　11, 13
因果関係　129
OECD　43, 102, 131, 142
応用・発展問題　123
Ofsted　30, 94
思いやり　69

か行

外部評価　78
学習カウンセリング　147
学習環境の整備　85
学習計画力　84
学習継続力　85, 117
学習習慣　88, 95
学習スキル　84
学習定着の方略　84, 117
学習動機　84
学習のけじめ　85
学習のしつけ　92
学力向上委員会　148, 150
学力向上格言ベスト10　25
学力向上施策の体系モデル　177
学力向上中期計画　152
学力向上の R-PDCA サイクル　29
学力向上のための提言10か条　26
学力向上のトータルデザイン　209
学力向上の7つの基本原則　27

学力向上の悩みベスト10　22
学力向上の8つの問題点　22
学力向上プラン　154
学力のトライアングル型バランス　18
学力プロフィール　30
学力ポートフォリオ　147, 150
課題解決型宿題　150
課題設定力　53
課題探究型の活動　189
課題探究型の指導法　189
課題を改善する力　54
課題を評価する力　53
学校改善アクションプラン　30
学校間格差　127
学校経営革新　155
学校での規則　149
学校の経営力　142, 151, 161
「学校の経営力」の自己診断チェックシート　161
学校の説明責任　31
学校を基盤とした経営　30
学校を基盤とした総合教育力の向上　156
活用型学習　134
活用型学力　102, 122
家庭学習　146
家庭学習の習慣化　150
家庭学習の手引き　166
家庭学習用教材　146
家庭の教育力　142, 145, 164, 201
「家庭の教育力」の自己診断チェックシート　164
家庭の教育力の低下　95
環境循環型社会　5
感じ取る力　84
企画実践力　56

キー・コンピテンシー　43, 131
キースキル　38
基礎・基本問題　123
基本的生活習慣　83
教育行政の企画実践力　176
教科学習における問題解決的な学習　134
教科学習ボランティア　150
教科学力　18, 103
教科発展型総合学習　134
教師の指導力　142, 157, 182
「教師の指導力」の自己診断チェックシート　157
教師の労働権の保障　97
規律ある学校づくり　99
グローバル社会　6
研修課題　135
校長の学校経営力　195
校長のリーダーシップ　162, 195
高度経済成長期　9
高度情報通信社会　7
個人別学力プロフィール　146
個別指導　127
コンピテンシーモデル　46

さ　行

思考と表現の型　192
思考力　59
自己形成型学習　74
自己効力感　84
自己コントロール力　73
自己実現力　73
自己成長課題　53, 73
自己成長力　72, 110
自己責任　84
自己評価　78, 89
自己評価規準　53
自己評価力　75, 77
GCSE　95
自信と自尊感情　73
自宅学習習慣　85, 117

実践型学習　34
実力主義社会　9
児童虐待　95
指導と評価の一体化　76
社会格差　131
社会参加学習　66
社会参加活動　66
社会参画力　63, 109
社会人基礎力　33
社会人基礎力の能力要素　36
社会的学力　190
社会的実践力　11, 19, 33, 50, 103
社会的実践力の向上心　72
社会的平等　131
就職保障スキル　39
授業参加　150
授業への構え　85
授業妨害　94
宿題の習慣化　148
宿題の定期点検　148
小集団での討論　190
情報教育　7
情報公開　31
食習慣　96
職能成長論　136
生活習慣　89
生活習慣改善　90
成果を出す学校づくり　172
成長課題　13
成長動機　73
責任感　69
絶対評価　28
総合学力調査　24, 181
総合学力モデル　17
総合教育力　139
総合教育力向上のための提言10か条　178
総合教育力の向上　151
総合教育力モデル　141
総合施策体系モデル　177
創造的態度　70

た 行

体制化方略　118
確かな学力　3
他者との支え合い　83
楽しむ力　70
中期計画　152, 155
直接体験　83
DeSeCo　43, 102
伝統的な基礎学力　41
トータルデザイン　28
トライアングル型バランス　27, 120

な 行

ナショナルカリキュラム　38
21世紀型学力　33, 38
21世紀社会　5
ネットいじめ　95
ノート指導　187

は 行

パートナーシップ　29
「早寝早起き朝ごはん」　90
バランス感覚　71
判断基準　28
反復プリント学習　122
PISA型読解力　102, 181
PISA型読解力向上のための提言10か条　206
PISA型読解力指導に関する自己診断チェックシート　204
評価セッション　77
評価レポート　155
品質保証　23
フィンランド・メソッド　182
福祉共生社会　8
プログラム的指導　143
プロジェクト学習　56
プロジェクト型学校経営　174
プロジェクト型宿題　150
プロジェクト社会　8
プロジェクト的指導　143
保護者の教育ニーズ　97
ポートフォリオ評価　110

ま 行

間違いだらけの学力向上　141
学びと評価の一体化　76
学びに向かう力　15, 83, 86
学びの基礎力　13, 19, 81, 111, 149
「学びのすすめ」　3
学びを律する力　16, 85, 87
自ら学ぶ力　15, 84, 86
３つの学力の相互関係　101
魅力と活力ある学校　31
メディア体験　83, 117
目標準拠評価　28
目標達成型思考　172
問題解決課題　79
問題解決的な学習　188
問題解決的な総合言語力　198
問題解決的な体験学習　127
問題解決のプロセスを貫いて考える力　61
問題解決　52, 109
問題対応型思考　173

や 行

勇気・熱意　69
豊かで確かな総合学力　17
豊かな学力の確かな育成　1, 4
豊かな課題　41
豊かな基礎体験　82, 86
豊かな心　67
豊かな体験　15
豊かな人間性　67

ら 行

力量形成　135
リテラシー　153
礼儀・マナー　71

《著者紹介》

田中博之（たなか・ひろゆき）

1960年北九州市生まれ。大阪大学人間科学部卒業後，大阪大学大学院人間科学研究科博士後期課程在学中に大阪大学人間科学部助手となり，その後，大阪教育大学専任講師，助教授，教授を経て，現職。
研究活動として，総合的な学習のカリキュラム開発，情報教育や小学校英語教育の単元開発，フィンランド・メソッドの応用研究，ドラマとサークルタイムの指導法の開発，学力調査の開発研究等，これからの21世紀の学校に求められる新しい教育手法を作り出していく先進的な研究に従事。

現　在　早稲田大学大学院教職研究科・教授
　　　　文部科学省「全国学力・学習状況調査の分析・活用の推進に関する専門家検討会議」委員
専　門　教育工学，教育方法学
主　著　『ヒューマンネットワークをひらく情報教育』（編著，高陵社書店，2000年）
　　　　『総合的な学習で育てる実践スキル30』（単著，明治図書，2000年）
　　　　『講座・総合的学習のカリキュラムデザイン（全6巻）』（編著，明治図書，2002年）
　　　　『フィンランド・メソッドの学力革命』（単著，明治図書，2008年）
　　　　『学級力向上プロジェクト』（編著，金子書房，2013年）
　　　　『カリキュラム編成論』（単著，放送大学教育振興会，2013年）
　　　　『学級力向上プロジェクト2』（編著，金子書房，2014年）他，多数

シリーズ・21世紀型学力を育てる学びの創造①
子どもの総合学力を育てる
——学力調査を活かした授業づくりと学校経営——

2009年4月20日　初版第1刷発行　　　　　　検印廃止
2015年9月30日　初版第3刷発行

定価はカバーに
表示しています

著　者　　田　中　博　之
発行者　　杉　田　啓　三
印刷者　　坂　本　喜　杏

発行所　株式会社　ミネルヴァ書房
607-8494　京都市山科区日ノ岡堤谷町1
電話代表　(075)581-5191番
振替口座　01020-0-8076番

©田中博之，2009　　冨山房インターナショナル・清水製本

ISBN 978-4-623-05376-6
Printed in Japan

―――― シリーズ・21世紀型学力を育てる学びの創造 ――――

② 活用型学力を育てる授業づくり

木原俊行著

Ａ５判美装カバー　216頁　本体 2500円

活用型学力とは，思考力・判断力・表現力といった高次な学力を意味している。本書では，新しい学習指導要領において，授業づくりの中心課題として位置づけられている，この「活用型学力」の育成について，その基本的な考え方を整理し，代表的な実践を紹介する。

③ 言葉の力を育てる活用型学習

田中博之編著

Ａ５判美装カバー　304頁　本体 2800円

活用型学力を支える力である言語能力は，まさに新しい学習指導要領の改訂のキーワードである。本書では，まず「言葉の力」が提起されてきた背景を探り，その定義を解説しながら，豊富な実践事例を紹介してその具体像を解明する。

④ 学校マネジメントの改善と学力向上

大野裕己著

Ａ５判美装カバー　220頁（予定）

本書では，学校経営の最新モデルである，R-PDCAサイクルの理論を援用して，どのようにして学校が全教職員及び保護者・地域の協力のもとに学力向上に取り組めばよいのかについて，具体的に提示する。

＊書名等変更する可能性がございます。

―――― ミネルヴァ書房 ――――

http://www.minervashobo.co.jp/